本专著为"中央高校基本科研业务费专项资金资助"（300102163616）的成果

余猛 著

两宋农村市场与社会关系研究

社会科学文献出版社

目　录

导　论

一　选题缘由和意义

全面科学地揭示人类社会发展的规律，为人类自身的解放与发展提供新的理论依据，是马克思主义理论的重要出发点和归宿。在探寻人类社会发展规律的过程中，商品经济的地位和作用也曾引起包括马克思在内的许多思想家的注意。例如，恩格斯在论述雅典国家产生时，便反复强调商品经济对人类社会形态发展的重要作用，他指出："文明时代是社会发展的这样一个阶段，在这个阶段上，分工、由分工而产生的个人之间的交换，以及把这两者结合起来的商品生产，得到了充分的发展，完全改变了先前的整个社会。"[①]　马克思在《资本论》中强调了商业和商人资本促进了人类社会形态的发展，他指出："商业和商业资本的发展，到处都使生产朝着交换价值的方向发展"，"商业对各种已有的、以不同形式主要生产使用价值的生产组织，都或多或少地起着解体的作用"。[②]　因

---

① 恩格斯：《家庭、私有制和国家的起源》，载《马克思恩格斯选集》（第四卷），人民出版社，2012，第190～191页。

② 马克思：《资本论》（第三卷），人民出版社，2018，第370页。

此，他称赞："商人来到了这个世界，他应当是这个世界发生变革的起点。"① 列宁在马克思的基础上进一步指出："在资本主义的历史发展中有两个重要关键：（1）直接生产者的自然经济转化为商品经济；（2）商品经济转化为资本主义经济。"② 这同样表明了商品经济在促进国内市场发展以及如何产生资本主义方面发挥的重要作用。

就中国传统农业社会而言，尽管自给自足的自然经济占据主要地位，但是与自然经济相对立的商品经济却很早便和其并肩平行、相互交织。远距离的部族交换、《周易》里的"日中为市"、安阳殷墟出土的三枚铜贝等，都是中国传统社会商品经济发展的重要表现。③ 以个体家庭为生产经营单位的小农经济，从诞生之日起，就无法完全在本单位内完成生活资料和生产资料的再生产，因此小农家庭实物收入的单一性和自身需求的多样性之间的本质矛盾便无法通过小农经济自身得到解决，而必须借助于跟其他经济单位发生商品货币关系。早在南北朝时期，北方大族中的颜之推就指出，自家的庄园虽然能够生产或制造食物、衣服、用具、火烛等生活必需品，能够做到"闭门而为生之具以足，但家无盐井耳"④，因为盐"非编户齐民所能家作，必仰于市，虽贵数倍，不得不买"⑤。类似的生活必需品还有茶、酒等官府专卖品，以及

① 马克思：《资本论》（第三卷），人民出版社，2018，第 1019 页。
② 《列宁全集》（第一卷），人民出版社，2013，第 72 页。
③ 王家范：《中国历史通论》，生活·读书·新知三联书店，2012，第 180 页。
④ （北齐）颜之推：《颜氏家训》卷 1《治家第五》，颜敏翔校点，上海古籍出版社，2017，第 21 页。
⑤ （汉）班固：《汉书》卷 24 下《食货志》，中华书局，1962，第 1183 页。

耕牛、农器等生活工具，它们大多因小农自身无法生产或生产成本高昂而不得不仰给于市场供给。

唐宋是中国传统社会商品经济发展的第二个高峰时期，其表现之一便是市镇的崛起以及商品经济向农村市场的渗透。宋代以前，和乡村社会直接产生贸易的大多是州县府治所在地，唐景龙元年（707）就明确规定："诸非州县之所不得置市。其市当以午时击鼓二百下，而众大会；日入前七刻，击钲三百下，散。"① 也就是说，此时的市场大多被限定在州县治所，并在规定的时间和地点进行，城乡间还没有形成结构性的市场网络体系。然而，随着北宋前期坊市制度逐渐被打破，大量的草市、墟市如雨后春笋般出现在乡村社会中。这些地方集市、墟市等农村市场，作为整个市场网络中商品流通的基层环节，有效地解决了自然经济自身经营方式所导致的无法克服的矛盾。

列宁曾指出："国内市场是在商品经济出现的时候出现的；国内市场是由这种商品经济的发展建立的，而社会分工的精细程度决定了它的发展水平。"② 有宋一代，农业生产力在汉唐社会的基础上继续向前推进，新的生产工具提高了农业耕作效率，大量农田水利工程的兴修扩大了土地耕种面积，新兴农作物品种的引进以及耕作技术的改良进一步提高了粮食亩产量，部分农户开始脱离粮食生产，转而经营商品性农业、商业以及手工业。同时，两宋时期，因自然地理条件以及区位优势千差万别，不同地区依据

---

① （宋）王溥：《唐会要》卷86《市》，上海古籍出版社，2006，第1874页。
② 《列宁选集》（第一卷），人民出版社，2012，第194页。

区域地理条件形成了各具特色的市场，特产品的生产或经济作物的种植部分或全部面向市场，以交换为目的而进行。

总的来说，商品经济的发展带来了农村市场的繁荣，但是学界对于如何评价农村市场的发育程度却存在众多不同的声音，甚至出现了截然相反的态度。有的认为宋代市场发展程度很高，已经形成了全国性的国内市场，有的又对宋代市场发展程度采取保守态度，认为当时只有地方性的小市场，有的采取折中的态度，认为宋代虽未形成全国性的统一市场，却已出现了区域性市场，但是对区域性市场的规模和程度也存在很大的争议。

笔者在此不揣浅陋，试图在借鉴前辈学者研究的基础上，以乡村社会史为研究视角，分析农村市场发展起来后，乡村社会的关系变化情况，并以此为基础，尝试丰富学界关于农村市场发展程度的研究，以便对这一具有争论性的问题提供更为坚实的研究依据。

二　学术研究现状

商品经济是宋代经济史研究的重要内容，而农村市场作为商品经济发展在乡村社会的主要表现，曾引起学界的普遍关注。前辈学者对此已进行多角度、深层次的剖析，成果颇丰。

（一）关于两宋农村市场发展程度的概括性研究

关于两宋农村市场发展程度的研究，早期的一些通史和有宋一朝的断代史著作都曾有所涉及。郑学檬的《简明中国经济通史》第五章第三节指出，商业性集镇的兴起是宋元时期商业发展的重要表现，但他认为这种集镇和集市是狭隘的地方性市场，是在自然经济支配下进行有限的商品交流。① 漆侠在《宋代经济史》第二十六章第一节对宋代城市、镇市和墟市的发展以及区域性市场的形成进行了考察，认为墟落村市很重要，它是广大农民和乡村手工业者进行交换的最直接的场所，有的村市也很发达，通过村市，农民以粮米、柴草、布帛之类换回盐、茶、农具之类，对满足生产生活上的某些需要是不无助益的，在此基础上，他认为在由城市、镇市和墟市构成的多层次、网络状的地方市场日益发展背景下，宋代的区域性市场也形成了。② 陈振在《中国通史·中古时代·五代辽宋夏金时期》中称在社会经济发达的地区，出现了作为乡村经济中心的新型的镇，乡村集市除镇外还有市，在经济不发达地区，市都很小，数量也不多，在经济发达地区，不但镇、市较多，规模也较大。③ 吴慧在《中国商业通史》中称宋代乡村市场的发展尤其引人注目，从最基层可以看出，北宋初级市场已具有一定规模了，县以下乡村市场尤为突出的变化是镇的兴起，南宋是市镇发展的重要时期，市镇的数量增加，商品流通范围扩大，带动商税激增，乡村贸易出现了空前的繁荣。④ 总的来说，这些通史和有宋一朝的断代史著作大多注重对两宋农村市场相关史实的梳理和考证，为我们从整体史观去把握两宋农村市场提供了研究视角，但是它们对其发展程度仍然各执一词。

就本书关注的两宋农村市场而言，较早开始这方面研究的是

---

① 郑学檬：《简明中国经济通史》，黑龙江人民出版社，1984，第263～280页。
② 漆侠：《宋代经济史》，上海人民出版社，1987，第946～963页。
③ 陈振主编《中国通史·中古时代·五代辽宋夏金时期》，上海人民出版社，1999，第703～705页。
④ 吴慧：《中国商业通史》（第2卷），中国财政经济出版社，2006，第519～540页。

日本学者加藤繁。他在《中国经济史考证》（第 1 卷）中分别以"关于唐宋的草市""唐宋时代的草市及其发展"为标题，指出宋代出现了很多叫作镇和市的小商工业都市，这种镇和市应该是从草市发展起来的，所谓村墟乡落之家，在墟市、市集等名称下，举行定期市，在地方住民的生产品和都市的商品之间产生了交换的作用，这种稍稍繁盛的定期市应该是在草市、镇市举行的。① 国内较早开始关注两宋农村市场研究的是全汉昇，他在《宋代南方的墟市》中对宋代乡村墟市的意义、开关市时间、地理分布、贸易进行考察后，指出宋代南方的墟市是在当时乡村自足经济下产生的交换形态，买卖的商品多为日常生活必需品，参与的人群多半为附近乡村消费者及生产者，地方色彩浓厚，市场购买力不大。② 蒙文通在《从宋代的商税和城市看中国封建社会的自然经济》中指出，从商税分布所反映的流通情况来看，宋代商品交换主要是在乡间小市镇上进行，这种市是自然经济条件下的交换市场，无论是商品性质还是流转范围都是很有限的。③

20 世纪 80 年代以来，随着改革开放的稳步推进，市场经济的研究成为学界关注的热点。李春棠在《宋代小市场的勃兴及其主要历史价值》中指出商品经济是镇和集市发展的动机，并从商税的征收和商税的构成出发，指出小市场在商品经济发展中的地位

---

① 〔日〕加藤繁：《中国经济史考证》（第 1 卷），吴杰译，商务印书馆，1959，第 304 ~ 336 页。

② 全汉昇：《宋代南方的墟市》，载全汉昇《中国经济史论丛》，中华书局，2012，第 233 ~ 244 页。

③ 蒙文通：《从宋代的商税和城市看中国封建社会的自然经济》，《历史研究》1961 年第 4 期。

是颇为重要的。① 梁庚尧的《南宋的农村经济》在对南宋农村户口的社会结构、土地经营制度下的人地矛盾以及农家劳力的运用进行论述的基础上，对南宋农产品市场与价格进行了举证分析，进而指出南宋农产品市场广大，城市、市镇甚至农村都需要由市场来供应农产品，地主和农家是农村市场两个主要的农产品供给主体。② 傅宗文的《宋代草市镇研究》从两宋前后草市镇的概况入手，对市容、市政、市民和市场进行了综合考察，并结合当时的社会背景对这一新经济现象的社会影响和时代局限进行了折中的分析。③

20 世纪 90 年代以后，学界对于两宋农村市场的研究出现了新的视角，在此基础上，围绕两宋农村市场发展程度的研究虽然有所深入，但是彼此间的分歧依然存在。斯波义信在《宋代商业史研究》中认为，宋代国内外市场的扩大和城市消费的增加，最能促进生产的集中和分工利益的产生，从而形成全国性特产市场，在作为行政单位的乡村间断地开办市场地（墟），以市场地为中心形成了村落的小都会（墟市、草市），交通、商业聚落（步、埠、店、码头）等快速地发展了起来。④ 郭正忠指出要从城乡互动的角度研究两宋农村市场，并在其《两宋城乡商品货币经济考略》第一章中从农副产品的商品化程度、农业生产力的巨大进步、乡村副业及其专业化分工等方面对宋代乡村商品经济进行了分析论述，

---

① 李春棠：《宋代小市场的勃兴及其主要历史价值》，《湖南师院学报》（哲学社会科学版）1983 年第 1 期。

② 梁庚尧：《南宋的农村经济》，新兴出版社，2006。

③ 傅宗文：《宋代草市镇研究》，福建人民出版社，1989，第 155～224 页。

④ 〔日〕斯波义信：《宋代商业史研究》，庄景辉译，稻禾出版社，1997，第 139～294 页。

进而对"自然经济说"进行了驳斥，第四章中他在分析宋代市场发育的几种观点的基础上，从商税折计和商品流通量的角度重新审视了宋代市场发育程度，认为宋代区域市场的规模和普遍程度仍十分有限，大都以某些州县城或都城为中心的地区市场与广泛的乡、镇小市场发育较好。① 龙登高在《中国传统市场发展史》第三篇第一章中从商品供给与消费、市场交易形态和市镇的兴起等方面对五代两宋金元时期的农村市场进行了概括性论述。② 就宋代来说，一方面他从小农家庭与农村市场间矛盾统一的辩证关系入手，指出虽然小农家庭存在部分经济体内的自给性消费转向市场购买的倾向，但是这种商品内循环类型的农村市场，并不能诱发个体家庭经济突破自给性生产，在某种程度上还制约了农民从事商品生产，另一方面他又从小农家庭的生产、经营特征出发，指出个体小农的种种市场活动直接促进了农村市场的成长，也成为城乡市场网络形成的根本诱因，并因此赋予了中国传统市场在商品流通渠道、价格机制、中心地等级分布等方面独有的特征，然而小农的消费需求、商品供给与交易活动毕竟与大地主家庭存在诸多差异。③ 李景寿的《宋代商税问题研究》从商税的角度对宋代的城市市场、镇级市场、乡村市场进行了分析，并在此基础上对比了宋代东南市场与西北市场。就乡村市场而言，他指出社会生产力的提高和商业性农业的广泛发展，促进了宋代乡村市场

---

① 郭正忠：《两宋城乡商品货币经济考略》，经济管理出版社，1997，第 1～32、234～277 页。

② 龙登高：《中国传统市场发展史》，人民出版社，1997，第 171～195 页。

③ 龙登高：《宋代的小农家庭与农村市场》，《思想战线》1991 年第 6 期；《论个体小农与传统市场——以宋代为中心》，《中国经济史研究》1996 年第 2 期。

的普遍兴起和繁荣，并认为宋代已初步形成一个乡村市场网络，但从横向和纵向上看，这一网络在发展水平和市场密度上都存在明显的地域差异。[①] 葛金芳在《南宋全史·社会经济与对外贸易》第七章第一节中指出早期的市、墟、集中大多是小生产者之间的余缺调剂和品种互换，是自然经济的一种补充，而南宋时期，大批墟市从总体上看已经超越了它的早期阶段，与市镇一道发展成为区域性地方市场的细胞。[②]

总的来说，上述有关两宋农村市场的研究，除了关注相关史实的考证和梳理，同时也注意到了从城乡关系、小农经济和商税等角度来审视农村市场，为我们进一步深化对于农村市场的认识提供了新的视角。但是就农村市场发展程度这一问题而言，不同学者仍然各执一词，存在较大的争论。

(二) 区域史视角下关于两宋农村市场发展程度的研究

就两宋农村市场的研究区域而言，江南地区无疑是学界着墨最多的地方，龙登高最早从农村市场、城乡市场网络、商品流通、货币流通、市场价格、市场营销和商人资本等方面对宋代经济与市场发展程度最高的东南两浙、福建、江东、江西四路进行了深入的研究，并探讨了封建市场理论。[③] 斯波义信以宋代长江下游为研究区域，在整体论述了长江下游流域的水利组织、市籴、城市化问题的基础上，以湖州、徽州、宁波、绍兴为个案，对上述地区人口、资源、地理、流通状况、农村和城市市场等方面进行了

---

① 李景寿：《宋代商税问题研究》，云南大学出版社，2005，第 107～222 页。
② 葛金芳：《南宋全史·社会经济与对外贸易》，上海古籍出版社，2012，第 255～269 页。
③ 龙登高：《宋代东南市场研究》，云南大学出版社，1994，第 18～202 页。

详细论述，为我们构建了一个区域市场史的研究范式①；同时，他在《宋代商业史研究》中对宋代江南的村市和庙市进行了探讨②。陈国灿在《浙江古代城镇史研究》第七章③、《浙江城镇发展史》第四章④中分别对宋代以前、北宋、南宋三个不同时期浙江地区市镇的兴起及类型进行了考察，在《浙江城镇发展史》第十二章中对浙江地区乡村市镇和农村市场进行了分析。此外，他还就江南市镇的类型及特点、人口规模及结构、社区布局和管理三个方面展开了论述。⑤ 在此基础上，陈国灿认为，随着商品流通的空前活跃和草市镇的大量兴起，宋代两浙地区农村市场快速发育和成长，初步形成了较为完整的两级市场网络，但两浙路农村市场的发展又是有限的，存在着明显的不平衡。⑥ 就绍兴市镇而言，姚培峰等认为南宋时期绍兴市镇的发展促进了农村市场的快速成长，小农经济逐渐突破了以家庭为单元的自给自足模式，呈现出朝商品经济发展的趋势。⑦ 吴业国认为在商品经济发展的基础上，南宋两浙路市镇从市场的繁荣、沿海市镇的崛起和商税的激增三个方面反映了该地区强大的市场购买力和消费力。⑧ 何和义、邵德琴同样从

---

① 〔日〕斯波义信：《宋代江南经济史研究》，方健、何忠礼译，江苏人民出版社，2012，第174～605页。
② 〔日〕斯波义信：《宋代商业史研究》，庄景辉译，稻禾出版社，1997，第338～394页。
③ 陈国灿、奚建华：《浙江古代城镇史研究》，安徽大学出版社，2000，第158～202页。
④ 陈国灿：《浙江城镇发展史》，杭州出版社，2008，第125～164页。
⑤ 陈国灿：《略论南宋时期江南市镇的社会形态》，《学术月刊》2001年第2期。
⑥ 陈国灿：《宋代两浙路的市镇与农村市场》，《浙江师大学报》（社会科学版）2001年第2期。
⑦ 姚培峰、陈国灿、裘珂雁：《南宋绍兴地区的市镇与农村经济》，《浙江师范大学学报》（社会科学版）2011年第4期。
⑧ 吴业国：《南宋两浙路的市镇发展》，《史林》2010年第1期。

市场、海港的崛起和商税的激增三个方面探讨了南宋时期两浙路市镇经济的发展。①

此外，关于农村市场的区域研究还涉及西南、西北以及其他一些地域。贾大泉认为宋代四川农村商品交换是随着农村商品经济的发展而兴旺的，而农村商品兴旺又促进了人口集中、交通方便、商品生产发达地区场镇的兴起，成都是四川地区农村商品交换最发达的地区，但农村的商品交换主要是在农民之间以及商贩和农民之间进行的，交换的数量有限，商品以生活必需品为主。②林文勋论述了宋代四川镇市与草市的不同，在此基础上列举了四川特殊的集市，并从时间、空间、商品种类、商税多寡等方面论述了镇市、草市的市场功能与结构，最后指出经济地位上升、与商业性农业发展同步是宋代四川小市镇发展的趋势。③ 吴擎华认为宋代四川的市场大致由州县城市、草市镇、信用市场及各种特殊集市构成，并在此基础上指出宋代的四川形成了以成都、梓州为中心，由城市和草市构成的多层次、网络状的市场，最后他指出城市经济意义增强、草市镇经济地位日益上升、市场在新的商业城市得到迅速发展是宋代四川市场发展的趋势。④ 乔幼梅认为宋代西北市场是在宋夏斗争过程中形成发展起来的，具有特殊性，同时具有与其他市场共有的性质，在市场中获利最多的除商人外，

---

① 何和义、邵德琴：《南宋时期两浙路市镇经济的发展》，《湖州师范学院学报》2007 年第 5 期。
② 贾大泉：《宋代四川经济述论》，四川省社会科学院出版社，1985，第 1～41 页。
③ 林文勋：《宋代四川商品经济史研究》，云南大学出版社，1994，第 48～69 页。
④ 吴擎华：《试论宋代四川市场》，《中华文史论丛》2005 年第 4 期。

就是宋代统治集团。^① 闫贵荣认为，陇右地区的经济通过贡赐贸易、茶马贸易、榷卖和市易等商贸活动，形成了相对稳定的共同市场。^② 杨果从历史地理的角度对宋代鄂州南草市进行了个案分析，指出自然地理条件的变迁、区域经济的进步以及交通运输条件的改善构成了南草市迅速崛起的主要基础，这一时期，宋代江汉平原城镇的发展不仅表现为个体城镇的繁荣，更表现为某种程度的市镇空间网络结构开始形成。^③

在上述关于两宋农村市场的区域研究中，经济最为发达的江南地区和川蜀地区被普遍认为是农村市场发展程度较高的，其中尤以江南地区为甚。这为我们深入开展区域性农村市场的研究提供了较好的研究范式，但我们也应看到学界对于华北地区、西北地区、长江中上游地区以及岭南地区农村市场的关注仍显不足。

（三）关于两宋农村市场的专题研究

围绕两宋农村市场的名称、分布范围以及具体类型，市镇人口规模和等级划分，农村市场城市化或城乡市场关系，农村市场商品供需结构，农村市场参与主体，农村市场中介人、农村市场资本，粮食市场，雇佣劳动力，国家对农村市场的管理等方面，学界也展开了大量研究。

两宋农村市场的名称、分布范围以及具体类型。周藤吉之将宋代的市、埠以及乡村店的分布与发展进行了仔细的整理归类，他认

---

① 乔幼梅：《论宋代西北区域市场的形成》，载田余庆主编《庆祝邓广铭教授九十华诞论文集》，河北教育出版社，1997，第364~372页。
② 闫贵荣：《浅议宋代陇右商业贸易》，《延安大学学报》（社会科学版）2007年第6期。
③ 杨果：《宋代的鄂州南草市——江汉平原市镇的个案分析》，《江汉论坛》1999年第12期。

为店从华北至华中地区广泛存在，尤其是在像华北和四川等陆上交通繁荣地区的冲要之地极其发达。埠是水边小镇，因兴起于水路要道，故华中、华南地区较多。而市的发展则有多种成因，市主要兴起于水路交通要道，但有因海上贸易、寺院前庙市而发展起来的，也有因各种产业（如盐场、陶器制造）而发展起来的，由庄园发展起来的也较多，这些地方由于商业繁荣，居住着许多富商与大地主和手工工匠，因而是乡村商业的要地。① 斯波义信以宋代江南为例，认为农村市场的名称主要是为在村落内、道路旁和村边上经营的极小的交换活动及交换场地所起的名称，主要类型包括墟市、痎市、子午会、会、山市。② 傅宗文将宋代的农村市场主要定为乡村墟市，并且认为乡村市场按照周期可以分五七日周期、三数日周期、一二日周期；按照市场上流通的商品种类又可分为蔬菜、禽畜、鱼虾、盐、茶、酒、糖、纺织、陶瓷、矿冶等不同类型的主题市场。③

市镇人口规模和等级划分。马玉臣认为宋代草市、镇市经济得到了发展，但整体发展程度还不高，各地的情况差别很大，并且他根据熙宁九年（1076）全国与各路草市、镇市保丁数推算，认为学界对于宋代草市、镇市经济整体上还不能做过高的评价，各地的情况也存在差异。④ 此外，也有部分学者集中考察了江浙地区。陈国灿在对南宋太湖流域市镇的人口规模进行论述时指出，

---

① 〔日〕周藤吉之：《宋代乡村店的分布与发展》，《中国历史地理论丛》1997 年第 1 期；《宋代市与埠的分布及其发展》，《中国历史地理论丛》1997 年第 4 期。
② 〔日〕斯波义信：《宋代商业史研究》，庄景辉译，稻禾出版社，1997，第 340～351 页。
③ 傅宗文：《宋代草市镇研究》，福建人民出版社，1989，第 201～207 页。
④ 马玉臣：《宋代镇市、草市户口及其有关问题》，《河北大学学报》（哲学社会科学版）2008 年第 3 期。

南宋时期，太湖流域市镇的人口规模不断扩大，镇级中心地大致可分为数千户至百余户三等，草市可分为千户至几户四个等级。① 与此同时，他又进一步指出，南宋时期两浙地区城镇居民的社会结构趋于复杂化和多样化，贫富分化和社会等级十分明显，贫富之间变化相当频繁。② 吴锡标也从人口规模的角度对南宋浙西地区市镇类型及人口规模进行了探析，并通过对市场人口总量的估算，认为这一时期浙西农村社会开始朝着城镇化的方向发展。③

农村市场城市化或城乡市场关系。郭正忠认为乡村社会经济史的研究必须与城镇经济史研究结合起来进行。④ 周宝珠认为宋代草市建立在农村商品经济发展的基础上，它促进了镇市的勃兴，并逐渐成为沟通城乡的经济纽带，加强了整个城市发展的基础，开辟了中国古代城市坊市分离的新道路。⑤ 陈国灿认为在宋代太湖流域，随着社会经济的繁荣和城镇的发展，出现了一定程度上的农村城市化现象，其主要表现是州县城市的空前兴盛以及由此引发的农村商品经济的发展和城郊都市化趋势、农村镇级中心地的大量涌现及其城市化特征的初步形成、乡村草市的广泛兴起和农村市场的快速成长。⑥ 在此基础上，他还对两浙路的市镇类型及城市化倾向进行了探讨。⑦ 肖建乐认为城市市场在宋代以前市场中起

---

① 陈国灿：《南宋太湖流域市镇的人口规模与居民结构》，《许昌学院学报》2004 年第 4 期。
② 陈国灿：《南宋两浙地区城镇居民结构分析》，《浙江社会科学》2002 年第 6 期。
③ 吴锡标：《南宋浙西地区市镇类型及人口规模探析》，《社会科学》2005 年第 4 期。
④ 郭正忠：《两宋城乡商品货币经济考略》，经济管理出版社，1997，第 54 页。
⑤ 周宝珠：《试论草市在宋代城市经济发展中的作用》，《史学月刊》1998 年第 2 期。
⑥ 陈国灿：《宋代太湖流域农村城市化现象探析》，《史学月刊》2001 年第 3 期。
⑦ 陈国灿：《论宋代两浙路的城镇发展形态及其等级体系》，《浙江学刊》2001 年第 1 期。

着重要作用，农村市场经过长期发展，到宋代空前繁荣，宋代农村市场与城市市场共同成就了中国商品经济史上第二个高峰。^① 徐红指出宋代小城镇是在农业生产力高度发展的基础上形成的，农村市场培育和促进了小城镇的发展，小城镇同时又对农村起着反哺作用，城市市场通过中转市场（小城镇）联结广大农村市场，形成农村—小城镇（镇市）—城市的商业流通网。^②

　　农村市场商品供需结构。郭正忠认为新崛起的镇市的物资供应主要靠本地的商品生产和市场流通，它们在各自独特的手工业或商业基础上，组成了地域性的物资供应网络。就收入来说，镇市中的一般工商业者是该都市的主体居民，他们的工商业收入在该都市总收入中占重要地位，而消费品则以日用百货为主，尤其是本镇市及附近的土特产较多。^③ 龙登高指出随着商品经济的发展及向农村的渗透，此前小农家庭的部分自给性需求开始转为市场性需求，内容包括部分天然依赖市场的日用必需品、婚丧礼祭的不时之需、农业再生产必备的生产资料、从事商品经济不可或缺的资金，以及完纳官府赋税中的货币征敛。^④ 陈国灿就宋代江南城镇的物资供应与消费进行了分析，指出就商业市镇而言，物资供应主要依赖于民间工商业，工商业收入及相关收入是居民收入的主要来源，居民消费以日用品为主，对奢侈品的需

---

① 肖建乐：《浅论宋代农村市场与城市市场》，《西南师范大学学报》（人文社会科学版）2002 年第 5 期。
② 徐红：《小城镇在宋代商品经济中的作用》，《云南师大学报》（哲学社会科学版）2002 年第 2 期。
③ 郭正忠：《宋代城镇的经济结构》，《江淮论坛》1986 年第 4 期。
④ 龙登高：《宋代东南市场研究》，云南大学出版社，1994，第 23～28 页。

求较为有限。① 魏华仙从生产和消费的角度对宋代肉类、水果、纸张、花卉四类物品进行了研究，最后对宋代社会消费的特点进行了评价，指出生产的发展、流通的活跃为社会消费提供了丰富的产品，认为宋代社会消费贫富差距大、地域性明显。②

宋代农村市场的参与主体。对商人群体的研究无疑是最为丰富的。总的来说，两宋时期，随着商品经济的发展，商人群体的社会地位得到了重新定位。朱瑞熙就认为受传统重农抑商思想的影响，学界在重视历代商业研究的同时却忽视了对于商人群体的研究，并认为宋代商业的兴盛与商人社会经济和政治地位的提高密切相关，他对宋代商人的历史地位进行了客观全面的分析。③ 林立平指出，唐宋时期随着生产能力的提高与消费结构的改善，整个社会呈现变革的态势，商人的政治待遇、社会地位及历史作用等都发生了前所未有的变化。④ 傅宗文将宋代草市镇的居民依据财产差别和生存状况大致分成三等，认为上等市民包括官僚、大农、豪贾和富工，中等市民是那些营运顺利和手艺高超的商贩以及医生，下等市民是那些所谓的"猥琐细民"和"市井小民"，他们经营微末生理，售其技以糊口。他认为各等市民之间不存在不可逾越的鸿沟。⑤ 常大群则从小商人处于社会底层、富商大贾社会地位提高、士人对商人地位的认识三方面对宋代商人的社会地位展

① 陈国灿：《宋代江南城镇的物资供应与消费》，《中国社会经济史研究》2003 年第 1 期。
② 魏华仙：《宋代四类物品的生产和消费研究》，四川科学技术出版社，2006，第 11 ~ 251 页。
③ 朱瑞熙：《宋代商人的社会地位及其历史作用》，《历史研究》1986 年第 2 期。
④ 林立平：《唐宋时期商人社会地位的演变》，《历史研究》1989 年第 1 期。
⑤ 傅宗文：《宋代草市镇研究》，福建人民出版社，1989，第 185 ~ 191 页。

开了论述。① 此外，他又从富商大贾的来源、中小商人的构成、官
员的经商活动等方面论述了宋代商人的特性，并指出宋代经商人
群覆盖范围之广既说明宋代商品经济快速发展，社会正处于变革
中，也说明人们顺应社会变革，对商业和商人的看法正在改变和
重塑。② 陈国灿指出南宋太湖流域市镇居民的社会结构趋于多样
化，包括了工商从业者、佣工苦力、官僚士人、地主、农民、军
事人员、技艺之人、无业游民等不同社会等级。③ 冯芸、桂立则对
行商和坐贾势力在宋代的发展变化进行了论述，认为随着宋代商
业的繁荣和城市化的不断发展，坐贾势力日益壮大，二者的关系
由前代社会的层级关系逐渐向着平行关系演进。④

　　农村市场的中介人主要包括驵侩、牙人、揽户、行钱及批发
商等。傅宗文认为驵侩、揽户和行钱是草市镇居民中有浓厚时代
气息的成员。草市镇的驵侩具有联系农民的方便条件，他们在发
掘、组织和集中乡村零散商品的同时也依附于农民为生；揽户是
驵侩的派生形态，赋役的货币化需求使得揽纳代输赋税的揽户产
生；行钱是指草市镇中经营高利贷资本的市户。他认为驵侩、揽
户与行钱是草市镇居民间买卖、受纳、借贷的"中间人物"，他们
的产生作为商品经济发展限度的标志，表明农村小生产者与市场

① 常大群：《宋代商人的社会地位》，《社会科学辑刊》2001 年第 3 期。
② 常大群：《宋代商人的构成和来源》，《贵州师范大学学报》（社会科学版）2001 年第
　 2 期。
③ 陈国灿：《南宋太湖流域市镇的人口规模与居民结构》，《许昌学院学报》2004 年第
　 4 期。
④ 冯芸、桂立：《宋代行商与坐贾在商品市场活动中由层级关系向平行关系的演进》，
　 《广西社会科学》2015 年第 5 期；《宋代城市商业的繁盛与坐贾势力的发展壮大》，
　 《北方论丛》2015 年第 2 期。

的距离还远。① 李达三指出宋代牙人是社会经济发展的产物，但是随着历史的发展，其在交换领域之外从事与中介人职能无关的活动的能力得到强化。就此现象，作者分析了牙人这一职业群体变异的起因、取向及相关影响。② 龙登高认为两宋东南地区的交易经纪人主要有买卖中间人、商务代理人和交易承保人。买卖中间人多为茶肆、邸店的主人及普通市民乃至贫民，他们因活动频繁、消息灵通、了解市场行情而具备许多商人没有的优势。此外，主持交易、充任担保也是经纪人的特长。他指出市场越分散，越需要中间商，买方、卖方规模较小时，或者卖方很少介入某个市场时，商务代理与经纪人便应运而生。他还以掮客为例，指出市场的分散、封闭、无序，法规的不完善，人本身作为商业信息的不稳定都导致了掮客的存在。③ 就批发商而言，龙登高指出宋代商业内部已出现了批发商和零售商的分工，这保证了商品供给在时空上的均衡性，缩小了生产的专业性、单一性与消费综合性、多变性之间的矛盾，这是市场长足发展的表现，但是市场的种种落后也使得批发商举步维艰。④ 斯波义信认为在商业经营方面，干人、行钱、经商、经纪是作为管理人、经营者而存在的，他们中大部分是通过贷款而隶属于他家者，这种出资者和经营者之间的关系，反映了当时农业中地主和佃户的身份关系，当时随着商品经济规模的扩大，仓库、旅馆业、运输业等经济行业和高利贷、金融业

---

① 傅宗文：《宋代草市镇研究》，福建人民出版社，1989，第 192~195 页。
② 李达三：《宋代的牙人变异》，《中国经济史研究》1991 年第 4 期。
③ 龙登高：《宋代东南市场研究》，云南大学出版社，1994，第 173~179 页；《论宋代的掮客》，《思想战线》1990 年第 5 期。
④ 龙登高：《宋代批发交易试探》，《中国社会经济史研究》1997 年第 3 期。

逐渐从农业中分离出来，形成了特殊的专门行业，特别是在比较大的农村和城镇、都会成立了这些行业。① 陈明光、毛蕾阐述了唐宋以来牙人从事田宅买卖中介的行业习俗以及由此反映出的社会经济关系。② 任仲书、于海生从牙人的产生及流变、牙人的活动状况、牙人在经济活动中的作用三个方面论述了牙人群体在推动宋代商品经济发展中的作用。③ 黎志刚从宋代牙人群体的现状和牙人群体对宋代乡村经济的影响两个方面指出宋代牙人使原来自给自足的小农经济逐步向市场经济迈进，推动了宋代农村商品经济的发展。④

农村市场中的资本问题。龙登高将宋代商品贸易中的商人资本划分为三类，他认为相较于奢侈用品和专卖用品而言，民生用品在市场上基本自由流通，民生用品贸易中的商人资本多利用价格的季节性波动囤积居奇，或活跃于区域内部的城乡市场及专业产区之间，跨区域的远距离贸易基本上只存在于丰熟区与灾伤区，因此民生用品贸易中的商人资本在宋代虽有发展，但是由于地方市场的闭锁、消费需求的局限、运输成本的高昂，以及远距离贸易的严重滞后，没能完成突破市场的地方性与区域性，促进商品生产的历史使命。⑤ 与前述学者对宋代商人资本持保守态度不同，张熙惟认为宋代商品经营资本的发展，主要表现在商业性农业、民营手工业在整个经济结构中比例增大，农副产品、手工业产品

---

① 〔日〕斯波义信：《宋代商业史研究》，庄景辉译，稻禾出版社，1997，第442～450页。
② 陈明光、毛蕾：《唐宋以来的牙人与田宅典当买卖》，《中国史研究》2000年第4期。
③ 任仲书、于海生：《宋代"牙人"的经济活动及影响》，《史学集刊》2003年第3期。
④ 黎志刚：《宋代牙人与乡村经济的市场化》，《云南社会科学》2006年第1期。
⑤ 龙登高：《宋代商人资本析论》，《社会科学战线》1992年第4期。

越来越商品化，集镇商业繁荣，国内外市场尤其是区域市场间联系增强，以及城乡居民消费水平提高等方面，商品经营主体已扩展至官吏、皇室、士人、僧尼、农民、个体手工业者以及浮游流亡诸阶层，在此基础上，他认为宋代商品经营资本展现出了中国古典商业资本由封建社会前期向后期转变的过渡性质。① 斯波义信对宋代商业资本的性质进行了考察，他认为这一时期商业资本的积累充满了投机性和艰难性，并列举了大商与小商、企业的联合、业务的联合、连财合本等几种商业资本集中的形式。② 林文勋以宋代四川为例，认为商人资本除部分停留在流通领域增殖外，主要流向包括购买土地、投资产业、转化为官僚资本和流入寺院。③ 李晓认为宋代民间资本主要是从工商业流向土地、高利贷，或滞留在商业流通领域，较少转化为手工业生产资本，民间资本的这一流动特点是资本自身的运动规律和封建政府干预的结果。④ 姜锡东集中考察了宋代商人与小农家庭的生产活动，官私商业的经营方式，商人的市场垄断与政府的反垄断，国有商业资本和盐商、粮商、布帛商，政府与商人的矛盾及民间商业资本发展的重重阻力等问题。⑤

此外，宋代商业资本从流通领域向生产领域渗透的典型，即包买商，也引起了学界的普遍关注。包买商这一商人群体曾普遍出现在宋代初级农村市场上，他们收购小生产者生产的商品，在

① 张熙惟：《宋代商品经营资本的发展及其历史地位》，《文史哲》1996 年第 6 期。
② 〔日〕斯波义信：《宋代商业史研究》，庄景辉译，稻禾出版社，1997，第 450～460 页。
③ 林文勋：《宋代四川商品经济史研究》，云南大学出版社，1994，第 100～102 页。
④ 李晓：《论宋代民间资本的流向》，《文史哲》2000 年第 5 期。
⑤ 姜锡东：《宋代商人和商业资本》，中华书局，2002，第 24～399 页。

市场上贩卖。早期学界多将包买商与资本主义萌芽问题联系起来进行考察。周荔对北宋茶叶、荔枝生产中商人与小农的包买关系进行了论述，指出商业资本转向生产领域的最早体现是包买商开始指挥、控制个体生产者，正是通过这种关系，商业资本开始向产业资本转化，商人逐渐转向生产领域，资本主义生产关系萌芽遂得以产生。① 李晓也对宋代茶叶生产经营中预付货款的包买行为进行了论述，并指出包买商的出现意味着商业资本开始向生产资本转化，这种情况的继续发展便可能孕育出资本主义的生产关系。② 此外，郭正忠在《两宋城乡商品货币经济考略》第四章第二节论述了宋代包买商的踪迹。③ 姜锡东在《宋代商人和商业资本》第三章第三节"承包经营"中也对包买商进行了论述。④ 在就包买商的行为与农村市场和小农关系的评价上，傅宗文指出商业资本在农村直接零散地转化为小商品生产开始之前的垫支资本，之后将成千上万的小商品生产者牢牢置于其控制之下，割断这些小商品生产者与地方市场的联系，在包买商的支配下，农民作为乡村小商品生产者的自由身份愈益下降，产品的不等价交换愈益严重，高利贷剥削愈益苛刻。⑤

　　此外，粮食是城乡市场上流动的大宗商品，因此以粮食市场为例来论述农村市场经济结构的研究已形成了丰硕的成果，涉及

---

① 周荔：《宋代的茶叶生产》，《历史研究》1985 年第 6 期。
② 李晓：《宋代的茶叶市场》，《中国经济史研究》1995 年第 1 期；《论宋代的茶商和茶商资本》，《中国经济史研究》1997 年第 2 期。
③ 郭正忠：《两宋城乡商品货币经济考略》，经济管理出版社，1997，第 245~257 页。
④ 姜锡东：《宋代商人和商业资本》，中华书局，2002，第 57~60 页。
⑤ 傅宗文：《宋代草市镇研究》，福建人民出版社，1989，223~224 页。

粮食市场的发展程度、粮价、粮食商人等。全汉昇是国内较早开始关注两宋粮食市场研究的学者，他在《南宋稻米的生产与运销》中论述了南宋四大稻米重要产区以及两淮、湖北、福建等产米不足的地区，并在上述地区供给差异的基础上论述了两宋稻米的运销情况。[①] 魏天安指出宋代在地方性小市场（村市、草市、墟市、镇市等）上，农民为满足自身余缺调剂的消费需要或完纳赋税而出卖粮食，但这种行为的性质仍属于自给自足的封建自然经济，客商是把农村粮食运往城市的中介，是粮食流通的承担者，在和籴中占有重要地位。[②] 包伟民指出宋代粮食贸易活跃，但并没有达到使自然经济近于匿迹的水平，米盐交易仍然是典型的小商品之间的交换，城乡市场之间还没有形成农产品与手工业品之间的交换关系。[③] 斯波义信在《宋代商业史研究》中将米作为自然农产品的特产化与流动的典型案例进行了论述，指出在宋代米经过农民本身和富农地主及商人之手大量投入农村市场，其生产的集中性和生产的过程都体现了商品化的意义。[④] 就粮价来说，龙登高认为宋代粮食商品存在生产的季节性与消费的常年性之矛盾，使供求格局出现季节性变化，而为数众多的小农家庭卷入市场，进一步拉大了粮食供求格局与粮价的季节性差异，同时，自然地理条件的不同、生产力水平的高低、社会经济发展的不平衡（尤其是商品经济发展程度不一）、宋代市场的地方性与区域性、货币流通

---

① 全汉昇：《南宋稻米的生产与运销》，载氏著《中国近代经济史论丛》，中华书局，2011，第304~337页。

② 魏天安：《宋代粮食流通政策探析》，《中国农史》1985年第4期。

③ 包伟民：《宋代的粮食贸易》，《中国社会科学》1991年第2期。

④ 〔日〕斯波义信：《宋代商业史研究》，庄景辉译，稻禾出版社，1997，第148~169页。

状况的差别等是造成粮价地域差异的主要原因，另外，币值与货币数量的变动同样深刻地影响着粮价的变动。[①]　就宋代粮商而言，姜锡东指出宋代粮商的投机行为主要表现在三个方面：在向官府贩枭军需粮草过程中，利用各种非法手段诈取官府钱物；在城市粮食贸易中投机取巧，从城市居民和城郊农民身上攫取暴利；乡村中的地主家庭趁粮食短缺之机，残酷地压榨农民。[②]　此外，姜锡东还将宋代粮商分为商人（包含米铺户、长途贩运商、米牙人）、地主、官吏和农民几大类，在此基础上，对他们在粮食贸易中的分工和经营状况分别进行了论述。[③]

农村市场中的雇佣劳动力。两宋时期，随着契约租佃关系逐渐成为占主导地位的生产关系，土地兼并和土地买卖十分活跃，人地矛盾日益尖锐，相当数量的自耕农、半自耕农由于农业利薄，不得不借助他业，在农隙季节步入市场，为工为匠，受雇于他人，有的客户或游手直接以自身为商品投入农村市场。早期学界对宋代农村劳动力雇佣关系的论述大多将其与资本主义萌芽联系起来。柯昌基就认为，包含着全部资本主义生产方式的雇佣劳动是从古代就存在的，但只有在它所必需的历史条件已经成熟之时，这一隐藏着的萌芽方能发展为资本主义生产方式，宋代由于商品经济的飞速发展，封建制度逐渐开始解体，农村中分化出大量丧失掉生产资料的农民，他们的封建束缚，即对国家的隶属性以及对地

---

① 龙登高：《宋代粮价分析》，《中国经济史研究》1993 年第 1 期。

② 姜锡东：《宋代粮商的粮食投机》，《史学月刊》2000 年第 2 期。

③ 姜锡东：《宋代粮商的成分、内部分工与经营状况》，《中国经济史研究》2000 年第 3 期。

主和土地的依附关系都有所减轻，因此出现了大批出卖劳动力的人，同时城市经济发达及城乡各种手工业和商业性农业等兴起，也需要很多的劳动人手，因而雇佣劳动的使用在社会上无论公私皆极其普遍。① 武建国和张锦鹏指出，宋代江南地区农业内部出现了大量富裕农村劳动力，从而产生了劳动力"溢出"现象，这表明宋代劳动力的空间配置和产业配置趋向于优化发展，但我们也不能过高估计它对经济社会的影响。② 于志娥和任仲书认为，宋代镇市和农村的雇佣关系已非常普遍，所提供的劳务种类繁多，分工细密。③

国家对农村市场的管理。两宋时期，商品经济的发展、国家财政上的入不敷出以及长期大规模的长途军需供给等促使政府开始放弃对地方经济的直接控制，代之以市场性政策的间接调控。李晓利用前人的研究成果，依托于产业结构理论，从市场调节和政府干预交互作用、彼此制约的角度，综合考察了宋代工商业经济。就政府的干预来说，国家在市场设置、一般商品的价格、商人队伍等方面实行了开放政策；在打击垄断、加强契约合同的规范化、维护商业信用、统一度量衡标准、打击假冒伪劣产品等方面实行了有助于维护市场秩序的政策。④ 吴晓亮认为唐宋是中国古代商品经济空前发展、社会转型的重要时期，自唐代中后期至宋代，国家对市场的管理由以往那种以市制为代表的"直接管理"

---

① 柯昌基：《宋代雇佣关系初步探索》，《历史研究》1957 年第 2 期。

② 武建国、张锦鹏：《宋代江南地区农村劳动力的利用与流动法分析》，《中国经济史研究》2011 年第 2 期。

③ 于志娥、任仲书：《宋代劳务市场发展状况研究》，《哈尔滨学院学报》2013 年第 4 期。

④ 李晓：《宋代工商业经济与政府干预研究》，中国青年出版社，2000，第 154～178 页。

模式，向以税务为代表的"以税代管"模式转变，这是商品经济发展的结果，是国家市场观念以及市场管理实践渐变的表现。① 尹向阳从商品经济发展的角度出发，对宋代市场管制机构、准入管制、价格管制等进行具体考察，探讨宋代市场管制的演进及特点，认为唐宋时期政府对市场的干预是一个由直接管制向间接管制演进的制度变迁，也是一个由"集中决策"的政府管制模式向"集中决策"与市场的"分散决策"并重的转变过程。② 傅宗文在《宋代草市镇研究》第三章第二节"市镇管理"中指出，草市镇内部存在着小商品市场的两个管理系统，从而也就有着坊郭户和乡村户承担科配、轮充差役的明显区别。坊郭户不时被科买配买不同数量的产品或金银，乡村户则供输二税和轮充差役。草市户因之必须按乡户户等应役。此外，他还指出南宋监镇兼职现象有所发展，其系衔日益复杂，而且超出了镇市范围，同时认为监镇兼职现象的背后是镇市经济规模的扩大，并因此扩大了它向外渗透的作用。③

通过上述对两宋农村市场的专题研究进行的现状回溯，不难发现，学界围绕两宋农村市场的名称、分布范围以及类型，市镇人口规模和等级划分，农村市场城市化或城乡市场关系，农村市场商品供需结构，农村市场，农村市场中介人，农村市场资本，粮食市场，雇佣劳动力，国家对农村市场的管理等方面已展开了

---

① 吴晓亮：《唐宋国家市场管理模式变化研究——以唐代"市"和宋代"税务"为对象的历史考察》，《中国经济史研究》2007 年第 4 期。

② 尹向阳：《宋代政府市场管制制度演进分析》，《中国经济史研究》2008 年第 2 期。

③ 傅宗文：《宋代草市镇研究》，福建人民出版社，1989，第 166～177 页。

大量研究，并取得了丰硕的成果，但仍存在进一步拓展的空间。

首先，目前学界对于宋代农村市场的定位大多以草市、镇市以及相关特殊集市为主，如蚕市、药市、蔬菜水果集市等，但上述类型是否完全涵盖了两宋时期农村市场的主要类型仍需进一步讨论。其次，对于农村市场的发展程度，不同的学者仍然各执一词，这在农村市场供需结构、商人资本、粮食市场和劳动力市场等方面都有体现，争议较大。最后，现有关于宋代农村市场的研究大多从商品经济的视角切入，对农村市场对乡村社会生产生活秩序、乡村社会内生动力、乡村社会价值体系产生了怎样的影响，缺乏应有的重视。

三 研究对象、视角和基本思路

本书的研究对象为两宋农村市场。就市场的概念界定而言，市场是商品生产和社会分工的产物，反过来，商品经济和社会分工的进一步发展也会推动市场的发育和壮大。就此而言，商品经济的发展历程在一定程度上也就是一部传统市场发展史。在这一过程中，商品经济对于小农经济的渗透也就意味着传统市场向乡村社会扩展，农村市场便由此得以发轫并逐步成长。

两宋的农村市场在地域划分意义上来说，是基于乡村和城市间构成要素的不同而区别开来的，如在市场交易频率、商品构成、交易主体、市场规范以及国家控制等方面，乡村和城市之间都表现出了极大的不同。乡村社会中，个体小农占据了乡村人口的大多数，农业生产和小农日常生活的必需品是农村市场商品构成的主体，其交易具有细碎性和松散性，习俗在规范和约束农村市场运行过程中依然发挥着重要作用，国家控制仍以传统的乡治体系为主，但又做出了适当调整。正是这样一些基本构成要素的不同，使得农村市场的概念能够较为清晰地凸显。

就研究视角而言，当下学界已通过商品经济视域下小农家庭经济、市场网络、新型城乡关系、商税等视角对两宋农村市场进行了深入探讨，在这一过程中，农村市场大都作为商品经济繁荣发展的构成要素参与其中，农村市场很大程度上被等同于农村商品市场，而草市、墟市、镇市、道、店等则是农村市场的集中体现。本书在借鉴前辈学者研究的基础上，虽同样以唐宋社会大变革下商品经济的繁荣发展为宏观社会背景，却是以农村市场为场域，分析农村市场发展对乡村社会的关系产生的影响。

本书力图透过农村市场来窥探两宋乡村社会的关系变化，通过对农村市场与乡村社会关系的剖析，深化对农村市场发展程度的认识。基本思路如下。

第一，对两宋农村市场的基本概况进行介绍。

考察农村市场商品类型多样化的成因和具体表现、农村市场的主要形态和区域分布。在此基础上，对农村市场各经济主体进行介绍，并以农村市场为场域，分析各经济主体间的流动和相互影响。

第二，基于农村市场的研究视角，审视两宋乡村社会的契约租佃关系。

首先，以竞争性土地租佃市场为例，原有乡村社会中主佃间的联结机理出现了从道义互助到市场理性的转变。这从客户的区域分布中可见一斑，在商品经济发达的地区，为了克服人地矛盾，契约租佃制下农业经营的精细化程度和家庭副业发展比较充分，在一定程度上巩固了农业和家庭手工业相结合的小农经济，因而并不一定导致以广大客户为主的雇佣劳动力市场的发展。在商品经济欠发达的地区，小农受土地占有不足、自然环境等因素的限制，农业经营方式较为单一，家庭劳动力利用率较低，客户比例较高，致使作为商品的雇佣劳动力大量存在。其次，契约租佃制与农村市场其他领域间也表现出了复杂的互动关系。契约租佃制丰富了农村市场的商品供给，延展了农村市场劳动力的从业结构。农村市场也推动了契约租佃制下农业的商品化生产和市场营销，扩大了契约租佃制下主佃间的弹性空间，并在一定程度上推动了货币地租的发展。

第三，以农村市场活跃的乡村社会内生动力层为切入点，探讨两宋政府对乡村社会控制体系的调适。

首先，就具体的粮食贸易而言，在乡村社会中成长并逐渐壮大起来的富民群体和国家共同构成了两大交易主体，二者之间形成了彼此对立又依存的互动关系。国家虽有意限制富民囤积居奇，但是在赈灾救荒和维持乡村社会秩序等方面，又因自身的局限，不得不将富民作为主体之一纳入乡村社会多元共治体系之中。其次，就宏观层面国家围绕农村市场制定的各项干预举措而言，体现了既鼓励农村市场贸易，又不断强化市场控制的二重性，但事实上，由于对农村市场嵌入乡村社会实态的关注不足，未从乡村社会实际市场环境出发制定措施，成效大多有限。

第四，论述农村市场发展对乡村社会价值观念产生的影响。

首先，随着商品经济的发展，言利思想在乡村社会日渐抬头，在其影响下，农村市场各经济主体从土地、劳动力以及资本各要素入手，加大投入、优化组合，面向市场展开生产，丰富了农村市场的商品供给。但是，在市场理性和言利思想的驱使下，一些商贾富民的牟利行为也扰乱了农村市场的正常运行，增加了市场管理成本。其次，乡村社会原有的信任机制、行动伦理和社会惯习在与国家产权保护政策的碰撞和交融中，为契约精神在乡村社会的发展创造了条件。具体而言，在商品生产、交易，以及田宅典卖等领域，契约精神逐渐成为占主导性地位的媒介和纽带，在一定程度上起到了规范农村市场秩序的作用。因此，言利思想和契约精神在融入农村市场的过程中，也逐步改变着宋代乡村社会原有的价值观念。

第一章　两宋农村市场的基本概况

宋代是中国历史上承前启后的变革期，对此，郑樵、陈邦瞻等进行了经典的论述。郑樵在《通志二十略》中指出："自隋唐而上，官有簿状，家有谱系，官之选举必由于簿状，家之婚姻必由于谱系。自五季以来，取士不问家世，婚姻不问阀阅。"① 陈邦瞻在《宋史纪事本末》中说："宇宙风气，其变之大者三：鸿荒一变而为唐、虞，以至于周，七国为极；再变而为汉，以至于唐，五季为极；宋其三变，而吾未睹其极也。"② 就连当代国学大师钱穆先生也认为"论中国古今社会之变，最要在宋代。宋以前，大体可称为古代中国，宋以后，乃为后代中国"③，"先秦以上可说是第一期，秦汉、隋唐是第二期，以下宋、元、明、清四代是第三期"④。可见，宋代作为一个新变革期的开端，在政治、经济、文化等方面都表现出了有别于前代的新发展。

---

① （宋）郑樵：《通志二十略·氏族略序》，王树民点校，中华书局，1995，第1页。
② （明）陈邦瞻：《宋史纪事本末》附录1《陈邦瞻叙》，中华书局，2015，第1191页。
③ 钱穆：《理学与艺术》，载《宋史研究集》（第7辑），台湾书局，1974，第2页。
④ 钱穆：《中国文化史导论》（修订本），商务印书馆，1994，第175页。

　　唐宋变革在经济领域的集中表现是商品经济的快速发展，农村市场的勃兴则是商品经济在深度和广度上向乡村社会渗透的标志之一。两宋时期，因地域差异明显，不同地区的农村市场表现出了多样化的形态，如北方地区的道店、东南部的草市、岭南地区的墟市，此外还有各种类型的专业性市镇，如川蜀的药市、疼市等。国家在乡村社会商品交易聚集的交通要道也设置了各种场、务、寨、镇等税收机构，从市场发展和商品流通情况来看，本书将其一并归入农村市场的范畴进行论述。与此同时，两宋时期，农产品的商品化生产、商品性农业以及家庭手工业纷纷发展起来，使得农村市场的商品供给日趋丰富。商人、官僚地主、市场中介、小农群体开始成为农村市场的行为主体，他们在对市场产生影响的同时，也促成了自身的转变。

第一节　两宋农村市场的主要形态和区域特征

　　宋代是农村市场快速发展的重要历史时期，就其主要形态而言，不同的区位和地域显示出了不同形态。店主要分布在陆上交通要冲，市主要兴起于水陆交通要道，其类型几乎遍及全国，墟市主要分布在岭南等广大南方地区，即数日一集的定期市。此外，还有部分其他地区的特色集市，如疼市、药市等。这是就农村市场静态的区域分布而言，事实上，某一区域往往存在着多种不同类型的农村市场，相同名称的农村市场也经常出现在不同区域。

一 农村市场的主要形态

就店的分布而言，华北地区主要涉及京畿、京东西、河北、河东等路，西北地区包括永兴军及秦凤等路。这些地区的店，部分出现在《宋会要辑稿·食货一五·商税杂录》之"神宗熙宁十年各路场务商税额"的记载中，如京畿地区的屯固店，"天圣七年置陈留县屯固镇，天禧二年改屯固店为镇"①。京东路齐州李家店熙宁十年（1077）商税额为八百三十三贯八百七十七文。② 京西路新郑州西南九十里，二乡、郭店一镇。③ 京西路青岭店，元祐元年（1086）复青岭镇，崇宁三年（1104）以青岭店改。④ 河北路冲城店熙宁十年商税额为五百五十五贯三百四十六文，大韩店一百七十六贯六百五十九文。⑤ 又如河北路怀州柏树店、磁州邑城店⑥，河东路华州附近的柳子店⑦，秦凤路的杏林店、逻店、东新店、青阳店、衡水店等⑧。长江流域也有关于店的记载，上游的川

---

① （清）徐松辑《宋会要辑稿·方域一二·东京开封府市镇》，刘琳等校点，上海古籍出版社，2014，第 9521 页。

② （清）徐松辑《宋会要辑稿·食货一五·商税杂录》，刘琳等校点，上海古籍出版社，2014，第 6296 页。

③ （宋）王存：《元丰九域志》卷 1《京西南路》，中华书局，1984，第 31 页。

④ （清）徐松辑《宋会要辑稿·方域一二·东京开封府市镇》，刘琳等校点，上海古籍出版社，2014，第 9522 页。

⑤ （清）徐松辑《宋会要辑稿·食货一五·商税杂录》，刘琳等校点，上海古籍出版社，2014，第 6302 页。

⑥ （清）徐松辑《宋会要辑稿·食货一九·酒曲杂录》，刘琳等校点，上海古籍出版社，2014，第 6397~6398 页。

⑦ （宋）郑刚中：《西征道里记》，载上海师范大学古籍整理研究所编《全宋笔记·第三编》（第 7 册），大象出版社，2008，第 105 页。

⑧ （宋）郑刚中：《西征道里记》，载上海师范大学古籍整理研究所编《全宋笔记·第三编》（第 7 册），大象出版社，2008，第 107 页。

蜀地区，如成都府路次畿郫县的雍店、灵泉县的王店①，利州路剑门南二十里的青疆店②，兴元府勾家店、柳家店、张家店、梅子店等③；中下游地区如荆湖路鄂州的新店镇④，江南东西路宜州附近的高店⑤、三里店⑥，淮南东西路楚州的故晋东西店、谢阳店⑦，两浙路平江府常熟县南沙乡王十二店⑧、积善乡瞿家店⑨。以上所述主要是各路中部分具有代表性的店，总的来看，华北各路店发展成为镇的较多，而华中地区店升镇的情况不如华北各路明显，但即使没有改称镇的店，这些地区大多也设置了征收商税或酒曲税的场务。

　　市的分布主要集中在长江中下游地区，水陆交通发达的东南沿海地区更为突出，因此，早在唐末，杜牧就指出："江淮草市，尽近水际，富室大户，多居其间。"⑩ 秀州（嘉兴府）嘉兴县有陶

---

① （宋）王存：《元丰九域志》卷 7《成都府路》，中华书局，1984，第 308 页。

② （宋）李焘：《续资治通鉴长编》卷 6，乾德三年春正月甲戌，中华书局，2004，第 143 页。

③ （清）徐松辑《宋会要辑稿·食货一九·酒曲岁额》，刘琳等校点，上海古籍出版社，2014，第 6414 页。

④ （宋）王象之：《舆地纪胜》卷 66《鄂州·景物下》，中华书局，1992，第 2266 页。

⑤ （宋）杨万里：《诚斋集》卷 32《早炊高店》，载四川大学古籍所编《宋集珍本丛刊》（第 54 册），线装书局，2004，第 368 页。

⑥ （宋）杨万里：《诚斋集》卷 34《宿三里店溪声聒睡终夕》，载四川大学古籍所编《宋集珍本丛刊》（第 54 册），线装书局，2004，第 395 页。

⑦ （清）徐松辑《宋会要辑稿·食货二一·酒曲杂录》，刘琳等校点，上海古籍出版社，2014，第 6451 页。

⑧ （宋）孙应时：《琴川志》卷 2《乡都》，载中华书局编辑部编《宋元方志丛刊》，中华书局，1990，第 1172 页。

⑨ （宋）孙应时：《琴川志》卷 2《乡都》，载中华书局编辑部编《宋元方志丛刊》，中华书局，1990，第 1179 页。

⑩ （唐）杜牧：《樊川文集》卷 11《上李太尉论江贼书》，上海古籍出版社，1978，第 169 页。

庄市、新城市、永乐市；海盐县有当湖市、半逻市、鲍郎市；崇德县有青镇市、语儿市、义和市、石门市、皂林市、凤鸣市、洲钱市。其中青镇市，"在县东北五十八里，与乌镇市相对，分东西岸。东曰青镇，属本县；西曰乌镇，属乌程县。民物繁阜，塔庙桥道、宅地园池，甲他镇戍"①。关于湖州的乌墩、新市，薛季宣言："乌墩、新市，虽曰镇务，然其井邑之盛，赋入之多，县道所不及也。"② 苏州常熟县梅李市，今为镇；石闼市，今为庆安镇；涂菘市，在县东北，去县百五里，旧为镇，元丰间省为市。此外还有练塘市、支塘市、甘草市、杨尖市、直塘市。③ 又如镇江府丹徒县城西三十里的高资市④；明州（庆元府）鄞县的横溪市、林村市、甬东市、下庄市、东吴市、小白市、韩岭市、下水市⑤，奉化县的公塘镇、鲒埼镇、泉口市、白杜市、南渡市、袁村市⑥，慈溪县的丈亭镇、门溪市、大隐市、黄墓市、蓝溪市、车厩市、渔溪市⑦；台州临海县的拓溪市、路口市、大田镇市、绚珠市、东陈

① （元）单庆：《至元嘉禾志》卷3《镇市》，载中华书局编辑部编《宋元方志丛刊》，中华书局，1990，第4436页。
② （宋）薛季宣：《艮斋先生薛常州浪语集》卷18《湖州与镇江守黄侍郎书》，载四川大学古籍所编《宋集珍本丛刊》（第61册），线装书局，2004，第292页。
③ （宋）孙应时：《琴川志》卷1《市》，载中华书局编辑部编《宋元方志丛刊》，中华书局，1990，第1167页。
④ （宋）卢宪：《嘉定镇江志》卷8《丹徒县》，载中华书局编辑部编《宋元方志丛刊》，中华书局，1990，第2381页。
⑤ （宋）罗濬：《宝庆四明志》卷13《鄞县·镇市》，载中华书局编辑部编《宋元方志丛刊》，中华书局，1990，第5160页。
⑥ （宋）罗濬：《宝庆四明志》卷15《奉化县·镇市》，载中华书局编辑部编《宋元方志丛刊》，中华书局，1990，第5188页。
⑦ （宋）罗濬：《宝庆四明志》卷17《慈溪县·镇市》，载中华书局编辑部编《宋元方志丛刊》，中华书局，1990，第5213页。

市、章安镇市、杜渎镇市①，黄岩县的阙市、小礼市、新安市、于浦市、夹屿市②，天台县的县市、飞泉市③，仙居县的石井市、石姥市、田头市、白塔市、磻滩市④；等等。总的来说，宋代两浙地区的市相当发达，一乡四市、三市的情况屡有记载。

江南东西路的市也很发达，如上元县神泉乡汤泉市，长宁乡栖霞市、竹筱市、西干市、章桥市、石井市，清化乡索墅市，泉水乡泉都市，宣义乡东流市，清风乡花林市，金陵乡龙湾市，开宁乡蛇盘市、麒麟市，崇礼乡五城市，丹阳乡土桥市、湖熟市。附郭草市有新林市、板桥市、铜井市、东口市、西口市、朱门市、路口市。⑤此外，还有太平州当涂县新市⑥、江州德化县林口市⑦、饶州鄱阳县石门市等⑧。宋人道潜在描述归宗墟开市的情景时说："朝日未出海……农夫争道来，聒聒更笑喧。数辰竟一虚，邸店如云屯。或携布与楮，或驱鸡与独。纵横箕帚材，琐细难具论。老翁

---

① （宋）陈耆卿：《嘉定赤城志》卷3《地里门二》，载中华书局编辑部编《宋元方志丛刊》，中华书局，1990，第7298页。
② （宋）陈耆卿：《嘉定赤城志》卷3《地里门二》，载中华书局编辑部编《宋元方志丛刊》，中华书局，1990，第7299页。
③ （宋）陈耆卿：《嘉定赤城志》卷3《地里门二》，载中华书局编辑部编《宋元方志丛刊》，中华书局，1990，第7299页。
④ （宋）陈耆卿：《嘉定赤城志》卷3《地里门二》，载中华书局编辑部编《宋元方志丛刊》，中华书局，1990，第7299页。
⑤ （宋）周应合：《景定建康志》卷16《镇市》，载中华书局编辑部编《宋元方志丛刊》，中华书局，1990，第1530~1531页。
⑥ （宋）杨万里：《诚斋集》卷34《宿新市徐公店》，载四川大学古籍所编《宋集珍本丛刊》（第54册），线装书局，2004，第386页。
⑦ （宋）董嗣杲：《庐山集》卷2《过林口市》，景印文渊阁《四库全书》（第1189册），台湾商务印书馆，1986，第180页。
⑧ （元）方回：《桐江续集》卷3《石门市》，景印文渊阁《四库全书》（第1193册），台湾商务印书馆，1986，第25页。

主贸易，俯仰众所尊。区区较寻尺，一一手自翻。得无筋力疲，两鬓埋霜根。"① 可见交易的村市不少，物品以小农日用品为主。

岭南等南方地区，以墟市为主，据考证，有关墟市的最早记载，可以追溯至晋代。沈怀远在其所著的《南越志》中说："越之市名为墟，多在村场，先期招集各商，或歌舞以来之。荆南领表皆然。"② 至唐代，墟市更为发达，《南部新书》卷八云："端州以南，三日一市，谓之趁墟。"③ 《太平御览》卷一七二《窦州》引《郡国志》曰："窦州悉以高栏为居，号曰干栏，三日一市。"④ 从这些记载可知，唐代岭南各州县明显存在数日一集的村墟组织。

至宋，关于岭南地区墟市的记载屡见不鲜。就墟市的意义而言，吴处厚说："岭南谓村市为虚，柳子厚《童区寄传》云：'之虚所卖之。'又诗云：'青箬裹盐归峒客，绿荷包饭趁虚人。'即此也。盖市之所在，有人则满，无人则虚，而岭南村市满时少，虚时多，谓之为虚。"⑤ 这里的"虚"是指关市以后，人货稀少，市场空虚之意。墟市是一种定期市，即"百姓多隔日相聚，交易而退，风俗谓之墟市"⑥。北宋至道三年（997）七月二十八日，

---

① （宋）道潜：《参寥子诗集》卷1《归宗道中》，孙海燕点校，上海古籍出版社，2017，第13页。

② （清）李调元：《南越笔记》卷1《赶墟》，中华书局，1985，第7页。

③ （宋）钱易：《南部新书》，尚成校点，上海古籍出版社，2012，第64页。

④ （宋）李昉：《太平御览》卷172《窦州》，上海古籍出版社，2008，第662页。

⑤ （宋）吴处厚：《青箱杂记》，载上海师范大学古籍整理研究所编《全宋笔记·第一编》（第10册），大象出版社，2003，第211页。

⑥ （宋）王象之：《舆地纪胜》卷122《广南西路·宜州·景物上》，中华书局，1992，第3522页。

上封者言："岭南村墟聚落间日会集裨贩，谓之虚市。请降条约，令于城邑交易，冀增市算。"帝曰："徒扰民尔，可仍其旧。"[1] 南宋淳熙二年（1175）九月二十二日，仍有臣僚言："乡落有号为虚市者，止是三数日一次市合，初无收税之法。州郡急于财赋，创为税场，令人户买扑纳钱，俾自收税。凡买扑者，往往一乡之豪猾，既称趁纳官课，则声势尤甚于官务。官司既取其课利，虽欲为小民理直，有所不能。"[2] 由此不难看出，首先，墟市从北宋至南宋一直作为一种重要的农村市场形式，广泛存在于岭南地区；其次，岭南墟市流传文献较多，或与其不合理的课税有关。为了广泛征收商税，国家在城市以及贸易往来频繁之处设立各种场务，但是对岭南这种小规模的定期市也进行课税，时人多有非议。此外，福建也有关于墟市的记载，以海商为业的福建地区，"（天）妃庙遍于莆（田），凡大墟市、小聚落皆有之"[3]，即航海保护神天妃在沿海下四州军的城市和乡村都有分布。

除了上述分布较广且较为常见的市场类型以外，还存在一些特定区位的市场以及地方性集市，如四川地区的草市又称痎市。宋人吴处厚说："蜀有痎市，而间日一集，如痎疟之一发，则其俗又以冷热发歇为市喻。"[4] 传统文化中，人们习惯把隔一天的也就

---

① （清）徐松辑《宋会要辑稿·食货一七·商税杂录》，刘琳等校点，上海古籍出版社，2014，第 6351~6352 页。

② （清）徐松辑《宋会要辑稿·食货一八·商税杂录》，刘琳等校点，上海古籍出版社，2014，第 6377 页。

③ （宋）刘克庄：《后村全集》卷 91《风亭新建妃庙》，载四川大学古籍所编《宋集珍本丛刊》（第 81 册），线装书局，2004，第 750 页。

④ （宋）吴处厚：《青箱杂记》，载上海师范大学古籍整理研究所编《全宋笔记·第一编》（第 10 册），大象出版社，2003，第 211 页。

是两天一发的疟疾叫作痎，因此，所谓的"痎市"，就是指两天一开的定期市。沿江沿河的一些水运渡口，由于贸易频繁、人流量较大，也逐渐形成了集市。庆元府奉化县"东宿渡，县东六十里，自此发船，折海二百里，两潮而至象山陈山渡。袁村渡，县东南五十里，自此发船，两潮至陈山渡。南渡，县北二十五里，旧以舟渡，后易以桥，见桥梁门。北渡，县北五十里，界于鄞。旧系民间买扑负担而渡者，率困于篙师之多取。庆元中，邑人修职郎汪伋白于郡，以私帑先与之，抱纳官钱，复自造巨舟，廪给渡头一家以主之。往来负担者，人取钱三文，以充官输之用。士夫僧道则免，迄今四十余年，人甚便之"①。城郭附近的步也是一种具有地方特色的乡村集市。"（建康府）高友步，俗名上步，在溧阳县南二十五里。周城步，在溧阳县西南四十五里。上兴步，在溧阳县西六十里。黄连步，在溧阳县西北五十五里。"② 此外，东南沿海地带，为了防御海潮，修筑了大面积的捍海堤堰，由于近海贸易和内地经济往来频繁，一些堤堰上甚至也形成了乡村集市。嘉兴府澉浦镇的"塘湾，在镇东市中，捍海岸也，后聚居其上，遂为市井"③，"张塔，在镇市塘上。古捍海增岸，后民旅聚居其上为市，今俗呼曰塘上"④，"六里堰，在镇西六里。高下相去数

---

① （宋）罗濬：《宝庆四明志》卷14《津渡》，载中华书局编辑部编《宋元方志丛刊》，中华书局，1990，第5187页。

② （宋）周应合：《景定建康志》卷16《镇市》，载中华书局编辑部编《宋元方志丛刊》，中华书局，1990，第1531页。

③ （宋）常棠纂《海盐澉水志》卷上《山门》，李勇先校点，四川大学出版社，2009，第8页。

④ （宋）常棠纂《海盐澉水志》卷上《山门》，李勇先校点，四川大学出版社，2009，第9页。

仞，为惠商、潋浦、石帆三村灌田、堤防之所。缘舟船往来，实为入镇门户，因置车索"①。这些都是因堤堰上人员货物流动频繁而逐步发展起来的集市。

二　农村市场的区域特征

两宋时期，由于自然地理状况、经济发展水平、人口等多种因素的地域差异明显，不同区域的农村市场在数量、规模以及发展程度上都表现出了极大的不同。

（一）华北地区

京师汴京，因拥有发达的水陆交通网，草市镇十分发达。河东路地处黄土高原，农业种植区主要集中在汾河流域一带，因而草市镇也大多分布于此。京西路西部是秦岭和大巴山脉，东北毗邻华北和淮北冲积平原，境内东南部蔡河、颍水为汴京沟通淮河的动脉之一。京东路一带，济水、广济河（五丈河）横贯其中，这些水陆交通沿线占据了地理环境上的优势，同时还有高密度消费人口，因而草市镇分布较多。京东路徐州"通江淮水运，来吴楚之货，又为会津，而况土膏地润，足蒲鱼，宜稻菱，实为乐土"②，"地宜菽麦，一熟而饱数岁"③。在此基础上，产生了大量草市镇，如济河流域淄州赵岩口镇熙宁十年（1077）商税额为

---

①　（宋）常棠纂《海盐澉水志》卷上《水门》，李勇先校点，四川大学出版社，2009，第 11 页。

②　（宋）石介：《石徂徕集》卷 16《上徐州张刑部书》，景印文渊阁《四库全书》（第1090 册），台湾商务印书馆，1986，第 301 页。

③　（宋）苏轼：《苏轼文集》卷 26《奏议·徐州上皇帝书》，孔凡礼点校，中华书局，1986，第 758 页。

28389.037 贯，而同年淄州的在城商税额仅为 6758.786 贯①，可见赵岩口商税额超过淄州在城商税额 320%。其中，沿河粮食产品的货运贸易是重要的推动因素。对此，王曾在其笔录中说："国初方隅未一，京师储廪仰给，惟京西、京东数路而已，河渠转漕，最为急务。京东自潍、密以西，州郡租赋悉输沿河诸仓，以备上供。清河起青、淄，合东阿，历齐、郓，涉梁山、泺济州，入五丈河，达汴都，岁漕百余万石。所谓清河，即济水也。"② 由此可见，济河已然成为京东漕运的大动脉，繁忙的运输业极大地推动了沿岸草市镇的迅猛发展。

淮南东路由于运河、淮河纵贯其间，加之长江环绕于南，具有得天独厚的水运优势。依托于这些水运路线，"南商越贾，高帆巨舻，群行旅集。居民旅肆，烹鱼酾酒，歌谣笑语，联络于两隅"③，这使得淮河流域沿岸草市镇得以快速发展。熙宁十年（1077），瓜州、邵伯、铜城、三塱、临泽、樊良六税务商税额就达 20027.988 贯。④ 淮南西路由淮水和长江作为南北分界线，地势以丘陵为主，是宋代重要的茶产区。位于长江沿岸的黄州、蕲州、舒州、和州和无为军，由于水运通畅，榷茶的十三山场就曾长时间设立于此，其中多数后来都发展成为镇市，如"蕲州洗马场、石桥场、王琪

---

① （清）徐松辑《宋会要辑稿·食货一五·商税岁额》，刘琳等校点，上海古籍出版社，2014，第 6297 页。

② （宋）王曾：《王文正公笔录》，载上海师范大学古籍整理研究所编《全宋笔记·第一编》（第 3 册），大象出版社，2003，第 264 页。

③ （宋）张耒：《柯山集》卷 41《思淮亭记》，景印文渊阁《四库全书》（第 1115 册），台湾商务印书馆，1986，第 359 页。

④ （清）徐松辑《宋会要辑稿·食货一六·商税》，刘琳等校点，上海古籍出版社，2014，第 6320 页。

场，寿州霍山场、麻步场、开顺场，舒州罗源场、大湖场，光州商城场、子安场、光山场，六州采茶之民皆隶焉，谓之园户，其茶皆课园户输卖，或折税以备榷货务商旅等请也"①。与此同时，福建陆运至京师的金帛，也"自洪州渡江，由舒州而至"②。茶业贸易加之商道往来，势必促进沿江草市镇的发展。据《宋会要》载，神宗熙宁十年（1077），蕲口镇税额 26540 贯③，池口镇 13386 贯④。孝宗乾道六年（1170），陆游赴夔州任职，途经蕲口镇，见"蕲口镇居民繁错，蜀舟泊岸下甚众，监税秉义郎高世栋来，旧在京口识之，言：'此镇岁课十五万缗，雁翅岁课二十六万缗。'"⑤可见此地商贸集市长期保持着繁荣。

（二）西北地区

西北地区的主要农产区位于渭水流域。郑、白二渠曾作为重要的水利工程灌溉着关中沃壤。《宋史·地理志》载："鄠（京兆府）、杜（凤翔府）、南山（终南山，京兆、凤翔府一带）土地膏沃，二渠灌溉，兼有其利。"⑥然而，由于关陇地区森林植被的破坏，二渠的实际灌溉功能日趋缩小，使得位于渭水下游盆地的京

---

① （宋）章如愚：《群书考索后集》卷56《财赋门》，景印文渊阁《四库全书》（第937册），台湾商务印书馆，1986，第793页。
② （清）徐松辑《宋会要辑稿·食货四八·陆运》，刘琳等校点，上海古籍出版社，2014，第7081页。
③ （清）徐松辑《宋会要辑稿·食货一六·商税岁额》，刘琳等校点，上海古籍出版社，2014，第6322页。
④ （清）徐松辑《宋会要辑稿·食货一六·商税岁额》，刘琳等校点，上海古籍出版社，2014，第6328页。
⑤ （宋）陆游：《入蜀记》，载上海师范大学古籍整理研究所编《全宋笔记·第五编》（第8册），大象出版社，2012，第193页。
⑥ 《宋史》卷87《地理志三》，中华书局，1977，第2170页。

兆府一带，农业生产遭受重创。吕陶就曾指出当时陕西州县"夫有田二十亩之家，终所收，不过二十石"①，可见当时关中农业生产水平较低。自宋夏关系出现裂痕以来，西北地区作为近边州军，经济受到了重创，"陕西一路，射入之饶，商市之富，自来亦赖戎夷博易之便。自兵兴以来，盐币亏损，议者皆知由边市不通，商旅不行所致"②。这些因素都使北宋西北地区的商品流通难以迅猛发展。据《宋会要辑稿·食货一五·商税杂录》统计，永兴军、秦凤二路的草市镇共 200 多处，熙宁十年（1077）税额通常在几十贯到一两千贯之间，由此也可窥见关中地区草市镇的式微③，但是凤翔府为川陕驿道和秦陇驿道的交会点，商贾云集，过税丰饶，其地为"古扶风郡，壤地饶沃，四川如掌，长安犹所不逮。岐山之阳，盖周原也，平川尽处，修竹流水，弥望无穷，农家种庑尤盛"④，农业经济的繁盛促进了当地草市镇的发展。凤州当川蜀之冲要，早在仁宗天圣六年（1028）九月，上封者便称："西川往来商旅，有公凭者则由剑门经过，无者并自阆州往来。盖自利州入阆州由葭萌寨，并有私路入川。乞令葭萌寨依剑州置关，委本寨使臣验认公凭，放令往来。"⑤ 即从北面出入的蜀商，有公凭者

① （宋）吕陶：《净德集》卷 2《秦乞宽保甲等第并灾伤免冬教事状》，载中华书局编《丛书集成初编》，中华书局，1985，第 27 页。
② （明）吕柟：《张子抄释》卷 6《泾原路经略司论边事状第八》，景印文渊阁《四库全书》（第 715 册），台湾商务印书馆，1986，第 102 页。
③ （清）徐松辑《宋会要辑稿·食货一五·商税杂录》，刘琳等校点，上海古籍出版社，2014，第 6309、6313 页。
④ （宋）郑刚中：《西征道里记》，载上海师范大学古籍整理研究所编《全宋笔记·第三编》（第 7 册），大象出版社，2008，第 107 页。
⑤ （清）徐松辑《宋会要辑稿·方域一二·关杂录》，刘琳等校点，上海古籍出版社，2014，第 9512 页。

多由金牛镇、剑门关入蜀。因此，道店稠密，商旅往来频繁，如永兴军、秦凤二路中，仅凤州固城一处的税额便达到了 24816.59 贯。①

（三）长江上游地区

长江上游的川蜀地区，东部是平原或丘陵，土地肥沃，魏了翁曾称：“蜀地险隘，多硗少衍，侧耕危获，田事孔艰。惟成都、彭、汉，平原沃壤，桑麻满野。昔人所谓大旱不旱者，较之他郡，差易为功。”②蜀州“在井络之维，处陆海之沃。玉垒、铜梁之阻，金沙、银砾之骁。控犍、𤛎，通滇、僰，即山而鼓，民拥素封之资、厥筐之华，户赢玩巧之利”③。川蜀西部山区盛产茶业、药材，南部州县盛产井盐，苏轼说：“自庆历、皇祐以来，蜀始创（卓）筒井。……一筒致水数斗。凡筒井皆用机械，利之所在，人无不知。”④陵州井研县，“豪者一家至有一二十井，其次亦不减七八”，与其相邻的嘉州和荣州，“亦皆有似此卓筒盐井者颇多，相去尽不远三二十里，连溪接谷，灶居鳞次”⑤。这些卓筒井，“每一家须役工匠四五十人至三二十人者。此人皆是他州别县浮浪无根著之徒，抵罪逋逃，变易姓名，尽来就此佣身赁力”⑥。

① （清）徐松辑《宋会要辑稿·食货一五·商税杂录》，刘琳等校点，上海古籍出版社，2014，第6314页。
② （宋）魏了翁：《鹤山全集》卷100《汉州劝农文》，载四川大学古籍所编《宋集珍本丛刊》（第77册），线装书局，2004，第649页。
③ （宋）张方平：《乐全先生文集》卷33《蜀州修建天目寺记》，载四川大学古籍所编《宋集珍本丛刊》（第5册），线装书局，2004，第596页。
④ （宋）苏轼：《苏轼文集编年笺注》卷73《蜀盐说》，李之亮笺注，巴蜀书社，2011，第325页。
⑤ （宋）文同：《丹渊集》卷34《奏为乞差京朝官知井研县事》，景印文渊阁《四库全书》（第1096册），台湾商务印书馆，1986，第758页。
⑥ （宋）文同：《丹渊集》卷34《奏为乞差京朝官知井研县事》，景印文渊阁《四库全书》（第1096册），台湾商务印书馆，1986，第758页。

成都居于川蜀平原中心，因地理优势，两宋之际，该地"为西南大都会，素号繁丽。万井云错，百货川委。……奇物异产，瑰琦错落，列肆而班市"①，成为招徕远近商旅的重要集散地。此外，成都还形成了一些地方性集市，如蚕市、药市、七宝市等，对此，宋人祝穆解释称："二月望日鬻花木蚕器于某所者号蚕市。五月鬻药于观街者号药市。冬月鬻器用者号七宝市。"② 这些主题性集市都为乡村小农交换商品提供了平台，如"蜀有蚕市，每年正月至三月，州城及属县循环一十五出。耆旧相传古蚕藂氏为蜀主，民无定居，随蚕藂所在致市居，此之遗风也。又蚕将兴，以为名也，因是货蚕农之具，及花木果草药什物"③。正因商贸人员往来如织，成都被称为"西蜀之会府，舟车所通，富商巨贾，四方鳞集，征入之夥，独甲他郡"④。

梓州路属于山地丘陵区，农业经济发展受限，但桑麻、果蔬，以及药材等经济作物的生产却相对发达，在此基础上，缫丝、匹帛、糖霜、药品等手工业门类也相当繁荣，因此，时人称梓州路"当舟车之冲"⑤，"通商贾于蛮烟瘴雾之外"⑥。欧阳修就曾指出：

---

① （宋）李良辰：《东园记》，载（宋）袁说友等编《成都文类》，中华书局，2011，第557页。
② （宋）祝穆：《方舆胜览》卷51《蚕市药市》，中华书局，2003，第906页。
③ （宋）黄休复：《茅亭客话》卷9《鬻龙骨》，李梦生校点，上海古籍出版社，2012，第140~141页。
④ （明）陈让编《邵武府志》卷13《乡贤》，杨启德、傅唤民、叶笑凡校注，方志出版社，2004，第494页。
⑤ （宋）王象之：《舆地纪胜》卷163《潼川府路·徐州·风俗形胜》，中华书局，1992，第4403页。
⑥ （宋）王象之：《舆地纪胜》卷166《潼川府路·长宁军·四六》，中华书局，1992，第4485页。

"蜀之丝枲织文之富，衣被于天下，而贡输商旅之往来者，陆辇秦、凤，水道岷江，不绝于万里之外。"①《宋会要辑稿》中所说的"机织户数千家"②同样出自梓州路，可见该路商品经济十分繁荣，因而草市镇数量也领先于其他各路。

（四）长江中游地区

荆湖路，长江横贯其中，北有以汉水流域为主的江汉平原，南有洞庭湖平原，水运交通和灌溉便利。作为长江中上游航运的中转站，荆湖北路的长江沿岸转运贸易十分繁荣，其中尤以沙市为盛，川蜀的货运沿水路向东行进，沙市是必经之路。以熙宁十年（1077）商税额为例，江陵府在城，以及沙市、潜江、建宁等地在内一共十四务，其中沙市务税额为9801.065贯，而府城江陵仅有8468.528贯。③宋人王象之在路过江陵府沙头市时，更是明言："（沙头市）四方之商贾辐辏，舟车骈集。"④可见沙市贸易之繁盛。

岳州位于洞庭湖东岸，毗邻鄂州，荆湖南路和洞庭湖一带的物资大多须先经岳州，然后顺长江东下转送至鄂州，这就使得岳州沿湖附近的草市镇迅速崛起。高宗绍兴三年（1133）正月五日，知岳州范寅敷言："本州农民自来兼作商旅，大平（半）在外，

---

① （宋）欧阳修：《欧阳修全集》卷39《峡州至喜亭记》，李逸安点校，中华书局，2001，第564页。
② （清）徐松辑《宋会要辑稿·食货六四·匹帛》，刘琳等校点，上海古籍出版社，2014，第7745页。
③ （清）徐松辑《宋会要辑稿·食货一六·商税》，刘琳等校点，上海古籍出版社，2014，第6332页。
④ （宋）王象之：《舆地纪胜》卷64《江陵府·景物下》，中华书局，1992，第2213页。

欲出榜招召，务令疾速归业。如贪恋作商不肯回归，其田权许人请射。"① 这从侧面反映出此地商品经济的发展和商业转运贸易的繁荣。对此，王炎曾说："商贾米船，溯江而上则聚于鄂渚，沿江而下则先经由华容、巴陵。……自湖南至于鼎、澧，苟非歉岁，则商贾兴贩，舻舳如云。水溢则必由华容，水落则必出巴陵。"② 从中可见，作为物资中转枢纽的鄂州，已成为江陵府后荆湖路又一大都会。乾道六年（1170）路过鄂州的陆游这样记述道，鄂州"四方商贾所集，而蜀人为多"，"贾船客舫，不可胜计，衔尾不绝者数里，自京口以西，皆不及"，"市邑雄富，列肆繁错，城外南市亦数里，虽钱塘、建康不能过，隐然一大都会也"③。新兴的长江中游巨镇鄂州，"且如湖湘，唯鄂渚最为要地。盖南则潭、衡、永、邵，西则鼎、澧、江陵、安、复、襄阳，数路客旅兴贩，无不辐辏鄂渚"④。其贸易范围"盖川、广、荆、襄、淮、浙贸迁之会，货物之至者无不售，且不问多少，一日可尽"⑤。如此繁荣的城市市场必然带动城外沿江草市镇等农村市场的发展，如鹦鹉洲前的南市，"在城外，沿江数万家，廛闬甚盛，列肆如栉，酒垆

① （清）徐松辑《宋会要辑稿·食货六九·逃移》，刘琳等校点，上海古籍出版社，2014，第8073页。

② （宋）王炎：《双溪文集》卷11《上章岳州书》，载四川大学古籍所编《宋集珍本丛刊》（第63册），线装书局，2004，第176页。

③ （宋）陆游：《入蜀记》卷4，载上海师范大学古籍整理研究所编《全宋笔记·第五编》（第8册），大象出版社，2012，第197页。

④ （宋）王炎：《双溪类稿》卷23《又画一札子》，景印文渊阁《四库全书》（第1155册），台湾商务印书馆，1986，第687页。

⑤ （宋）范成大：《吴船录》卷下，载上海师范大学古籍整理研究所编《全宋笔记·第五编》（第7册），大象出版社，2012，第82页。

楼栏尤壮丽，外郡未见其比"①。足见市场贸易繁荣。

（五）长江下游地区

长江下游地区主要包括两浙路和江南东西路一带。这一地区是两宋经济最为繁庶之地，自晚唐以来，东南之地便有"富庶甲天下"②的美誉。至宋，章如愚在《群书考索续集》中更是指出："天下地利，古盛于北者今皆盛于南……漕运之利，今称江淮，关河无闻；盐池之利，今称海盐，天下仰给，而解盐荒凉；陆海之利，今称江浙，甲于天下，关陕无闻；灌溉之利，今称浙江、太湖，甲于天下，河渭无闻。"③通过这些对比，足以看出长江下游地区在两宋国家经济体系中占有举足轻重之地位。

两浙路北部为太湖平原，中部为濒海平原，南部为山地丘陵。太湖平原河网密布，农业灌溉与交通便利，加之农业生产工具较为先进，水利设施完备，使得该地成为两宋时期农业生产率最高的地区，对此，范成大曾说："吴中自昔号繁盛，四郊无旷土，随高下悉为田，人无贵贱，往往皆有常产。"④吴泳也说："吴中之民，开荒垦洼。种粳稻，又种菜、麦、麻、豆，耕无废圩，刈无遗垅。"⑤足见农业经营的精细化程度。同时，两浙路也

---

① （宋）范成大：《吴船录》卷下，载上海师范大学古籍整理研究所编《全宋笔记·第五编》（第 7 册），大象出版社，2012，第 82 页。

② （宋）袁枢：《通鉴纪事本末》卷 37《杨行密据淮南》，上海古籍出版社，1994，第 844 页。

③ （宋）章如愚：《群书考索续集》卷 46《东南财赋》，景印文渊阁《四库全书》（第 938 册），台湾商务印书馆，1986，第 574 页。

④ （宋）范成大：《吴郡志》卷 2《风俗》，载中华书局编辑部编《宋元方志丛刊》，中华书局，1990，第 705 页。

⑤ （宋）吴泳：《鹤林集》卷 39《隆兴府劝农文》，载四川大学古籍所编《宋集珍本丛刊》（第 74 册），线装书局，2004，第 654 页。

是长江下游商品贸易和城乡市场最为发达之地。以苏州吴县为例，"织纤之功，苞苴之利，水浮陆转，无所不至。故其民不耕耨而多富足，中家壮子无不贾贩以游者。由是商贾以吴为都会，五方毕至"①。湖州德清县永宁乡"居民多以舟船远出商贩"②。睦州"青溪之南，去邑三十里，曰云程。其溪山演迤，绝溪而南有墟市，富者商者鸠焉。其水陆达杭越，通衢建，凡舟车日夜之所奔走"③。魏了翁曾在诗中描写两浙西路秀州农村小农入市交易的场景，他们"携米或一斗，或五七三四升，至其肆，易香烛、纸马、油盐、酱醢、浆粉……皆以米准之，（商贾）整日得米数十石，每一百石舟运至杭、至秀、至南浔、至姑苏枲钱，复买物货，归售水乡佃户"④。从坊场、河渡数来看，高宗绍兴元年（1131）五月戊申，临安府节度推官史祺孙言："两浙扑买坊场一千三百三十四处，为净利钱约八十四万缗。今未卖者五百有奇。"⑤ 二者合计达1834处，较神宗熙宁九年（1076）两浙路的坊场、河渡数增加48%。⑥ 据此，也可大致窥见两宋时期两浙路草市镇等农村市场的繁荣。

---

① （宋）范成大：《吴郡志》卷37《县记》，载中华书局编辑部编《宋元方志丛刊》，中华书局，1990，第961页。

② （清）阮元：《两浙金石志》卷9《宋孚惠庙救牒牌》，浙江古籍出版社，2012，第214页。

③ （宋）方逢辰：《蛟峰文集》卷5《芳润堂记》，景印文渊阁《四库全书》（第1187册），台湾商务印书馆，1986，第540页。

④ （宋）魏了翁：《古今考》卷18《附论班固计井田百亩岁入岁出》，景印文渊阁《四库全书》（第853册），台湾商务印书馆，1986，第368页。

⑤ （宋）李心传：《建炎以来系年要录》卷44，绍兴元年五月戊申，辛更儒点校，上海古籍出版社，2018，第823页。

⑥ 熙宁九年（1076），两浙路坊场、河渡共1238处。摘自（宋）毕仲衍著，马玉臣辑校《〈中书备对〉辑佚校注》，河南大学出版社，2007，第234页。

　　江南西路北连长江和鄱阳湖，赣江纵贯其中，鄱阳湖平原和吉州一带为该地重要农产区。鄱阳湖平原水陆交通便利、农业发达，草市镇数量较多。如南康军星子镇，太平兴国三年（978），"以地当要津，改镇为星子县"①。洪州"地方千里，水路四通。风土爽垲，山川特秀。奇异珍货，此焉是出，奥区神皋，处处有之。嘉蔬精稻，擅味于八方；金铁筱簜，资给于四境。沃野垦辟，家给人足，蓄藏无缺。故穰岁则供商旅之求，饥年不告臧孙之籴"②。吉州东部抚州"于江西为富州，其田多上腴，有陂池川泽之利，民饱稻鱼"③。如此丰厚的自然环境和水陆交通优势，刺激了江南西路商贩贸易的发展，戴栩就指出，江西南部"赣、吉之民，每遇农毕，即相约入南贩牛，谓之作冬。初亦将些小土布前去博买，及至买得数牛，聚得百十人，则所过人牛尽驱入队"④。刘克庄也言："赣民遇农隙，率贩醝于闽、粤之境，名曰盐子。各挟兵械，所过剽掠，州县单弱，莫敢谁何。"⑤ 江南东路地形以山地丘陵为主，其中宣州、太平州一带曾是全国圩田最为集中的区域，茶叶是该地主要的经济作物。总的来说，该路经济发展水平整体不高。据统计，熙宁十年（1077）该路草市镇有58处，其中税务20个，税额

---

① （宋）乐史：《太平寰宇记》卷110《江南西道九·南康军》，王文楚等点校，中华书局，2007，第2261页。

② （宋）乐史：《太平寰宇记》卷106《江南西道四·洪州》，王文楚等点校，中华书局，2007，第2010页。

③ （宋）谢过：《谢幼盘文集》卷8《狄守祠堂记》，载中华书局编《丛书集成初编》，中华书局，1985，第67页。

④ （清）徐松辑《宋会要辑稿·食货一八·商税杂录》，刘琳等校点，上海古籍出版社，2014，第6386页。

⑤ （宋）刘克庄：《后村全集》卷159《宋经略》，载四川大学古籍所编《宋集珍本丛刊》（第82册），线装书局，2004，第598页。

总和为 34875.162 贯，仅占该路税额总和的 5%。[①]

（六）福建地区

福建地区在地形地貌上以山地丘陵为主，平原狭小，主要农耕区大多在河流入海口的三角洲一带。以福建路为例，地形以及土壤肥沃程度并不适宜粮食种植，这尤以上四军州（建州、南剑州、邵武军、汀州）为甚。刘爚就称："建之为州，统县凡七，皆山谷延袤相属，田居其间，才什四三。岁甚丰，民食仅告足，一或小歉，则强者挺为武，弱者死沟隍中。"[②] 南剑州"环邑皆山，层高而田，尺敷寸垦，耰锄艰辛。竭地之力，仅足自食"[③]。因此时人杨时曾直言："闽中地瘠人贫，天下所共知。"[④] 这些记载大多表明福建路粮食种植条件较为恶劣。

然而，福建地区却以种瓜植蔗等蜚声海内外。宋人韩元吉称福建路农民"多费良田，以种瓜植蔗"[⑤]。福建地区的荔枝"初着花时，商人计林断之以立券。若后丰寡，商人知之，不计美恶。悉为红盐者，水浮陆转，以入京师，外至北戎、西夏。其东南舟行新罗、日本、琉球、大食之属，莫不爱好，重利以酬之"[⑥]。即商人采取预买制，将资本投入荔枝的生产，然后运销至京师乃至

---

① 傅宗文：《宋代草市镇研究》，福建人民出版社，1989，第 121 页。
② （宋）刘爚：《云庄集》卷 4《建宁府广惠仓记》，景印文渊阁《四库全书》（第 1157 册），台湾商务印书馆，1986，第 390 页。
③ （宋）方大琮：《铁庵集》卷 30《将邑丙戌劝农》，景印文渊阁《四库全书》（第 1178 册），台湾商务印书馆，1986，第 297 页。
④ （宋）杨时：《龟山集》卷 22《与执政》，林海权校理，中华书局，2018，第 608 页。
⑤ （宋）韩元吉：《南涧甲乙稿》卷 18《建宁府劝农文》，载中华书局编《丛书集成初编》，中华书局，1985，第 359 页。
⑥ （宋）蔡襄：《荔枝谱·第三》，载中华书局编《丛书集成初编》，中华书局，1985，第 2 页。

国外的广阔市场。鳌源地区的茶叶也和荔枝一样，备受商人青睐，"春雷一惊，筼笼才起，售者已担篓挈橐于其门，或先期而散留金钱，或茶才入笪而争酬所直。故鳌源之茶常不足客所求"①。经济作物种植的特点之一是面向市场的商品化生产，茶业、荔枝等经济作物大量投入市场，必然会推动当地草市镇等农村市场的发展。福建路沿海四州，多以海商为业，大量本地商品在近海进行转贩，然后又从航泊地运回商品，这就使得"（天）妃庙遍于莆（田），凡大墟市、小聚落皆有之"②。由此可见墟市等农村市场广泛存在。

（七）岭南地区

两宋时期的岭南地区，总体上仍处于地广人稀、经济不甚发达的状态。广东北部多为山区，以农业为主。南部虽为平原地带，但大多未经开发，沿海一带以渔盐为业。相较于广东，广西地区经济和农业生产更为落后，土地大多瘠贫，因此"广西州县例皆荒瘠之所。民户贫薄，了办赋税不前，抛弃田业者不少"③，"广地沙瘠易燥，半月不雨又复苦干"④。这些记载表明两广地区农业生产条件相对较差。然而，两广地区粮食生产仍有部分剩余投放市场。周去非就曾说："广西斗米五十钱，谷贱莫甚焉。夫其贱非诚多谷也，正以生齿不蕃、食谷不多耳。田家自给之外，余悉

---

① （宋）黄儒：《品茶要录·辨鳌源沙溪》，景印文渊阁《四库全书》（第844册），台湾商务印书馆，1986，第633页。

② （宋）刘克庄：《后村全集》卷91《风亭新建妃庙》，载四川大学古籍所编《宋集珍本丛刊》（第81册），线装书局，2004，第750页。

③ （清）徐松辑《宋会要辑稿·食货七十·赋税杂录》，刘琳等校点，上海古籍出版社，2014，第8131页。

④ （宋）李曾伯：《可斋续稿》后卷6《回宣谕奏》，载四川大学古籍所编《宋集珍本丛刊》（第84册），线装书局，2004，第603页。

枭去，曾无久远之积。商以下价籴之，而舳舻衔尾，运之番禺，以罔市利。"① 朱熹也曾言："广南最系米多去处，常岁商贾转贩，舶交海中。"② 正因如此，在人多地少的福建之地，粮食需求部分仰给于广米，知福州张守曾奏称："臣体问得福建路山田瘠薄，自来全仰两浙、广东客米接济食用，虽大丰稔，而两路客米不至，亦是阙食。"③ 吴自牧在论述杭州米铺交易时也曾说："本州（杭州）所赖苏、湖、常、秀、淮、广等处客米到来，湖州市米市桥、黑桥俱是米行，接客出籴。"④ 其中提到了广米远销至杭州。

广西也因地制宜，种植了一些经济作物，如前文提到的苎麻。至南宋时期，"广西触处富有苎麻，触处善织布，柳布、象布，商人贸迁而闻于四方者也"⑤。可见经济作物的商品化已发展到一定程度。柑橘种植在两广也有所普及，"广南可耕之地少，民多种柑橘以图利。常患小虫损食其实，惟树多蚁则虫不能生，故园户之家，买蚁于人，遂有收蚁而贩者"⑥。农业商品化生产的发展，必然伴随着农村市场的逐步发展，周去非就指出广南一带"城郭墟

① （宋）周去非：《岭外代答》卷4《常平》，载上海师范大学古籍整理研究所编《全宋笔记·第六编》（第3册），大象出版社，2013，第138页。
② （宋）朱熹：《朱熹集》卷25《与建宁诸司论赈济札子》，郭齐、尹波点校，四川教育出版社，1996，第1060页。
③ （明）黄淮、杨士奇编《历代名臣奏议》卷246《知福州张守乞放两浙米船札子》，上海古籍出版社，1989，第3236页。
④ （宋）吴自牧：《梦粱录》卷16《米铺》，黄纯艳整理，载上海师范大学古籍整理研究所编《全宋笔记·第八编》（第5册），大象出版社，2017，第255页。
⑤ （宋）周去非：《岭外代答》卷6《布》，载上海师范大学古籍整理研究所编《全宋笔记·第六编》（第3册），大象出版社，2013，第155页。
⑥ （宋）庄绰：《鸡肋编》，载上海师范大学古籍整理研究所编《全宋笔记·第四编》（第7册），大象出版社，2008，第103页。

市，负贩逐利，率妇人也"①。关于广南路农村市场征税的记载也频繁见于史书。王象之在《舆地纪胜》中描述广南西路宜州间隔一日的集市时写道："百姓多隔日相聚，交易而退，风俗谓之墟市。至道三年，守吏请悉令归城中交易，广益征税之利，真宗览奏，即诏仍旧，无扰远民，则知城外墟市旧犹未有征税。"② 南宋开禧元年（1205）六月二日，广东提举陈昊声称："广州、肇庆府、惠州共管墟税八十三场，皆系乡村墟市，苛征虐取，甚至米粟亦且收钱，甚为民害。"③ 可见早在北宋真宗朝，两广之地的官吏为求广开税源，便开始将农村市场纳入征税范围，这也从一个侧面反映出农村市场在该地的发展状况。

第二节　两宋农村市场商品类型的多样化

两宋时期，由于国家护农政策的推行、优良作物品种的引入，以及农业基础设施的大量兴修，宋代农业生产力出现了巨大进步。在此基础上，人口增长，人地矛盾日益尖锐，这促进了小农群体和小农家庭产业结构的分化。因此，农产品的商品化生产、商品性农业，以及家庭手工业纷纷发展起来，极大地丰富了农村市场的商品供给。

---

① （宋）周去非：《岭外代答》卷10《十妻》，载上海师范大学古籍整理研究所编《全宋笔记·第六编》（第3册），大象出版社，2013，第215～216页。

② （宋）王象之：《舆地纪胜》卷122《广南西路·宜州·景物》上，中华书局，1992，第3522页。

③ （清）徐松辑《宋会要辑稿·食货一八·商税杂录》，刘琳等校点，上海古籍出版社，2014，第6385页。

一 农村市场商品类型多样化的主要表现

两宋时期，商品经济的发展促进了农村市场的勃兴，使得农村市场的商品类型呈现出多样化的趋势。粮食作为一种商品，开始广泛流通于乡村社会。在粮食贸易繁荣的基础上，面向市场化的商品生产和经济作物的种植也普遍兴起，促使小农群体的职业分化和劳动分工趋于细化，各类专业户大量出现。小农家庭所需的各种日用品开始作为小商品大量出现于农村市场。

（一）粮食贸易的纵深发展

秦汉时期，商品流通的大宗主要是盐铁之类的官工商品和豪门望族满足生活消费需求的奢侈品。就盐铁而言，因为其"非编户齐民所能家作，必仰于市，虽贵数倍，不得不买"[1]，豪奢用品（如珠玉金银）的流通，是因"其为物轻微易藏，在于把握，可以周海内，无饥寒之患"[2]。与此形成鲜明对比的粮食、布帛等小农日用品，由于价轻物重、无利可图而较少在农村市场中大量流通。时至两宋，商品结构发生了改变，粮食开始成为在农村市场流通的大宗商品。

两宋时期农村市场中，粮食贸易逐渐占据越来越重要的地位。"行商坐贾，通货殖财，四民之一心也，其有无交易，不过服食、器用、粟米、财畜、丝麻、布帛之类"[3]，这与"商于海者，不宝

---

[1] （汉）班固：《汉书》卷24下《食货志》，中华书局，1962，第1183页。

[2] （明）黄淮、杨士奇编《历代名臣奏议》卷24下《务农》，上海古籍出版社，1989，第1471页。

[3] （宋）李焘：《续资治通鉴长编》卷269，熙宁八年十月辛亥，中华书局，2004，第6606页。

珠玉，则宝犀瑁；商于陆者，不宝盐铁，则宝茶茗"① 的商品结构
迥然不同。粮食贸易的繁荣通过一些关于大农之家仓庾富实的记载
也可窥见一斑。北宋秦观言："大农之家，连田阡陌，积粟万斛，
兼陂池之利，并林麓之饶。"② 魏了翁也声称："后世田得买卖，
富者数万石之租，小者万石、五千石，大者十万石、二十万石。"③
如此数额的粮储，除用于自身消费外，其余的大部分必然会作为
商品出现在农村市场粮食贸易中。

　　具体而言，在农业生产力发展和交通运输条件日益改善的基
础上，宋代形成了几个主要的粮食生产基地，如长江下游的东南
沿海地区、湖南、江西、四川，以及岭南地区等。两浙之地，
"苏、湖、秀三州，号为产米去处。丰年大抵舟车四出，其豪右之
家，占田广，收租多，而仓庾富实者，县邑之吏、邻里之民，固
能指数其人也"④。也正因如此，"苏、湖熟，天下足"⑤ 的民谚才
不胫而走。荆湖南路的粮食贸易，已经发展到了大小批发商相互
协作经营的阶段。对此，叶适曾言："臣采湖南士民之论，以为二
十年来，岁虽熟而小歉辄不耐，地之所产米最盛，而中家无储粮。
臣尝细察其故矣。江湖连接，无地不通，一舟出门，万里惟意，

---

① （宋）李新：《跨鳌集》卷20《上王提刑书》，景印文渊阁《四库全书》（第1124
　　册），台湾商务印书馆，1986，第563页。
② （宋）秦观：《淮海集笺注（上）》卷13《安都》，徐培均笺注，上海古籍出版社，
　　2000，第524页。
③ （宋）魏了翁：《古今考》卷18《附论班固计井田百亩岁出岁入》，景印文渊阁《四库
　　全书》（第853册），台湾商务印书馆，1986，第368页。
④ （宋）王炎：《双溪文集》卷11《上赵丞相》，载四川大学古籍所编《宋集珍本丛刊》
　　（第63册），线装书局，2004，第162页。
⑤ （宋）叶绍翁：《四朝闻见录》乙集《函韩首》，载上海师范大学古籍整理研究所编
　　《全宋笔记·第六编》（第9册），大象出版社，2013，第291页。

靡有碍隔。民计每岁种食之外，余米尽以贸易。大商则聚小家之所有，小舟亦附大舰而同营，辗转贩粜，以规厚利。父子相袭，老于风波，以为常俗。"① 可见粮食贸易的市场体系已渐趋成熟稳定。两广之地，"最系米多去处，常岁商贾转贩，舶交海中"②。周去非也曾说："广西斗米五十钱，谷贱莫甚焉。……田家自给之外，余悉粜去，曾无久远之积。商以下价籴之，而舳舻衔尾，运之番禺，以罔市利。"③ 可见，岭南地区尽管人口稀少，经营粗放，农业生产条件相对较差，但所产粮食仍有部分投放于市场。

（二）纺织品的专业化分工

农村市场粮食贸易的纵深发展，使得部分小农开始由单一的种植粮食作物向种植经济作物或从事手工业生产转变，粮食和生活必需品转而求购于市场，以纺织户的分工最为典型。以湖州为例，陈旉说："（湖州）安吉人皆能之。彼中人唯借蚕办生事；十口之家，养蚕十箔，每箔得茧一十二斤。每一斤取丝一两三分。每五两丝织小绢一匹。每一匹绢易米一石四斗，绢与米价常相侔也。以此岁计衣食之给，极有准的也。以一月之劳，贤于终岁勤动，且无旱干水溢之苦，岂不优裕也哉。"④ 也就是说，从种桑养蚕到织成小绢，都能在安吉小农的家庭内部完成，他们十分清楚，

① （宋）叶适：《叶适集·水心文集》卷1《上宁宗皇帝札子二》，刘公纯等点校，中华书局，1961，第2~3页。
② （宋）朱熹：《朱熹集》卷25《与建宁诸司论赈济札子》，郭齐、尹波点校，四川教育出版社，1996，第1060页。
③ （宋）周去非：《岭外代答》卷4《常平》，载上海师范大学古籍整理研究所编《全宋笔记·第六编》（第3册），大象出版社，2013，第138页。
④ 刘铭校释《陈旉农书校释》卷下《种桑之法篇第一》，中国农业出版社，2015，第126页。

织绢所入高于种粮所收。景祐三年（1036）七月九日，龙图待制张逸言："昨知梓州，本州机织户数千家。"① 南宋人方岳曾在其诗中这样描写歙县乡村邻里的生活，"东家打麦声彭魄，西家缲丝雪能白……东家麦饭香扑扑，西家卖丝籴新谷"②。如果说前述湖州安吉的养蚕织绢户只是从事家庭副业的话，此处梓州和歙县的小农显然已成为脱离农业生产的专业缲丝户。

在蚕桑户和织户分工基础上，一些地区更是出现了专门出售桑叶的"桑户"。一些蚕桑户多不预先计料，在"缺叶"时，往往"典质贸鬻之无所不至，苦于蚕受饥馁，虽费资产，不敢悋也"③，因此便形成了有利可图的桑叶市场，甚至还出现了因桑叶市场行情较好而杀蚕卖桑之事。绍兴六年（1136），"淮上桑叶价翔涌。有村民居江之洲中，去泰州如皋县绝近，育蚕数十箔，与妻子谋曰：'吾比岁事蚕，费至多，计所得不足取偿，且坐耗日力，不若尽去之，载见叶货之如皋，役不过三日，而享厚利，且无害。'妻子以为然，乃以汤沃蚕，蚕尽死瘗诸桑下"④。乾道八年（1172），"信州桑叶骤贵，斤直百钱。沙溪民张六翁有叶千斤，育蚕再眠矣，忽起牟利之意，告其妻与子妇曰：吾家见叶以饲蚕，尚欠其半，若如今价，安得百千以买？脱或不熟，为将奈何？今宜悉举

---

① （清）徐松辑《宋会要辑稿·食货六四·匹帛》，刘琳等校点，上海古籍出版社，2014，第7745页。

② （宋）方岳：《秋崖集》卷14《扣角》，景印文渊阁《四库全书》（第1182册），台湾商务印书馆，1986，第282页。

③ 刘铭校释《陈旉农书校释》卷下《收蚕种之法篇第二》，中国农业出版社，2015，第132页。

④ （宋）洪迈：《夷坚甲志》卷5《江阴民》，何卓点校，中华书局，1981，第42页。

箔投于江，而采叶出售，不唯百千钱可立得，且径快省事"①。这些案例虽是部分桑户见市场利好的投机之举，但至少表明桑户作为丝织产业链中的一环，已开始深受市场发展的影响，这是纺织品专业户进一步市场分化的结果。

（三）商品性农业的发展和经济作物的市场化种植

两宋时期，茶叶已成为大众消费品，对此，宋人李觏说："君子小人靡不嗜也，富贵贫贱靡不用也。"② 王安石在其所著的《议茶法》中同样指出："夫茶之为民用，等于米盐，不可一日以无。"③可见茶叶在小农的日常生活中扮演了重要角色。宋代，作为商品性农业代表的茶叶，其种植区域已覆盖秦岭、淮河以南的大部分地区。据加藤繁考证，在唐代制茶业还未兴盛的江南西路，时至宋代，茶产量已跃居全国首位，而在唐代还没有成为茶产地的荆湖南路茶产量也跃居全国第四位。④ "蜀之茶园，皆民两税地，不殖五谷，惟宜种茶。赋税一例折输绢、绸、绵、草，各以其直折输，役钱亦视其赋。民卖茶资衣食，与农夫业田无异，而税额总三十万。"⑤即川蜀的茶园多为小农的税田，他们改植两税谷物为植茶，以卖茶所入购买衣食所需。

在果蔬桑麻等商品性农业或经济作物的种植中，同样存在市

---

① （宋）洪迈：《夷坚丁志》卷7《张翁杀蚕》，何卓点校，中华书局，1981，第590页。
② （宋）李觏：《李觏集》卷16《富国策第十》，中华书局，1981，第149页。
③ （宋）王安石：《临川先生文集》卷70《议茶法》，载四川大学古籍所编《宋集珍本丛刊》（第13册），线装书局，2004，第611页。
④ 〔日〕加藤繁：《中国经济史考证》第3卷《中国主要产业的发展》，吴杰译，商务印书馆，1973，第223页。
⑤ （元）马端临：《文献通考》卷18《征榷考五》，中华书局，2011，第509页。

场化导向的情形，如苏州吴县太湖洞庭山出产橘，"凡桔一亩比田一亩利数倍"①，因此庄绰称："平江府洞庭东西二山，在太湖中，非舟楫不可到……地方共几百里，多种柑橘桑麻，糊口之物尽仰商贩。"② 可见这些从事柑橘桑麻种植的小农已发展成为完全脱离粮食种植的专业户。川蜀等地的苎麻种植与此类似。真宗朝广西转运使陈尧叟上言："今其民除耕水田外，地利博者，惟麻苎耳。麻苎所种，与桑柘不殊，既成宿根，旋擢新干，俟枝叶裁茂则刈获之，周岁之间，三收其苎，复一固其本，十年不衰。始离田畴，即可纺绩。"③ 即苎麻和桑柘套种。陈旉在其所著的《农书》中更是直接指出："桑根植深，苎根植浅，并不相妨，而利倍差。"④ 小农自身对于丝织品和麻类织物的需求毕竟是少数，大量种植必然是以市场为导向，以获利为出发点，所以当时便有"养蚕之利，逾于稼穑"⑤ 之说。维持生活所需的粮食，则大多仰给于市场。如杭州富阳县"地狭而人稠，土瘠而收薄，通县计之，仅支半岁，半岁所食，悉仰商贩。此邦之人，重于粪桑，轻于壅田"⑥。

　　关于上述商品性农作物的种植，在宋人的诗词中同样不乏其

---

① （清）汪灏：《御定佩文斋广群芳谱》卷64，景印文渊阁《四库全书》（第846册），台湾商务印书馆，1986，第731页。

② （宋）庄绰：《鸡肋编》，载上海师范大学古籍整理研究所编《全宋笔记·第四编》（第7册），大象出版社，2008，第63页。

③ （宋）李焘：《续资治通鉴长编》卷43，咸平元年七月壬戌，中华书局，2004，第914页。

④ 刘铭校释《陈旉农书校释》卷下《种桑之法篇第一》，中国农业出版社，2015，第127页。

⑤ （宋）庄绰：《鸡肋编》卷上，载上海师范大学古籍整理研究所编《全宋笔记·第四编》（第7册），大象出版社，2008，第13页。

⑥ （宋）程珌：《洺水集》卷19《壬申富阳劝农》，景印文渊阁《四库全书》（第1171册），台湾商务印书馆，1986，第455页。

例。赵蕃在《鬻菜者》一诗中写道："早禾未熟晚尤迟，卖菜归来始得炊。谷者本从田户出，未滋反取市人嗤。"[①] 也就是说，蔬菜专业户的粮食需求需要转而从市场获得满足。范成大在《四时田园杂兴》中写道："桑下春蔬绿满畦，菘心青嫩芥台肥。溪头洗择店头卖，日暮裹盐沽酒归。"[②] 在地里采摘，溪水洗择后径直到店头售卖，并可以在日落前买盐沽酒而归，可见蔬菜种植就是面向市场的商品生产。

（四）地方特产和手工制品的多样化

以食盐为例，除了官营的榷盐以外，一些地方也放任甚至鼓励私营盐业的发展，例如河北的深、冀、邢、洺等十余州之地，"民唯以煮小盐为业，衣食、租税，皆出于此"[③]，究其根源，这些地区土地大多咸卤不可耕种，大量小农从农业生产中脱离出来，转而成为制盐专业户。川蜀四路，有的井盐私营规模比较大，如井研县，"豪者一家至有一二十井，其次亦不减七八……每一家须役工匠四五十人至二三十人"[④]。

酿酒业较少受制于地理局限，但不同地区仍有各自的特色。北方诸路中，河东由于盛产葡萄，因而葡萄酒最负盛名。叶梦得曾言："河东人刘白堕善酿酒，虽盛暑，暴之日中，经旬不坏。今玉

---

① （宋）赵蕃：《淳熙稿》卷17《七言绝句·鬻菜者》，载中华书局编《丛书集成初编》，中华书局，1985，第377页。

② （宋）范成大：《范石湖集》卷27《四时田园杂兴六十首》，上海古籍出版社，1981，第373页

③ （宋）李焘：《续资治通鉴长编》卷159，庆历六年十一月戊子，中华书局，2004，第3853页。

④ （宋）文同：《丹渊集》卷34《奏为乞差京朝官知井研县事》，景印文渊阁《四库全书》（第1096册），台湾商务印书馆，1986，第758页。

友之佳者，亦如是也。吾在蔡州，每岁夏以其法造，寄京师亲旧，陆走七程，不少变。"① 京西路"滑州冰堂酒为天下第一"②。襄州宜城县也以出产"宜城美酒"③ 而闻名。陕西酿酒业中首屈一指的当为凤州之酒，"世言凤州有三出：手、柳、酒"④。南方地区的私酒酿造也十分普遍，如湖南之地，"以酿酒自业者家家有之，虽重其法禁，其势不止"⑤。福建"八州之民，以酒为生者十室八九"⑥。其中虽不免有夸张之嫌，但足可看出这些地区家庭自酿者众多。

　　文具制造业作为宋代手工业的重要门类，也形成了专门体系和地域特色。就造纸业而言，北方的河北、陕西、京西都有出产。米芾称："河北桑皮纸，白而慢，爱糊，浆硾成，佳如古纸。"⑦ 陕西凤翔眉县一带，"今人以纸为业，号纸户"⑧。两浙所造纸张，以温州为最佳，"温州作蠲纸，洁白紧滑，大略类高丽纸。东南出纸处最多，此当为一焉。自余皆出其下，然所作至少。至和以来方

① （宋）叶梦得：《避暑录话》卷上，载上海师范大学古籍整理研究所编《全宋笔记·第二编》（第 10 册），大象出版社，2006，第 252 页。
② （宋）陆游：《老学庵笔记》卷 2，载上海师范大学古籍整理研究所编《全宋笔记·第五编》（第 8 册），大象出版社，2012，第 28 页。
③ （宋）乐史：《太平寰宇记》卷 145《山南东道四·襄州》，王文楚等点校，中华书局，2007，第 2813 页。
④ （宋）彭乘：《墨客挥犀》，载上海师范大学古籍整理研究所编《全宋笔记·第三编》（第 1 册），大象出版社，2008，第 40 页。
⑤ （宋）孔文仲等：《清江三孔集·代论湖南酒禁奏状》，孙永选校点，齐鲁书社，2002，第 199 页。
⑥ （宋）李弥逊：《筠溪集》卷 24《叶公墓志铭》，景印文渊阁《四库全书》（第 1130 册），台湾商务印书馆，1986，第 821 页。
⑦ （清）陈元龙：《格致镜原》卷 37《纸》，景印文渊阁《四库全书》（第 1130 册），台湾商务印书馆，1986，第 570 页。
⑧ （宋）毕仲游：《西台集》卷 13《朝议大夫贾公墓志铭》，载中华书局编《丛书集成初编》，中华书局，1985，第 205 页。

入贡，权贵求索浸广，而纸户力已不能胜矣"①。江东造纸以歙州为最盛。此地多楮、藤，而且其水"清澈见底，利于沤楮。故纸之成，振之似玉雪者，水色所为也"②。蜀地同样也是重要产纸之地，其中尤以广都为多，"广都纸有四色。一曰假山南，二曰假荣，三曰冉村，四曰竹丝，皆以楮皮为之。其视浣花笺纸最清洁，凡公私簿书契券图籍文牒，皆取给于是"③。总的来说，宋代造纸业已经形成了相对稳定的区域特产市场，大致来看，"蜀人以麻，闽人以嫩竹，北人以桑皮，剡溪以藤，海人以苔，浙人以麦稻秆，吴人以茧，楚人以楮"④。

宋代南方出产蔗糖，因而制糖业较为发达。如广西桂州，太平兴国八年（983）八月，太宗诏："桂州管内，先配民岁市沙糖。"⑤大中祥符七年（1014）七月，仁宗诏："自今处、吉州、南安军纳糖，以五万斤为一纲。"⑥可见江西、两浙等地也种植蔗糖。此外，福建兴化军仙游县"田耗于蔗糖，岁运入浙、淮者，不知其几万亿"⑦，

---

① （明）陈耀文：《天中记》卷38《纸》，景印文渊阁《四库全书》（第966册），台湾商务印书馆，1986，第766页。

② （宋）罗愿：《新安志》卷2《货殖》，载中华书局编辑部编《宋元方志丛刊》，中华书局，1990，第7623页。

③ （明）曹学佺：《蜀中广记》卷67《笺》，景印文渊阁《四库全书》（第592册），台湾商务印书馆，1986，第132页。

④ （清）陈元龙：《格致镜原》卷37《纸》，景印文渊阁《四库全书》（第1130册），台湾商务印书馆，1986，第569页。

⑤ （宋）李焘：《续资治通鉴长编》卷24，太平兴国八年八月癸巳，中华书局，2004，第549页。

⑥ （清）徐松辑《宋会要辑稿·食货五二·药蜜库》，刘琳等校点，上海古籍出版社，2014，第7176页。

⑦ （宋）方大琮：《铁庵集》卷21《书·项乡守寺承》，景印文渊阁《四库全书》（第1178册），台湾商务印书馆，1986，第248页。

此言虽未必属实，但从中足可看出福建蔗糖产量较大，市场广阔。
糖霜是从沙糖中提炼出来的品质更高的产品，由于对甘蔗的品种
和制糖技术要求更高，产地不多，其中以遂州糖霜最为上品，其地
小溪县"山前后为蔗田者十之四，糖霜户十之三。蔗有四色，曰杜
蔗；曰西蔗；曰芳蔗，《本草》所谓荻蔗也；曰红蔗，《本草》所谓
昆仑蔗也。红蔗止堪生啖。芳蔗可作沙糖。西蔗可作霜，色浅，土
人不甚贵。杜蔗紫嫩，味极厚，专用作霜"[1]。

仔细翻检史料，不难发现，宋代的官私文献中，"桔园户"
"花户""漆户""糖霜户""磨户""乡村酒户""机户""织户"
"蟹户"等农村专业户的名称频频出现，这在宋代以前是不多见
的，"这些名称的大量出现，起码可以说明农村专业户在两宋已经
发展成为一支独立的经济力量"[2]。农业生产力的提高，使得相当
数量的人手和土地主动抑或被动地从粮食种植中脱离出来，他
（它）们要么向更加集约经营的精细化农业生产发展，在提高单位
面积土地产出的同时，为农村市场提供更多的粮食供给，要么以
市场需求为导向，从事产出和收益较高的商品性农作物、经济作
物种植或手工生产。因此，无论是农业生产力提高、小农群体分
化还是经营结构多元化，都极大地丰富了农村市场的商品供给。

二　农村市场商品类型多样化的主要原因

（一）人口的增长提高了土地的有效利用率

人口的显著增长，是传统社会农业生产力水平提高的重要指

---

[1]　（宋）王灼：《糖霜谱》，载中华书局编《丛书集成初编》，中华书局，1985，第2~3页。
[2]　许惠民：《两宋的农村专业户》，《历史研究》1987年第6期。

标之一。两宋时期，人口的急剧增长在推动荒闲田土的开垦以及推广精耕细作经营模式上，作用显著。以太祖开宝九年（976）的户数为基准，至北宋徽宗大观四年（1110），人口数便增长了五倍。南宋初，由于蒙古大军占领了淮河以北的大片区域，人口相对于北宋而言减少了很多，但是从宋高宗绍兴年间至宁宗嘉定年间，人口总数仍呈上升趋势。① 同时，众多史料也论述了宋代部分地区"生齿日繁"的现状。仁宗皇祐二年（1050）丁度说："蜀民岁增，旷土尽辟，下户才有田三五十亩，或五七亩而赡一家十数口，一不熟，即转死沟壑，诚可矜恻。"② 周应合指出："建康承平之时，民之籍于坊郭，以口计者十七万有奇。流寓、商贩、游手往来不与。"③ 福建路"土地迫狭，生籍繁夥，虽硗确之地，耕耨殆尽"④。可见，无论是具体的户数记载，还是史料的间接引证，都表明宋代是继汉唐以来的又一人口增长高峰期。

以长江中下游平原和川蜀一带为例，人均耕地面积仍难以满足人口增长的需要，因而提高土地利用率，因地制宜，采取精耕细作的经营模式以提升单位面积的经济效率便是当地采取的主要应对之策。南宋宁宗时，宁国府知府吴泳在劝谕江西路宣州农民力勤于稼

---

① 据漆侠先生统计，宋太祖开宝九年（976），全国户数为 3090504 户，如果以此为基数，至北宋徽宗大观四年（1110），全国户数为 20882258 户，增幅为 576%。南宋高宗绍兴三十年（1160），全国户数为 11375733 户，相对于太祖开宝九年，增幅为 268%，宋宁宗嘉定十六年（1223），全国户数为 12670801 户，增幅为 310%。以上数据摘自漆侠《宋代经济史》，中华书局，2009，第 44 页。

② （宋）李焘：《续资治通鉴长编》卷 168，皇祐二年七月，中华书局，2004，第 4048 页。

③ （宋）周应合：《景定建康志》卷 43《风土志·义家·掩骼记》，载中华书局编辑部编《宋元方志丛刊》，中华书局，1990，第 2041 页。

④ 《宋史》卷 89《地理志五》，中华书局，1977，第 3210 页。

稿时指出："谷之品、禾之谱、踏犁之式、戽水之车、避蝗虫法、医牛疫法、江南秧稻书、星子知县种桑等法，汝生长田间，耳闻目熟，固不待劝也。"[1] 高斯德在对比蜀人治田与浙人治田后感叹道：

> 浙人治田比蜀人尤精；土膏既发，地力有余，深耕熟犁，壤细如面，故其种入土坚致而不疏，苗既茂矣。大暑之时，决去其水，使日曝之，固其根，名曰"靠田"。根既固矣，复车水其田，名曰还水。其劳如此，还水之后，苗日以盛，虽遇旱暵，可保无忧。其熟也，上田一亩收五六石。故谚曰："苏、湖熟，天下足。"虽其田之膏腴，亦由人力之尽也。[2]

此外，黄震在分析抚州与两浙间农耕精细化程度的区别时也指出：

> 浙间无寸土不耕，田垄之上又种桑种菜。今抚州多有荒野不耕，桑麻菜蔬之属皆少，不知何故？浙间才无雨便车水，全家大小日夜不歇。去年太守到（抚州）郊外看水，见百姓有水处亦不车，各人在门前闲坐，甚至到九井祈雨。行大溪边，见溪水拍岸，岸上田皆焦枯坼裂，更无人车水，不知何故？浙间三遍耘田，次第转折，不曾停歇。抚州勤力者耘得一

---

① （宋）吴泳：《鹤林集》卷39《宁国府劝农文》，载四川大学古籍所编《宋集珍本丛刊》（第74册），线装书局，2004，第652页。
② （宋）高斯德：《耻堂存稿》卷5《宁国府劝农文》，载中华书局编《丛书集成初编》，中华书局，1985，第99页。

两遍，懒者全不耘。太守曾亲行田间，见田间野草反多于苗，不知何故？浙间终年备办粪土，春间夏间常常浇壅。抚州勤力者斫得些少柴草在田，懒者全然不管，不知何故？浙间秋收后便耕田，春二月又再耕，名曰耖田。抚州收稻了，田便荒废。去年见五月间方有人耕荒田，尽被荒草抽了地力，不知何故？①

此文是黄震在抚州任上，劝导当地小农勤于农桑而将其与两浙相比所做的论述。从中不难看出，两浙虽地处膏腴，自然条件得天独厚，但精耕细作的经营模式同样是其粮食产量处于领先地位的重要保障。

（二）水利设施的兴修巩固了农产品的稳产增收

水利设施完备与否，是农产品是否稳产增收的又一重要因素，为此，宋王朝十分重视各区域水利设施的兴修。宋代北方水利事业以疏浚河道和淤田为主，其中北宋中叶对于黄河的治理尤为典型。庆历八年（1048）和嘉祐五年（1060），黄河先后两次决口，分别向北、向东流去。分为两股的河道，由于水流减小，加之河北平原地势较为平坦，泥沙淤积越发严重。因此，王安石变法时期水利建设的重点之一就是整顿黄河，修建堤埽。北流堵塞之后，"退滩内民田数万顷，尽成膏腴"②。在疏浚河道的同时，北方淤田也发展起来。仁宗嘉祐时期（1056～1063），程师孟任提点河东

---

① （宋）黄震：《黄氏日抄》卷78《咸淳八年春劝农文》，载张伟、何忠礼编《黄震全集》，浙江大学出版社，2013，第2222～2223页。

② （宋）李焘：《续资治通鉴长编》卷278，熙宁九年十月丁酉，中华书局，2004，第6800页。

刑狱兼河渠事，指出："本路多土山，旁有川谷。每春夏大雨，水浊如黄河。矾山水俗谓之天河水，可以淤田。绛州正平县南董村旁有马壁谷水，劝诱民得钱千八百缗，买地开渠，淤瘠田五百余顷。其余州县有天河水及泉源处，开渠筑堰，皆成沃壤。凡九州二十六县，兴修田四千二百余顷，并修复旧田五千八百余顷，计万八千余顷。"① 也就是说，通过引水开渠，瘠薄之田变成了膏腴之地，仅以绛州正平县董村为例，"田亩旧值两三千，所收谷五七斗。自淤后，其直三倍，所收至三两石"②。

东南沿海地带捍海长堤和沼泽地区塘浦堰闸的修建，使沿海一带粮食单产、总产进一步提高，抵御水旱灾害能力相应增强，耕地结构更加趋于多元化，各类沙田、围田、湖田、圩田、梯田相继得到开发。"通、泰、楚州沿海去处，旧有捍海堰一道，东距大海，北接盐城，计二万五千六百余丈。始自唐黜陟使李承实所建，遮护民田，屏蔽盐灶，历时既久，颓圮不存。至本朝天圣改元，范仲淹为泰州西溪盐官，方有请于朝，凡调夫四万八千，用粮三万六千有畸，而钱不与焉。一月而毕，规模宏远，高出前古，遂使海潮沮洳舄卤之地化为良田。"③ 在浙西地区，北宋神宗年间水利专家赵霖说："今濒海之田，惧咸潮之害，皆作堰坝以隔

---

① （清）徐松辑《宋会要辑稿·食货七·水利》，刘琳等校点，上海古籍出版社，2014，第 6131 页。

② （清）徐松辑《宋会要辑稿·食货七·水利》，刘琳等校点，上海古籍出版社，2014，第 6131 页。

③ （宋）范仲淹：《范仲淹全集》附录 13《海陵堰》，李勇先、王蓉贵校点，四川大学出版社，2002，第 1574 页。

海潮。"① 南宋行都临安，迎潮一面更是用石块垒砌而成，"石坚土厚相为胶固，平上而方下，外强而内实"②。福建沿海地区也是因捍海长堤的修建，"漳、泉、福州、兴化军各有海退淤田、江涨沙田"③。以太湖流域为核心的长三角地区，通过建设塘浦圩田体系也有效地扩大了耕地面积。以湖州为例，南宋嘉定二年（1209）正月十五日，知湖州王炎指出："本州境内修筑堤岸，变草荡为新田者凡十万亩，亩收三石，则一岁增米三十万石。"④ 可见筑围是扩大低地农田面积的有效举措之一。就圩田来看，乾道五年（1169）九月十四日，户部侍郎杨炎称"建康、宁国府、太平、池州所管圩田共七十九万余亩，皆系耕种成熟"⑤，以至于"宁国府、太平州两郡，惟仰圩田得以供输"⑥。

成都平原的都江堰，入宋以后，形成了更加完备的灌溉体系，北宋中叶，益州知府韩亿通过以工代赈的方式，发动饥民"疏九升江口，下溉民田数千顷"⑦。南宋时期，成都平原水利设施建设步伐进一步加快，南宋中叶蜀人李流谦便称："蜀之为国，无旱干

---

① （宋）范成大：《吴郡志》卷19《水利上》，载中华书局编辑部编《宋元方志丛刊》，中华书局，1990，第836页。

② （宋）潜说友：《咸淳临安志》卷31《捍海塘》，载中华书局编辑部编《宋元方志丛刊》，中华书局，1990，第3646页。

③ （宋）梁克家：《淳熙三山志》卷12《沙洲田》，载中华书局编辑部编《宋元方志丛刊》，中华书局，1990，第7887页。

④ （清）徐松辑《宋会要辑稿·食货六·垦田杂录》，刘琳等校点，上海古籍出版社，2014，第6102页。

⑤ （清）徐松辑《宋会要辑稿·食货一·农田》，刘琳等校点，上海古籍出版社，2014，第5976页。

⑥ （清）徐松辑《宋会要辑稿·食货八·垦田杂录》，刘琳等校点，上海古籍出版社，2014，第6153页。

⑦ 《宋史》卷350《列传·韩亿》，中华书局，1977，第10298页。

水溢之忧者，以堤堰为命尔，故蜀人视堤堰修坏以为丰歉之候。"①
由此可见成都平原对于水利事业的重视程度。江汉平原是典型的
河间洪泛平原，由于地势低洼，在西自江陵，东至汉阳的长江两
岸，均筑有江堤。乾道六年（1170），陆游入蜀行经江陵所属之沙
市，看到"沙市堤上居者，大抵皆蜀人。不然，则与蜀人为婚姻
者也"②，既然堤上修有民居，可见江堤应当较为宽阔。汉阳军亦
兴筑江堤，宁宗时黄榦知汉阳军，曾言："郡城之南，皆沿江堤
岸，每岁修筑，率费二三千缗。"③ 绍兴年间（1131～1162），"王
珏为荆湖北路转运判官，鄂州征民竹木，并役之作堤捍江，岁岁
水啮堤坏。珏募人，厚与之直，伐石于汉阳以为堤，凡五百十九
丈。堤成，水大至不能啮"④，可见与汉阳军对峙的鄂州更是筑有
石堤。

　　江南东西两路水利建设则以修建蓄水塘堰为主，曾在江西任过
地方官的黄榦指出："江西之田，瘠而多涸，非借陂塘井堰之利，
则往往皆为旷土。"⑤ 关于江东路水利建设，据淳熙元年（1174）
江东提举司潘甸言："被旨所部州县措置修筑濬治陂塘，今已毕
工。计九州军四十三县，共修治陂塘、沟堰二万二千四百五十一

---

① （宋）李流谦：《澹斋集》卷9《与汪制置札子》，景印文渊阁《四库全书》（第1133
　　册），台湾商务印书馆，1986，第673页。
② （宋）陆游：《陆游集》，中华书局，1976，第2448页。
③ （宋）黄榦：《勉斋集》卷29《汉阳申朝省筑城事》，载四川大学古籍所编《宋集珍本
　　丛刊》（第68册），线装书局，2004，第38页。
④ （宋）李心传：《建炎以来系年要录》卷164，绍兴二十三年六月壬午，辛更儒点校，
　　上海古籍出版社，2018，第2846页。
⑤ （宋）黄榦：《勉斋集》卷23《代抚州陈守·五陂塘》，载四川大学古籍所编《宋集珍
　　本丛刊》（第67册），线装书局，2004，第771页。

所，可灌溉田四万四千二百四十二顷有奇。食利人户一十四万八千七百六十有余。"① 由此可见，陂塘兴修对于江东西等路农田水稻种植意义重大。

总的来说，宋代水利工程的建设取得了显著成就，这集中表现在宋代"水利田"的面积上。神宗元丰初年，户部统计全国各路水利田面积，开封府界及全国二十三路水利田总计 10793 处，总面积 361178 顷 88 亩②，占当时全国总耕地面积的 7.8%，其中两浙水田面积占该路官民田总面积的 29%。③ 南宋时期，水利田的兴修有了进一步发展，以江东路宣城县为例，该地"圩田最多，共计一百七十九所"④，可见水利工程的建设在增加水利田的同时，也扩大了宋代土地耕种的总面积。

（三）赋税结构和征纳方式的调整促进了农村市场商品化

宋王朝财政收入主要包括赋税和课利两大部分。其中，向农业征收的正税、附加税以及谷、帛、矿产、物产等构成了国家赋税的主体，夏税以布帛为主，秋税主要是收粮，因此赋税主要由各种实物构成；由商税及各种榷卖利润组成的课利则以货币为主。就宋代财政收入两个模块的构成比例来看，以货币为主要构成部分的课利日益占据了财政收入的主体地位。据贾大泉先生考证，太

---

① （清）徐松辑《宋会要辑稿·食货六一·水利杂录》，刘琳等校点，上海古籍出版社，2014，第 7533 页。

② （清）徐松辑《宋会要辑稿·食货六一·水利田》，刘琳等校点，上海古籍出版社，2014，第 7475 页。

③ 郭正忠：《两宋城乡商品货币经济考略》，经济管理出版社，1997，第 15 页。

④ （清）徐松辑《宋会要辑稿·食货八·水利下》，刘琳等校点，上海古籍出版社，2014，第 6151 页。

宗至道末年，农业二税收入约占全国赋税总收入的 65%，茶、盐、酒、商税等税收入约占 35%，此时，二税收入仍为国家财政税收的主要部分，但是从天禧末年开始，二税以外的收入在国家赋税总收入中的占比开始超过二税，至神宗年间，二税收入仅占国家财政收入的 30%，即国家财政三分之二以上是来自农业二税以外的收入。神宗以后，宋代二税和其他税收虽缺乏全国性的统计资料，但从零星的记载来看，总的趋势仍是按田亩征收的二税逐年下降，商税和专卖等税则不断上升。① 这表明，以货币征收的商税和各种榷卖利润在宋代国家税课总收入中的占比越来越大。

茶、盐、酒等日用品是小农日常生活中需求弹性较小的商品，国家通过垄断其在乡村社会的流通，一方面强化了对农村市场商品流通的控制，另一方面增加了自身的榷卖利润。民间的酒坊多由民户买扑承包，一些州县的茶、盐、酒课甚至按户头实行抑配，宣和七年（1125），徽宗便下诏痛陈官吏为了殿最，"立多寡之额，逼胁州县分配民户。严比较之利，厚赏重罚，催科督责，急于星火。山州僻县，盐袋积压，动以千计。百姓以安平无事之时，有愁叹抑配之苦，至弃产流徙，遂转而为盗，莫之能禁"②。南宋时期，荆湖南路令民纳曲引钱，"以人户田亩分为三等：上等输三千，听造酒十石；中等二千，造酒七石；下等一千，造酒三石；最下输五百文，造二石；若二石以下，则例输百三十钱。则随夏、

---

① 贾大泉：《宋代赋税结构初探》，《社会科学研究》1981 年第 3 期。

② （清）徐松辑《宋会要辑稿·食货二五·盐法》，刘琳等校点，上海古籍出版社，2014，第 6548 页。

秋税送官。自田二十亩而上，无能免者"①。宋代茶、盐、酒等商税收入的扩大是以其在农村市场的广泛流通为基础的，这无疑能够表明宋代商税的激增有力地促进了农村市场的发展。

赋税折纳同样是促进农村市场商品流通的重要因素之一。嘉定七年（1214），臣僚言："今民之输官，与其所以自养者，悉以钱为重。折帛以钱，茶盐以钱，刍豆以钱。向时给之钱而和买物帛者，今钱不复给，而反责其钱。是犹可也，酒醋之卖于官者，非钱不售；百物之征于官者，非钱不行。坊场河渡之买扑，门关务库之商税，无一不以钱得之。"② 由此可见，宋王朝将大量原本作为实物缴纳的赋税折成货币令民上缴，而民唯种田，"钱非私家所铸，要须贸易外求，丰岁谷贱，已自伤农，况迫于期限，不得半价，尽巢所收，未能充数，家之食粮，不暇更留。若值凶年，则又无谷可巢，人人卖田，无所可售，遂至杀牛卖肉，伐桑鬻薪"③，也就是说，小农因缺乏市场主动权和市场资本，不得不将土地所产的粮食投入市场进行贸易交换，甚至通过鬻田、杀牛卖肉、伐桑鬻薪等方式来填补赋税征钱的亏空。

也就是说，出于赋税完纳的目的，小农不得不将各种生产生活所需物资拿到农村市场交易出售，就这一层面而言，农副产品投放市场的多寡，主要不是取决于市场利润的增加，因此，商品

---

① （宋）李心传：《建炎以来朝野杂记》甲集卷15《财赋二·曲引钱》，徐规点校，中华书局，2000，第325页。

② （清）徐松辑《宋会要辑稿·食货六八·受纳》，刘琳等校点，上海古籍出版社，2014，第7953页。

③ （宋）李焘：《续资治通鉴长编》卷355，元丰八年四月庚寅，中华书局，2004，第8498页。

经济的繁荣主要表现在流通流域，它同生产发展所达到的实际水平之间仍存在较大的差距。小农生产的粮食以及其他产品，一部分在表面上获得了"商品"的形式，正式进入市场以换取缴纳赋税所需的货币，实际上却成了赋税的另一种形态。

第三节　两宋农村市场经济主体的多元化

两宋农村市场的活跃和兴盛，在很大程度上也表现在市场行为主体的多元化。行商、坐贾、驵侩牙人、参与经商的地方官吏，以及富民、自耕农、佃农等广大庶民群体作为宋代农村市场的经济主体，共同促进了农村市场的商贸往来。在农村市场中，各经济主体运用手中的财富、资本以及其他生产要素，或主动或被动地卷入农村市场，凸显了农村市场的开放和流动。

一　农村市场经济主体概况

（一）行商坐贾

市场是进行商品贸易的场所，商人群体必然是市场的主体之一。按照经营资本和掌握财富的多少，商人可分为富商大贾和中小商人。当然，这一财富的划分标准也只能是相对某一地区商人资本的整体状况而言。就宋代农村市场的总体情况而言，由于交通运输能力和乡村社会购买需求有限，市场中的商人以中小商人为主。在此基础上，按照具体经营方式，又可以将其划分为行商和坐贾两大类。

就行商而言，通过步担进行货卖的小商小贩不乏其数。如荆湖北路的临湘县，"（其地）僻陋，井邑萧条。商贾米船，溯江而上则聚于鄂渚，沿江而下则先经由华容、巴陵。本县所来者，不过通城步担而已。步担所般，能有几何，粗可以济……"①。即临湘由于交通不便，所需粮食大多由农民从乡村步行挑担运往市场。朱熹记载道："照对近城乡民全借将些小系税之物入城货卖，办籴口食。若依递年收税，切虑无从所出，合将客旅步担兴贩纱帛、药草、丝绵杂物依旧收税外，其余乡民应有些小土产物货入城转变，并与减饶三分之一，合行约束，不得因而作弊。"② 这些将农村市场中的纱帛、药草、丝绵运入城市贩卖的客旅步担，构成了城乡市场联系的重要媒介。海盐县澉浦镇的"金家桥在镇西北六里。客旅巨舟重贩者，多于此泊入镇贸易，复归解缆。孙老桥在六里堰下，或遇浅涸，客货多以步担运于此发舟"③，即金家桥、孙老桥都是澉浦镇下的沿河农村市场，其中孙家桥作为农村集市，聚集了村里通过步担运来的各种货物，然后由此装船运出。除了步担以外，农村市场中还有大量从事具体商业贸易的行商，如"宗立本，登州黄县人，世世为行商，年长未有子，绍兴戊寅盛夏，与妻贩缣帛抵潍州"④，"江陵民某氏，世以圈豕为业……民长子常携银券，其直百千，并一仆，出乡间贸易，经宿不归，浸淫

① （宋）王炎：《双溪文集》卷11《上章岳州书》，载四川大学古籍所编《宋集珍本丛刊》（第63册），线装书局，2004，第176页。
② （宋）朱熹：《朱熹集·别集》卷9《晓示乡民物货减饶市税》，郭齐、尹波点校，四川教育出版社，1996，第5546页。
③ （宋）常棠：《（绍定）澉水志上·桥梁门》，载中华书局编辑部编《宋元方志丛刊》，中华书局，1990，第4664页。
④ （宋）洪迈：《夷坚甲志》卷2《宗立本小儿》，何卓点校，中华书局，1981，第12页。

至累月"①，"鄂岳之间居民张客，以步贩纱绢为业。其仆李二者，勤谨习事，且赋性忠朴"②，"董国庆，字元卿，饶州德兴人。宣和六年登进士第……中原陷，不得归，弃官走村落……罄家所有，买磨驴七八头，麦数十斛，每得面，自骑驴入城鬻之，至晚负钱以归。率数日一出，如是三年，获利愈益多，有田宅矣"③。这些行商小贩奔走于乡村社会，满足了小农日常生活中的市场化需求。

　　就坐贾而言，大多是一些在乡村集市或交通要道从事酒肆、邸店等服务业，或置铺货卖日用品的小商人。所谓"邸店"，宋人称"邸、店者，居物之处为邸，估卖之所为店"④。"韩洙者，洺州人，流离南来，寓家信州弋阳县大郴村。独往县东二十里，地名荆山，开酒肆及客邸。乾道七年季冬，南方举人赴省试，来往甚盛。"⑤ 韩洙经营酒肆和邸店的弋阳，是江西南部和两广等南方地区北上的重要通道，南方赴省试举人大多经此北上。"楚民张生，居于淮阴磨盘之弯，家启酒肆，颇为赡足。"⑥ "德兴南市乡民汪一，启酒肆于村中，庆元三年盛夏，三客入肆沽酒，饮之至醉。"⑦ "池州东流县村墟，尝有少年数辈，相聚于酒店赌博，各赍钱二三千，

---

①　(宋) 洪迈：《夷坚支景》卷1《江陵村佁》，何卓点校，中华书局，1981，第883页。
②　(宋) 洪迈：《夷坚志补》卷5《张客浮沤》，何卓点校，中华书局，1981，第1590页。
③　(宋) 洪迈：《夷坚乙志》卷1《侠妇人》，何卓点校，中华书局，1981，第190页。
④　(唐) 长孙无忌：《唐律疏议》卷4《名例·凡八条·平赃者》，岳纯之点校，上海古籍出版社，2013，第73页。
⑤　(宋) 洪迈：《夷坚丁志》卷7《荆山客邸》，何卓点校，中华书局，1981，第596页。
⑥　(宋) 洪迈：《夷坚支丁》卷9《淮阴张生妻》，何卓点校，中华书局，1981，第1039页。
⑦　(宋) 洪迈：《夷坚三志壬》卷10《汪一酒肆客》，何卓点校，中华书局，1981，第1545页。

被酒战酣。"① "南剑州尤溪县人璩小十，于县外十里启酒坊，沽道颇振。只驻宿于彼，惟留妻李氏及四男女两婢在市居。"② "浦城永丰境上村民作旅店，有严州客人赍丝绢一担来僦房安泊。"③这些经营酒肆、邸店的小商人群体都是农村市场中坐贾的典型。还有一些行商经营致富以后，改为坐贾经营，如"忠训郎王良佐，居临安观桥下。初为细民，负担贩油，后家道小康，启肆于门，称王五郎"④。此处的王良佐就是从步担贩油获利后，启店肆经营改为坐贾的。哲宗元祐元年（1086）八月，户部尚书李常建言："平民业作，常苦币重。方夏蚕毕工，秋稼初敛，丝帛米粟，充满廛市，而坐贾、富家巧以贱价取之，曾不足以酬其终岁之勤苦。"⑤即市肆中的坐贾利用季节性供需不平衡的特点，贱价收购小农小工的粮食、手工业品等。神宗熙宁八年（1075）十月辛亥，御史中丞邓绾言："行商坐贾，通货殖财，四民之一心也，其有无交易，不过服食、器用、粟米、财畜、丝麻、布帛之类。"⑥这里，邓绾对商人的求利之心进行了正面评价，同时也就行商坐贾所经营的门类进行了列举。

前述一些中小商人通过努力经营，也有部分最终成为富商巨

① （宋）洪迈：《夷坚支癸》卷9《东流道人》，何卓点校，中华书局，1981，第1292页。
② （宋）洪迈：《夷坚三志己》卷2《璩小十家怪》，何卓点校，中华书局，1981，第1316页。
③ （宋）洪迈：《夷坚乙志》卷3《蒲城道店蝇》，何卓点校，中华书局，1981，第204页。
④ （宋）洪迈：《夷坚支癸》卷3《宝叔塔影》，何卓点校，中华书局，1981，第1239页。
⑤ （宋）李焘：《续资治通鉴长编》卷384，元祐元年八月丁亥，中华书局，2004，第9352~9353页。
⑥ （宋）李焘：《续资治通鉴长编》卷269，熙宁八年十月辛亥，中华书局，2004，第6606页。

贾。如"许大郎者,京师人。世以鬻面为业,然仅能自赡。至此老颇留意营理,增磨坊三处,买驴三四十头,市麦于外邑,贪多务得,无时少缓。如是十数年,家道日以昌盛,骎骎致富矣"①。显然,许大郎就是一个通过数十年经营卖面而致富的大商人。"常州无锡县村民陈承信,本以贩豕为业,后极富。"② 这些都是中小商人通过市场经营后致富的事例。通过转贩贸易获得地区差价和季节差价的批发商,也是富商大贾中的重要成员之一。例如交引商,真宗大中祥符八年(1015)闰六月初,"禁淮南盐,小商已困,至是益不能自行。三四年间,有司以京师切须钱,商人旧执交引至场务即付物,时或特给程限,或数月,或百日,逾限未至者,每十分复令别输二分见缗,谓之贴纳。豪商率能及限,小商不能知,或无以贴纳,反贱鬻于豪商"③。也就是说,相较于小商而言,豪商富贾能够及时掌握市场信息,并有足够财力在程限内兑付交引。苏轼在议论商人贩盐时也曾说:"凡小客本少力微,不过行得三两程,若三两程外,须借大商兴贩,决非三百斤以下小客所能行运。"④ 有的批发商甚至携家带口,远行数月,如"江、淮、闽、楚间商贾,涉历远道,经月日久者,多挟妇人俱行,供炊爨薪水之役"⑤。足见其财力雄厚,商业经营规模较大。

---

① (宋)洪迈:《夷坚支戊》卷7《许大郎》,何卓点校,中华书局,1981,第1110页。
② (宋)洪迈:《夷坚甲志》卷7《陈承信母》,何卓点校,中华书局,1981,第56页。
③ (宋)李焘:《续资治通鉴长编》卷85,大中祥符八年闰六月丙戌,中华书局,2004,第1937页。
④ (宋)苏轼:《苏轼文集》卷26《论河北京东盗贼状》,孔凡礼点校,中华书局,1986,第756页。
⑤ (宋)洪迈:《夷坚支乙》卷1《翟八姐》,何卓点校,中华书局,1981,第802页。

（二）牙人群体

被称为"牙人"的市场交易中介人，较早见于唐代史家笔下，胡三省说："牙郎，驵侩也；南北物价，定于其口，而后相与贸易。"① 据记载，两宋时期"贾区多于白社，力田鲜于驵侩"②，抛开夸张之嫌不论，足见牙人群体的活跃。北宋前期京城开封郊区"乡庄人户般载到柴草入城货卖不少，多被在京官私牙人出城接买……（难以）自便货卖"③。至南宋时期，地方"诸县乡村人户搬米入市出粜，多被米牙人兜揽，拘截在店，入水拌和，增抬价直，用小升斗出粜，赢落厚利，遂致细民艰食"④。可见两宋时期，牙人群体一直存在于农村市场中，他们要么仅以买卖双方说合的经纪人自居，要么连带从事一些邸店和商贩贸易。

一些从事长途贩运的商人，由于不熟悉货卖地的物价情况，往往需要牙人从中斡旋。如在广南西路的钦州，蜀锦商人与香药商人买卖交换时，"其始议价，天地之不相侔……二商相遇，相与为杯酒欢，久而降心相从。侩者乃左右渐加抑扬，其价相去不远，然后两平焉。官为之秤香、交锦，以成其事"⑤，可见，最终经由牙侩的说合，促成了商旅间蜀锦和香药的交易。董煟称："臣在村

---

① （宋）司马光：《资治通鉴》卷214，开元二十四年，中华书局，1956，第6816页。

② （宋）夏竦：《文庄集》卷13《贱商贾》，载四川大学古籍所编《宋集珍本丛刊》（第2册），线装书局，2004，第550页。

③ （清）徐松辑《宋会要辑稿·食货三七·市易》，刘琳等校点，上海古籍出版社，2014，第6811页。

④ （宋）朱熹：《朱熹集·别集》卷9《约束米牙不许兜揽搬米入市等事》，郭齐、尹波点校，四川教育出版社，1996，第5562页。

⑤ （宋）周去非：《岭外代答》卷5《钦州博易场》，载上海师范大学古籍整理研究所编《全宋笔记·第六编》（第3册），大象出版社，2013，第146页。

落，尝见蓄积之家，不肯粜米与土居百姓，而外县牙人，在乡村收籴，其数颇多……止缘上司指挥，不得妄增米价……独牙侩乃平立文字，私加钱于粜主，谓之'暗点'。人之趋利，如水就下，是以牙侩可籴而土民阙食。"① 此处牙侩敢于私下加价于田主处籴卖，是因其熟谙区域市场间粮食的差价。

参与市场交易的牙人，有的获利颇丰，有的仅能维持基本的生活。如"建康巨商杨二郎，本以牙侩起家，数贩南海，往来十有余年，累资千万"②。南宋地方官胡石壁在《治牙侩父子欺瞒之罪》一案的判词中说："大凡求利，莫难于商贾，莫易于牙侩。奔走道途之间，蒙犯风波之险，此商贾之难也，而牙侩则安坐而取之；数倍之本，趁锥刀之利，或计算不至，或时月不对，则亏折本柄者常八九，此又商贾之所难也，而牙侩则不问其利息之有无，而己之所解落者一定而不可减。"③ 这些都是以牙侩起家后致富的案例。与此相反的是，"临江军市为牙侩者，例皆贫民，虽有百斛求售，亦无钱本可以收蓄，每日止是乡落细民，步担入市，坐于牙侩之门而市之，细民大概携钱分籴升斗而去。故米贱之时，负贩者则有不售之忧"④，此处江南西路临江军的牙侩便较为贫乏，连小农步担入市的数百斛粮食都缺乏本钱收购。

---

① （宋）董煟：《救荒活民书》卷 2《不抑价》，载中华书局编《丛书集成初编》，中华书局，1985，第 34 页。
② （宋）洪迈：《夷坚志补》卷 21《鬼国母》，何卓点校，中华书局，1981，第 1741 页。
③ （明）张四维辑《名公书判清明集》卷 11《治牙侩父子欺瞒之罪》，中国社会科学院历史研究所宋辽金元史研究室校，中华书局，1987，第 458 页。
④ （宋）王炎：《双溪类稿》卷 11《上赵帅》，载四川大学古籍所编《宋集珍本丛刊》（第 63 册），线装书局，2004，第 180 页。

通常而言，牙人促成的市场交易需要从中收取"牙钱"或"牙契钱"，王之道曾言："百姓寻常入市粜卖，其铺户于粜籴名下，每斗各收牙钱一二十文。"① 宋代农村市场中牙人的种类很多，仅见于记载的就有庄宅牙人、牛马牙人、茶牙人、米牙人等。大量牙人群体的存在，体现了国家为规范市场秩序所做的努力，如规定牙人"须召壮保三两名，及递相结保，籍定姓名，各给木牌子随身别之，年七十以上者不得充。仍出榜晓示客旅知委"②。买卖时"止可令系籍有牌子牙人交易"③。总的来说，牙人群体在土地买卖、乡村商品流通、资金融通、市场信息沟通、契约订立、契约担保、商品检查登记、议定价格和见证交易等方面都发挥了重要作用。因此，"宋代牙人对乡村经济的影响，主流是积极的，它推动了乡村经济走向市场，有力地促进了商品经济的发展"④。

(三) 参与经商的地方官吏

官员经商的现象古已有之，但是两宋时期由于商品经济的发展和城乡市场的繁荣，官员经商求利的现象更为普遍。对这一现象的变化，宋初时人蔡襄说："臣自少入仕，于今三十年矣。当时

---

① （宋）王之道：《相山集》卷20《论和籴利害札子》，载四川大学古籍所编《宋集珍本丛刊》（第40册），线装书局，2004，第476页。

② （宋）李元弼：《宋代官箴书五种·作邑自箴》卷2《处事》，闫建飞等点校，中华书局，2019，第17页。

③ （宋）李元弼：《宋代官箴书五种·作邑自箴》卷7《牓客店户》，闫建飞等点校，中华书局，2019，第46页。

④ 参见黎志刚《宋代牙人与乡村经济的市场化》，《云南社会科学》2006年第1期；杨卉青《宋代契约中介"牙人"法律制度》，《河北大学学报》（哲学社会科学版）2010年第1期。

仕宦之人，粗有节行者，皆以营利为耻。虽有逐锥刀之资者，莫不避人而为之，犹知耻也。今乃不然。纡朱怀金，专为商旅之业者有之，兴贩禁物茶盐香草之类，动以舟车懋迁往来，日取富足。夫贪人日富而居有田宅，岁时有丰厚之享，而清廉刻苦之士妻孥饥寒，自非坚节之士，莫不慕之。贪人非独不知羞耻，而又自号材能。世人耳目既熟，不以为怪。"① 依蔡襄所言，宋初以来的数十年间，官员经商的心态发生了很大变化，从起初的"皆以营利为耻"到后来的"纡朱怀金""懋迁往来"，表明官员经商已成为非常普遍的现象。

就国家层面来说，限制地方官吏经商的诏令贯穿于两宋始终，早在北宋仁宗天圣四年（1026）四月六日，审刑院言："准咸平四年诏：京朝幕职官、州县官今后在任及赴任得替，不得将行货物色兴贩。如违，并科违敕之罪，商物依例抽罚。如非兴贩，即逐处不得妄有点检申举。俸余买物，瞻家之外货卖，如有发露，并作违制私罪定断。参详未便，乞今后应官员使臣赴任，不得兴贩行货于本任货卖及在任买物。如违，并依元敕定断。"② 即官员赴任或离任，都不得于其地兴贩行货，通过俸禄所卖之物超过自给的部分，也不得货卖。政和七年（1117）十一月九日，两浙路转运使王汝明奏："亳、泗州知州、通判及见任官，却有将所请公使供给酒，令虞候、厅子等于市肆开小店，不认官课，致拍官酒

---

① （宋）蔡襄：《上英宗国论要目十二事·废贪赃》，载赵汝愚编《宋朝诸臣奏议》，上海古籍出版社，1999，第 1694 页。

② （清）徐松辑《宋会要辑稿·食货一七·商税杂录》，刘琳等校点，上海古籍出版社，2014，第 6356 页。

店户停闭，及都酒务因此课利日亏。诏：今后见任官不得令人开店卖供给酒，令户部立法。申尚书省其亳州、泗州知、通各罚铜十斤。"① 可见官吏让下属在乡村市肆启店，货卖公使酒回图牟利的事时有发生。国家法令也规定："诸坊郭品官之家免科配。若营运与民争利，在镇寨、城市及第一等；县，第三等；州，第四等者，并不免。"② 总体来看，宋代限制地方官吏经商的诏令、条文屡见不鲜，这恰好可以从反面看出官员经商的现象有增无减。

就乡村社会而言，官户和形势户是地方官吏经商的典型。以农村市场交易大宗的土地为例，马端临就曾指出："富者有资可以买田，贵者有力可以占田。"③ 这里的"贵者"，其中一部分就是有别于富者的乡村形势户和官户。孙梦观说："臣闻三代之民所以无甚富甚贫者，以井田之法在也。自秦变为阡陌，而兼并之祸起矣……迩来乘富贵之资力者，或夺人之田以为己物，阡陌绳联，弥望千里。"④ 宋理宗时，殿中侍御史谢方叔也曾指出："夫百万生灵资生养之具，皆本于谷粟，而谷粟之产，皆出于田。今百姓膏腴皆归贵势之家，租米有及百万石者。"⑤ 这些官员和形势户通过强权占有土地，就是为了获取租课，数以万计的租米除用于自身消费，向官仓、籴场出卖以外，大部分都是以商品粮的形式投

---

① （清）徐松辑《宋会要辑稿·食货二一·酒曲杂录》，刘琳等校点，上海古籍出版社，2014，第 6459 页。

② （宋）谢深甫：《庆元条法事类》卷 7《职制门四·赋役令》，戴建国点校，黑龙江人民出版社，2002，第 119 页。

③ （元）马端临：《文献通考》卷 2《田赋考二》，中华书局，2011，第 49 页。

④ （宋）孙梦观：《雪窗集》卷 2《董仲舒乞限民名田》，景印文渊阁《四库全书》（第 1181 册），台湾商务印书馆，1986，第 97 页。

⑤ 《宋史》卷 173《食货上一·农田》，中华书局，1977，第 4179~4180 页。

入城乡市场中。以买扑乡村坊场而言，官吏由于身份特殊，大多以合资的办法与民户合伙经营，绍兴元年（1131）五月十三日，新临安府节度推官史棋孙言："今豪民欲买扑，往往以有官碍格。旧例多是百姓出名产，豪户出财本相合。自宣和年，朝旨并止与出名产之家，而豪户有官者不许相合买扑。缘出产人率无财本，自此败阙者多……户部契勘：欲将两浙未卖坊场，虽系进纳补官之家，本身见无官荫，权许依条承买，候界满无欠，依法接续。其本身见有官荫，辄敢作隐，并依法科罪。"① 即官户出资，百姓出名产，二者各取所长，共同买扑谋利。

（四）普通的兼业农民和专业户

两宋时期，商品经济的发展冲击了小农家庭原有的经济结构，耕织结合的单一生计方式开始向多元化方向发展。农民转而经营种植业、手工业、养殖业、农产品加工业、商业等农业以外的副业，小农开始以更加多样化的身份参与到农村市场的各种商品交换之中。

丝织业是小农家庭副业的一个传统组成部分，多为农户兼营，属于家庭手工业。宋代丝织业在此前的基础上获得了进一步发展，其中河北、山东、四川、两浙等地的丝织品尤为精良。湖州"山乡，以蚕桑为岁计，富室育蚕有至数百箔，兼工机织。水乡并种苎及黄草，纺绩为布，有精致者，亦足以见女工之不卤莽"②。严

---

① （清）徐松辑《宋会要辑稿·食货二一·买扑坊场》，刘琳等校点，上海古籍出版社，2014，第 6454 ~ 6455 页。

② （宋）谈钥：嘉泰《吴兴志》卷20《物产》，载中华书局编辑部编《宋元方志丛刊》，中华书局，1990，第 4859 页。

州"山谷居多,地瘠且狭,民贫而啬,谷食不足,仰给他州,唯蚕桑是务,更蒸茶割漆,以要商贾贸迁之利"①。这些都是以蚕桑为计的蚕桑专业户。机户是在蚕桑专业户中进一步分化出来的市场从业者之一,明道二年(1033)张逸称梓州"机织户数千家"②。范镇在《和成都吴仲庶见寄五首》一诗中也言:"耕畴拥耒春还动,织户鸣机夜不休。"③婺州"义乌县有山谷之民织罗为生"④。这些记载中的织户,大多数是兼营丝织业的小农群体,但也不乏专业纺织户。

专业纺织户对桑叶的市场化需求,促进了桑户的发展。高斯得在《桑贵有感》一诗中就感叹道:"每当春蚕起,不敢怠微躬。晨兴督家人,留心曲箔中。客寓无田园,专仰买桑供。岂谓桑陡贵,半路哀涂穷。三百变三千,十倍价何穹。家赀已典尽,厥费犹未充。"⑤诗中所描绘的就是一个依靠市场供给桑叶的养蚕户在突遇桑叶价涨时的无奈。陈旉在《农书》中也指出:"今人多不先计料(指桑叶),至阙叶则典质贸鬻之无所不至,苦于蚕受饥馁,虽费资产,不敢恪也。"⑥因此,桑叶进入市场是丝织业市场

---

① (宋)陈公亮:《淳熙严州图经》卷1《风俗》,载中华书局编辑部编《宋元方志丛刊》,中华书局,1990,第4286页。

② (清)徐松辑《宋会要辑稿·食货六四·匹帛》,刘琳等校点,上海古籍出版社,2014,第7745页。

③ (宋)范镇:《和成都吴仲庶见寄五首》,载(宋)袁说友编《成都文类》,中华书局,2011,第287页。

④ (清)徐松辑《宋会要辑稿·食货一八·商税杂录》,刘琳等校点,上海古籍出版社,2014,第6375页。

⑤ (宋)高斯得:《耻堂存稿》卷6《桑贵有感》,载中华书局编《丛书集成初编》,中华书局,1985,第109页。

⑥ 刘铭校释《陈旉农书校释》卷下《收蚕种之法篇第二》,中国农业出版社,2015,第132页。

分工的必然结果。"林扬明甫言，绍兴六年，寓居江阴时，淮上桑叶价翔涌。有村民居江之洲中，去泰州如皋县绝近，育蚕数十箔，与妻子谋曰：'吾比岁事蚕，费至多，计所得不足取偿，且坐耗日力，不若尽去之，载见叶货之如皋，役不过三日，而享厚利，且无害。'妻子以为然，乃以汤沃蚕，蚕尽死瘗诸桑下。"[①] 显然，如皋县的这对小农夫妇就是看到了淮上桑叶市场行情看涨，两相对比下，便果断将手中的桑叶出售。

养殖业也是小农副业的种类之一。以养鱼为例，江西路的江州、湖口一带就是宋代著名的鱼苗产区。周密在《癸辛杂识》别集上《鱼苗》中说：

> 江州等处水滨产鱼苗，地主至于夏，皆取之出售，以此为利。贩子辏集，多至建昌，次至福建、衢、婺。其法作竹器似桶，以竹丝为之。内糊以漆纸，贮鱼种于中，细若针芒，戢戢莫知其数。着水不多，但陆路而行，每遇陂塘，必汲新水，日换数度。别有小篮，制度如前，加其上以盛养鱼之具，又有口圆底尖如罩篱之状，覆之以布，纳器中。去其水之盈者，以小碗又择其稍大而黑鳞者，则去之。不去，则伤其众，故去之。终日奔驰，夜亦不得息，或欲小憩，则专以一人时加动摇，盖水不定则鱼洋洋然，无异江湖。反是，则水定鱼死，亦可谓勤矣。至家，用大布兜于广水中，以竹挂其四角，布之四边出水面尺余，尽纵苗鱼于布兜中，其鱼苗时见风波微动，则

---

① （宋）洪迈：《夷坚甲志》卷5《江阴民》，何卓点校，中华书局，1981，第42页。

为阵顺水旋转而游戏焉，养之一月半月，不觉渐大而货之。①

如此规模的鱼苗养殖，以及一整套规范化的运输流程，必然是为市场而进行的商品化生产。对此，北宋范镇进一步指出："江湖间筑池塘养鱼苗，一年而卖鱼。插竹其间，以定分数，而为价直之高下。竹直而不倚者为十分，稍欹侧为九分，以至于四五分者。岁入之利，多者数千缗，其少者亦不减数十百千。"② 描述了鱼苗专业户的市场化生产。此外还有养猪业，如"常州无锡县村民陈承信，本以贩豕为业，后极富"③，"江陵民某氏，世以圈豕为业。有村侩居五十里外，每为钩贩往来，积有年矣"④，"台州近城三十里，有小寺，亦曰径山。路口有屠者童七，累世以刺豕为业，每岁不啻千数，又转贩于城市中，专用以肥其家"⑤，"余干古步，有墟市数百家，为商贾往来通道，屠宰者甚众。王生擅其利数世，每将杀一豕，必先注水沃灌，使若充肥，因可剩获利"⑥。这些生猪养殖专业户，有的屠宰不啻千头，有的擅其利数世，可见规模较人。

除了粮食种植以外，小农群体还从事一些瓜果、蔬菜等经济

---

① （宋）周密：《癸辛杂识》别集上《鱼苗》，载上海师范大学古籍整理研究所编《全宋笔记·第八编》（第2册），大象出版社，2017，第334~335页。

② （宋）范镇：《东斋记事》，载上海师范大学古籍整理研究所编《全宋笔记·第一编》（第6册），大象出版社，2003，第226~227页。

③ （宋）洪迈：《夷坚甲志》卷7《陈承信母》，何卓点校，中华书局，1981，第56页。

④ （宋）洪迈：《夷坚支景》卷1《江陵村侩》，何卓点校，中华书局，1981，第883页。

⑤ （宋）洪迈：《夷坚支景》卷5《童七屠》，何卓点校，中华书局，1981，第916~917页。

⑥ （宋）洪迈：《夷坚三志壬》卷9《古步王屠》，何卓点校，中华书局，1981，第1536页。

作物的种植，这些农产品大多流向农村市场或附郭草市镇，如镇江丹徒大港镇孙沂兄弟"竭力灌园，园之果蔬畅茂，他植者莫及，负贩者争趋之"①，可见孙沂兄弟以种植果蔬而技长于乡里，吸引来了众多购买者。淳熙年间（1174～1189），赵蕃在《鬻菜者》诗中写道："早禾未熟晚尤迟，卖菜归来始得炊。谷者本从田户出，未滋反取市人嗤。"② 即乡村蔬菜种植园户以卖菜所获之资，从市场中购买口粮。范成大在《四时田园杂兴》中也写道："桑下春蔬绿满畦，菘心青嫩芥薹肥，溪头洗择店头卖，日暮裹盐沽酒归。"③ 同样是描写蔬菜种植园户在农村市场中货卖蔬菜的场景。就果木种植而言，福建地区的荔枝、甘蔗和苏州太湖洞庭山的柑橘最为典型。福建地区的荔枝，以福州为最多，"延迤原野，洪塘水西，尤其盛处，一家之有，至于万株"④，"兴化县田耗于秔糯，岁肩入城者，不知其几千万。仙游县田耗于蔗糖，岁运入浙淮者，不知其几万亿。蔗之妨田固矣"⑤。关于苏州太湖洞庭山的柑橘，庄绰曾称："平江府洞庭东西二山，在太湖中……然地方共几百里，多种柑橘桑麻，糊口之物，尽仰商贩。"⑥

---

① （宋）刘宰：《漫塘文集》卷 31《故常熟县丞孙承直墓志铭》，载四川大学古籍所编《宋集珍本丛刊》（第 72 册），线装书局，2004，第 502 页。

② （宋）赵蕃：《淳熙稿》卷 17《七言绝句·鬻菜者》，载中华书局编《丛书集成初编》，中华书局，1985，第 377 页。

③ （宋）范成大：《范石湖集》卷 27《四时田园杂兴六十首》，上海古籍出版社，1981，第 373 页。

④ （宋）蔡襄：《荔枝谱·第三》，载中华书局编《丛书集成初编》，中华书局，1985，第 2 页。

⑤ （宋）方大琮：《铁庵集》卷 21《书·项乡守寺丞》，景印文渊阁《四库全书》（第 1178 册），台湾商务印书馆，1986，第 248 页。

⑥ （宋）庄绰：《鸡肋编》卷中，载上海师范大学古籍整理研究所编《全宋笔记·第四编》（第 7 册），大象出版社，2008，第 63 页。

茶叶在宋代已成为大众消费品，王安石在《议茶法》中说："夫茶之为民用，等于米盐，不可一日以无。而今官场所出皆粗恶不可食，故民之所食，大率皆私贩者。夫夺民之所甘，而使不得食，则严刑峻法有不能止者，故鞭扑流徒之罪未常少弛，而私贩私市者亦未尝绝于道路也。"① 由于利之所在，一些小农就和在城铺户相互串通，私下种植经营茶树。政和元年（1111）七月十五日，提举荆湖南北路盐香茶矾事司言："访闻产茶州县在城铺户、居民，多在城外置买些地土种植茶株，自造茶货，更无引目收私茶，相兼转般入城，与里外铺户私相交易，或自开张铺席，影带出卖。"② 这些种植茶株、自造茶货的小农，大多被称为"茶园户"。

就农村市场加工产业而言，一些被称为"磨户""水碾户"的小麦加工户频频出现在史家笔下。北宋时期，由于南北作物的交流，小麦开始在南方普遍种植，至南宋"建炎之后，江、浙、湖、湘、闽、广，西北流寓之人遍满。绍兴初，麦一斛至万二千钱，农获其利，倍于种稻，而佃户输租，只有秋课，而种麦之利，独归客户。于是竞种春稼，极目不减淮北"③。这必然刺激农村市场中碾磨加工业的发展。水磨的加工产品除了小麦以外，还包括米、茶。方勺就指出，福建七闽之地"恳山垅为田，层起如阶级，然每援引溪谷水以灌溉，中途必为之硙，下为碓米，

---

① （宋）王安石：《临川先生文集》卷70《议茶法》，载四川大学古籍所编《宋集珍本丛刊》（第13册），线装书局，2004，第611页。

② （清）徐松辑《宋会要辑稿·食货三二·茶法杂录》，刘琳等校点，上海古籍出版社，2014，第6703页。

③ （宋）庄绰：《鸡肋编》，载上海师范大学古籍整理研究所编《全宋笔记·第四编》（第7册），大象出版社，2008，第39页。

亦能播精"①。作为宋代大众化茶品种的水磨茶，同样是用水磨加工而成，早在北宋仁宗朝，尚书省就言："水磨茶自元丰创立，止行于近畿，昨乃分配诸路。"② 可见磨户分布之广。

除了"磨户"以外，"纸工""染工""银匠""桶匠"等手工业者同样大量充斥在不同区域的农村市场中。"南亩之民，转而为纸工者，十且四五，东南之俗为尤甚焉。盖厚利所在，惰农不劝而趋。"③ "湘潭县境内有昌山，周回四十里，中多篠簜，环而居者千室，寻常于竹取给焉，或捣为纸，或售其骨，或作篝，或造鞋，其品不一，而不留意耕稼。"④ "乡里洪源董氏子，家本染工。"⑤ "乐平桐林市童银匠者，为德兴张舍人宅打银。"⑥ "潼州白龙谷陶人梁氏，世世以陶冶为业，其家极丰腴。乃立十窑，皆烧瓦器……及鬻于市，则人争售之。"⑦ "侯官县市井小民杨文昌，以造扇为业，为人朴直安分。每售扇皆有定价，虽村人及过往收市，未尝妄有增加。"⑧ "饶州民严翁，为桶匠，居城外和众坊。"⑨

---

① （宋）方勺：《泊宅编》，载上海师范大学古籍整理研究所编《全宋笔记·第二编》（第 8 册），大象出版社，2006，第 178 页。

② 《宋史》卷 184《食货下六·茶》，中华书局，1977，第 4508 页。

③ （宋）廖刚：《高峰文集》卷 1《乞禁焚纸札子》，景印文渊阁《四库全书》（第 1142 册），台湾商务印书馆，1986，第 313 页。

④ （宋）洪迈：《夷坚三志辛》卷 8《湘潭雷祖》，何卓点校，中华书局，1981，第 1448 页。

⑤ （宋）洪迈：《夷坚乙志》15《董染工》，何卓点校，中华书局，1981，第 308 页。

⑥ （宋）洪迈：《夷坚乙志》卷 20《童银匠》，何卓点校，中华书局，1981，第 353 页。

⑦ （宋）洪迈：《夷坚支甲》卷 2《九龙庙》，何卓点校，中华书局，1981，第 725～726 页。

⑧ （宋）洪迈：《夷坚支癸》卷 4《书眉山土地》，何卓点校，中华书局，1981，第 1249 页。

⑨ （宋）洪迈：《夷坚支甲》卷 4《严桶匠妻》，何卓点校，中华书局，1981，第 740 页。

类似的记载不胜枚举，这些从事加工业的小农群体广泛活跃于农村市场中，极大地丰富了农村市场的商品供给。

农村市场中还活跃着大量贫乏下户和富民群体，这是小农阶层分化和社会流动的必然结果。叶适曾指出当时一些小农"穷苦憔悴，无地以自业。其驽钝不才者，且为浮客，为佣力；其怀利强力者，则为商贾，为窃盗"①。显然，贫乏下户就是其中的"驽钝不才者"，他们"例无蓄积，只是朝夕旋营口食，一日不营求，则顿至乏绝"②。这些贫乏小农由于缺乏资本和经营技能，不得不将自身作为劳动力商品投入市场，依赖市场谋生。如成都"邛州村民日趋成都府小东郭桥上卖工，凡有钱者皆可雇其充使令担负也"③，"浮梁民程发，为人庸力，屡往江浙间。……所居五里外有虚市，曰广平，距邑十五里"④，"湖州民蔡七，长大有力。受人佣雇，足迹遍闾巷，率至夜分始归"⑤。这些受雇于人的贫困小农，丰富了农村市场中的劳动力供给。和贫乏小农相对的是依靠经营致富的富民群体，他们同样是农村市场经济中的重要主体。叶适曾说："兼并之家物业不一，或有邸店、房廊，或

---

① （宋）叶适：《叶适集·水心别集》卷2《进卷·民事中》，刘公纯等点校，中华书局，1961，第654页。

② （宋）欧阳修：《欧阳修全集》卷103《论救赈雪后饥民札子》，李逸安点校，中华书局，2001，第1570页。

③ 无名氏：《湖海新闻夷坚续志》前集卷2《艺术门·幻术为盗》，金心点校，中华书局，2006，第88页。

④ （宋）洪迈：《夷坚支丁》卷5《黟县道上妇人》，何卓点校，中华书局，1981，第1008页。

⑤ （宋）洪迈：《夷坚支癸》卷3《蔡七得银器》，何卓点校，中华书局，1981，第1245页。

有营运、钞物，初无田亩，坐役乡里。"① 显然，这些富民群体能够主动融入市场，并将自身的财富投资于市场，去获取更大的利润。

农村市场中小农阶层身份多样化的原因是复杂的，首先，粮食生产率的提高，以及农业供养能力的增强使得部分小农能够从单纯的粮食生产中脱离出来，从事面对市场的生产与经营。其次，在求利之心的驱使和言利思想的冲击下，一些小农开始寻求多样化的途径以增殖自身的财富。蔡襄就曾感叹："凡人情莫不欲富，至于农人、百工、商贾之家，莫不昼夜营度，以求其利。"② 李元弼也曾直言："大率愚民以经营财利为先。"③ 这都表明求利已成为小农群体普遍的心理诉求。再次，人地矛盾的尖锐以及土地兼并的严重，使得部分地区小农被土地市场淘汰，不得不佣身赁力。皇祐二年（1050），丁度针对川蜀地狭人稠的状况便指出："蜀民岁增，旷土尽辟，下户才有田三五十亩，或五七亩而赡一家十数口，一不熟，即转死沟壑，诚可矜恻。"④ 在人地紧张的状态下，粮食供给不足，小农为求生存，只得兼营他业。最后，国家的赋税完纳以及地方官府、胥吏的盘剥也是推动小农走向市场的重要原因之一。李椿曾指出："今谷帛之税多变而征钱，钱既非民之所

---

① （宋）张守：《毘陵集》卷3《论措置民兵利害札子》，刘云军点校，上海古籍出版社，2018，第35页。

② （宋）蔡襄：《福州五戒文》，载中华书局编辑部编《宋元方志丛刊》，中华书局，1990，第8243页。

③ （宋）李元弼：《宋代官箴书五种·作邑自箴》卷9《劝喻榜》，闫建飞等点校，中华书局，2019，第56页。

④ （宋）李焘：《续资治通鉴长编》卷168，皇祐二年七月，中华书局，2004，第4048页。

自出，不得不逐一切之利以应官司所需。既逐一切之利，则不专于农桑。"① 朱熹说："民间虽复尽力耕种，所收之利，或不足以了纳税赋，须至别作营求，乃可陪贴输官。是以人无固志，生无定业，不肯尽力农桑。"② 可见赋税的折纳和科敛的繁重也是将小农推向市场的重要因素。

总的来说，没有政治特权的小农群体是农村市场中商品创造和消费的主体之一，但由于社会财富分配机制的制约和市场体制的不完善，相较于商品供给能力而言，小农的市场消费能力往往不高，这就使得他们从事纺织、养殖、经济作物种植，以及手工业或加工业，客观上丰富了农村市场的商品供给，也加速了农村市场从业结构的多元化，但由于经营脆弱，缺乏资本，以及一些非市场化因素的作用，小农群体仍难以摆脱农业生产和粮食种植。对此，王炎曾指出："士农工商，虽各有业，然锻炼工匠，未必不耕种水田；纵不耕种水田，春月必务蚕桑，必种园圃。"③ 小农尽管以各种身份活跃于农村市场中，但都没有完全脱离粮食种植，仍不同程度地保持着与土地的紧密联系。

二　农村市场各经济主体间的相互关系

两宋时期，作为商品经济发展产物的农村市场被赋予流动和

---

① （明）黄淮、杨士奇编《历代名臣奏议》卷 271《理财》，上海古籍出版社，1989，第3544 页。

② （宋）朱熹：《朱熹集》卷 11《庚子应诏封事》，郭齐、尹波点校，四川教育出版社，1996，第 451 页。

③ （宋）王炎：《双溪类稿》卷 11《上宰执》，载四川大学古籍所编《宋集珍本丛刊》（第 63 册），线装书局，2004，第 170 页。

开放的特性，豪商巨贾、中小商人、牙人揽户等市场中介，参与经商的地方官吏，出售各种纺织品、果蔬、农副产品的专业户和兼业小农，以及以身佣力的贫乏下户和富有资财的富民群体等都作为参与主体活跃于农村市场中。在市场内的产品供需、季节波动以及市场外部各种制度性因素的共同作用下，他们彼此间的相互联系日益紧密，阶层间的流动更为频繁，在这一过程中，乡村社会的新兴动力层——富民群体逐步成长壮大起来。

（一）豪商巨贾和中小商人的相互协作

豪商巨贾和中小商人可以利用自身优势，相互协作，推动农村市场的商品贸易。欧阳修曾指出："夫大商之能蓄（蕃）其货者，岂其锱铢躬自鬻于市哉？必有贩夫小贾就而分之，贩夫小贾无利则不为。故大商不妒贩夫之分其利者，恃其货博，虽取利少，货行流速，则积少而为多也。"① 也就是说，豪商大贾由于贸易规模大，力求速售，离不开中小商人的分销，豪商虽让利于中小商人，但薄利多销，仍可获利不少。苏轼在议论商人贩盐时也曾说："凡小客本少力微，不过行得三两程，若三两程外，须借大商兴贩，决非三百斤以下小客所能行运。无缘大段走失。且平时大商所苦，以盐迟而无人买；小民之病，以僻远而难得盐。今小商不出税钱，则所在争来分买。大商既不积滞，则轮流贩卖，收税必多。而乡村僻远，无不食盐，所卖亦广。"② 大盐商苦于食盐不能

---

① （宋）李焘：《续资治通鉴长编》卷129，康定六年十二月乙巳，中华书局，2004，第3069~3070页。

② （宋）苏轼：《苏轼文集》卷26《论河北京东盗贼状》，孔凡礼点校，中华书局，1986，第756页。

速售，中小盐商物力微薄，难以进行大规模长途贩运，这是二者在食盐贸易链上的不足，但短板却能在对方的优势中得到弥补，中小盐商可以从食盐批发商那里分销盐货，免去了长途贩运和税钱繁重的困扰，食盐批发商则通过中小商人熟悉乡村市场需求的优势迅速消化了自己手中积压的存货。

粮食贸易存在类似情形，叶适在上呈宁宗的奏言中指出："臣采湖南士民之论，以为二十年来，岁虽熟而小歉辄不耐，地之所产米最盛，而中家无储粮。臣尝细察其故矣。江湖连接，无地不通，一舟出门，万里惟意，靡有碍隔。民计每岁种食之外，余米尽以贸易。大商则聚小家之所有，小舟亦附大舰而同营，辗转贩粜，以规厚利。父子相袭，老于风波，以为常俗。"① 可见湖南的小农之家将粮食出售给大商，同时依赖于大商巨贾经营粮食转运贸易由来已久。

（二）商人、小农和地方官员对牙人揽户的市场依赖

牙人揽户等市场中介人利用自身熟悉市场行情的各项优势，游走于小农、商人和地方官僚胥吏之间。就小农群体而言，不仅难以及时掌握市场的物价和需求，而且出售的商品数量和规模有限，依靠自身进入市场货卖，有时不偿所费，因此需要市场中介人的协助。江南东路饶州"乐平永丰乡民胡廿四，开旅店于大梅岭。乾道元年冬，弋阳某客子独携包袱来宿，至夜，买酒邀胡同饮，询问麻价，胡亦添酒报之。客既醉，出白金两小瓜授之云：

---

① （宋）叶适：《叶适集·水心文集》卷1《上宁宗皇帝札子二》，刘公纯等点校，中华书局，1961，第2～3页。

'明日烦主人分付枲麻打油，归乡转售。'胡甚喜曰：'此甚易，一朝可办，且饮酒。'"① 经营邸店的胡廿四何以如此自信地答应一日可办？原因就在于经营邸店的他接触来往的客商较多，了解市场行情。绍兴三十二年（1162）五月二十一日，权发遣湖州陈之茂言："两浙丁钱，自皇祐中许人户将土产绅绢依时价折纳，谓之丁绢……缘百姓僻居郊野，艰于凑成端匹，付之揽户，多取价值。"② 也就是说，湖州的丁钱，原来以绅绢等本色充，但是一家一户的小农丁绢细碎，难以凑成市场交易要求的尺寸，因此不得不付之揽户，凑成端匹，揽户由此从中多取其值。

小农手中的粮食部分也是依靠农村市场中的牙人转贩至外地，然后又经由当地的牙人分销给城市铺户。宋人董煟称："臣在村落，尝见蓄积之家，（由于官府禁止提高米价）不肯粜米与土居百姓，而外县牙人在乡村收籴，其数颇多。"③ 此即牙人在乡村收籴粮食的例证。吴自牧在《梦粱录》中说："本州（杭州）所赖苏、湖、常、秀、淮、广等处客米到来，湖州市、米市桥、黑桥、俱是米行，接客出粜……城内外诸铺户，每户专凭行头于米市做价，径发米到各铺出粜。铺家约定日子，支打米钱。其米市小牙子，亲到各铺支打发客。又有新开门外草桥下南街，亦开米市三四十家，接客打发，分俵铺家……且叉袋自有赁户，肩驼脚夫亦有甲

---

① （宋）洪迈：《夷坚三志辛》卷6《胡廿四父子》，何卓点校，中华书局，1981，第1428 页。

② （清）徐松辑《宋会要辑稿·食货一二·身丁》，刘琳等校点，上海古籍出版社，2014，第6237 页。

③ （宋）董煟：《救荒活民书》卷2《不抑价》，载中华书局编《丛书集成初编》，中华书局，1985，第34 页。

头管领，船只各有受载舟户，虽米市搬运混杂，皆无争差。"① 这里的米市小牙子就是米商和铺户的中介。

长途贩运商有时也需要农村市场中的牙人参与商品散销，如"涟水民支氏，启客邸于沙家堰侧，夫妇自主之。遇商贾持货物来，则使其子友璋作牙侩。璋性慧口辩，诡谲百出，左弥右缝，人多堕其狡计"②。牙人在协助商人分销货物时，时常因长途贩运商不熟悉当地行情而欺诈他们，如"淳熙初元夏，德兴士人姜广，挈孥从外邑至，不深知其故，为牙侩所诱，贱直儥之"③，"丽水商人王七六，每以布帛贩货于衢婺间。绍熙四年至衢州，诣市驵赵十三家，所赍直三百千，赵尽侵用之。王久留索偿不可得，时时忿骂"④。

农村市场中的牙人有时也和地方官吏通同作弊，谋取私利。刘子翚说："受纳之间，巧弊百出，执役掌事，皆老奸宿狯，视吾民犹家鸡圈豕，惟所咀啖焉。权衡斗尺，邦有定制，一摇手则变多为寡，一谬言则指精为粗。事例糜费，既不可阙。阴欺昼攫，纷然其间。愚民眩眬惊骇，不知所措，则又倍费矣。受纳既艰，权归揽子，揽子与仓吏潜通腹心，相为唇齿，民户自输，则千端阻抑，揽子代纳，则一概通融。"⑤ 牙侩与执役掌事、仓吏等私下

① （宋）吴自牧：《梦粱录》卷16《米铺》，载上海师范大学古籍整理研究所编《全宋笔记·第八编》（第5册），大象出版社，2017，第255页。
② （宋）洪迈：《夷坚三志己》卷3《支友璋鬼狂》，何卓点校，中华书局，1981，第1324页。
③ （宋）洪迈：《夷坚支癸》卷7《王司户屋》，何卓点校，中华书局，1981，第1272页。
④ （宋）洪迈：《夷坚支丁》卷8《王七六僧伽》，何卓点校，中华书局，1981，第1032页。
⑤ （宋）刘子翚：《屏山集》卷2《维民论中》，景印文渊阁《四库全书》（第1134册），台湾商务印书馆，1986，第381页。

串通，垄断小农的粮食输纳，从中渔利。

（三）参与经商的地方官吏与商人小贩的对立与依存

宋人王栐曾指出："（宋朝初年）士大夫俸入甚微，簿、尉月给三贯五百七十而已，县令不满十千，而三之二又复折支茶、盐、酒等，所入能几何。所幸物价甚廉，粗给妻孥，未至冻馁，然艰窘甚矣。"① 宋初虽然官员俸入微薄、折物支给，但由于物价不高，勉强还可维持生活。至真宗年间，随着社会经济的发展，官员的俸禄在增加总体量的同时，也加大了现钱的比例，景德四年（1007）九月，真宗诏"自今文武官宜月请折支，并给见钱六分，外任给四分"，由此"惠均覃四海矣"。② 然而，到仁宗朝以后，物价普遍上涨，士大夫的生活受到了很大影响，范仲淹说道："皇朝初……当物价至贱之时，俸禄不辍，士人之家无不自足。咸平以后，民庶渐繁，时物遂贵……在天下物贵之后，而俸禄不继，士人之家鲜不穷窘，男不得婚、女不得嫁、丧不葬者，比比有之。"③ 从皇朝初到仁宗朝，官吏俸入并未随着物价的上涨而增加，因此官员在宋初能够依靠俸入自足，但到仁宗朝就难以为继了。

面对高度繁荣的商品经济，这些俸入微薄的品官形势之家，在思想观念上必然会受到极大冲击，经商便不难理解，而此种情形在地方官员中表现得尤为突出。陆九渊就曾说："吏人自食而办

---

① （宋）王栐：《燕翼诒谋录》卷2《增百官俸》，载上海师范大学古籍整理研究所编《全宋笔记·第七编》（第1册），大象出版社，2015，第249～250页。

② （宋）王栐：《燕翼诒谋录》卷2《增百官俸》，载上海师范大学古籍整理研究所编《全宋笔记·第七编》（第1册），大象出版社，2015，第250页。

③ （宋）李焘：《续资治通鉴长编》卷143，庆历三年九月丁卯，中华书局，2004，第3438页。

公事，且乐为之，争为之者，利在焉故也。故吏人之无良心、无公心，亦势使之然也。"① 明确说地方胥吏没有俸入还乐意受役于地方官府，其目的就是借此特权以谋私利。沈括《梦溪笔谈》卷一二曰："天下吏人素无常禄，惟以受贿为生，往往有致富者。"②

具体而言，地方胥吏大多以手中的特权强行垄断或干预辖区贸易。太宗太平兴国二年（977）夏四月辛卯，右拾遗郭泌言："剑南诸州，官粜盐斤为钱七十。豪民黠吏，相与囊橐为奸，贱市于官，贵粜于民，斤为钱或至数百。"③ 豪民黠吏垄断官府出粜的食盐，然后高抬价例货卖于民。高宗绍兴十九年（1149）十一月十四日，南郊赦："州县系省酒务自合如法酝造沽卖，收趁课额，访闻近来监专多不用心措置，多端作弊，遂致课额亏欠，往往减少米麦造酒，科配乡村，抑令保正长认纳价钱。种种搔扰，重困民力。"④ 也就是说，酒务监官为弥补乡村酒务亏损的酒课，抑配保正长等民户认纳。此外，地方胥吏也会私用公款来增殖自己的财富。北宋苏洵曾指出："今也，吏之商既幸而不罚，又从而不征，资之以县官公籴之法，负之以县官之徒，载之以县官之舟，关防不讥，津梁不呵；然则，为吏而商，诚可乐也。"⑤ 可见地方

① （宋）陆九渊：《陆九渊集》卷8《与赵推》，钟哲点校，中华书局，1980，第112页。
② （宋）沈括：《梦溪笔谈》卷12《官政二》，载上海师范大学古籍整理研究所编《全宋笔记·第二编》（第3册），大象出版社，2006，第97页。
③ （宋）李焘：《续资治通鉴长编》卷18，太平兴国二年夏四月辛卯，中华书局，2004，第402页。
④ （清）徐松辑《宋会要辑稿·食货二十·酒曲》，刘琳等校点，上海古籍出版社，2014，第6437页。
⑤ （宋）苏洵：《嘉祐集笺注》卷5《申法》，曾枣庄、金成礼笺注，上海古籍出版社，1993，第116页。

官吏在利用国家资金、规避关卡征税等方面较普通的小商小贩具有明显的优势。

参与经商的地方官吏与商人小贩在市场贸易中除了矛盾的一面外，也存在着相互依存的关系。欧阳修说："商贾坐而权国利，其故非他，由兴利广也。夫兴利广则上难专，必与下而共之，然后流通而不滞。然为今议者，方欲夺商之利归于公上而专之，故夺商之谋益深，而为国之利益损。前日有司屡变其法，法每一变，则一岁之间所损数百万。议者不知利不可专，欲专而反损，但云变法之未当，变而不已，其损益多。夫欲十分之利，皆归于公，至其亏少，十不得三，不若与商共之，常得其五也。……故大商之善用其术者，不惜其利而诱贩夫；大国之善为术者，不惜其利而诱大商：此与商贾共利，取少而致多之术也。"① 提倡官商共利，主张大商小贩通力合作。

（四）乡村小农的流动和贫富分化

在商品经济和竞争性土地租佃市场的共同作用下，小农的分化进一步加剧，苏辙说："方今天下之人，狃于工商之利，而不喜于农，惟其最愚下之人，自知其无能，然后安于田亩而不去。"② 司马光也言："以今天下之民度之，农者不过二三，而浮食者常七八矣。"③ 这些言论虽不免有夸张之嫌，但足以表明小农阶层日益

---

① （宋）李焘：《续资治通鉴长编》卷129，康定元年十二月乙巳，中华书局，2004，第3069～3070页。

② （宋）苏辙：《栾城应诏集》卷9《进策五道·民政上·第一道》，曾枣庄、马德富校点，上海古籍出版社，2009，第1670页。

③ （宋）李焘：《续资治通鉴长编》卷196，嘉祐七年五月丁未，中华书局，2004，第4755页。

分化的历史事实。

面对农村市场的利益，一些贫乏下户开始想尽一切办法来扩大财富。陈旉指出："（湖州）安吉人皆能之。彼中人唯借蚕办生事；十口之家，养蚕十箔，每箔得茧一十二斤。每一斤取丝一两三分。每五两丝织小绢一匹。每一匹绢易米一石四斗，绢与米价常相侔也。以此岁计衣食之给，极有准的也。以一月之劳，贤于终岁勤动，且无旱干水溢之苦，岂不优裕也哉。"[1] 此处安吉之民是在对比米价和绢价之后，决定"借蚕办生事"，因为养蚕缲丝之入倍于种粮，而且免去了粮食种植的终岁勤劳和水旱之灾。"枣阳申师孟，以善商贩著干声于江湖间。富室裴氏访求得之，相与欢甚，付以本钱十万缗，听其所为。居三年，获息一倍，往输之主家，又益三十万缗。凡数岁，老裴死，归临安吊哭，仍还其赀。裴子以十分之三与之，得银二万两，买舟西上。"[2] 此处的申氏因善于经商而著于乡里，由于缺乏本钱而与富家裴氏联合，最后获利数万。"时方翼尚幼，（其母）乃与佣保齐力勤作，苦心计，功不虚弃，数年辟田数十顷，修饰馆宇，列植竹木，遂为富室。"[3] "郑四客，台州仙居人，为林通判家佃户。后稍有储羡，或出入贩贸纱帛海物。淳熙二年，偕其仆陈二负担至摘星岭。"[4] 佃户出身的郑四客，用自己微薄的储蓄贩运纱帛，后来发展到自雇仆人，可见生存状况明

---

① 刘铭校释《陈旉农书校释》卷下《种桑之法篇第一》，中国农业出版社，2015，第126页。
② （宋）洪迈：《夷坚三志辛》卷8《申师孟银》，何卓点校，中华书局，1981，第1446页。
③ 《旧唐书》卷185上《王方翼传》，中华书局，1975，第4802页。
④ （宋）洪迈：《夷坚支景》卷5《郑四客》，何卓点校，中华书局，1981，第919页。

显改善。小农群体从事纺织业、种植业、加工业、养殖业，以及酒肆、邸店等服务业，同样有效地改善了经济状况，促进了自己的市场融入和社会流动，对此，前文已有论述，此处不赘。

对于小农群体社会流动频繁、贫富分化加剧，右谏议大夫司马光言："民之所以有贫富者，由其材性愚智不同。富者智识差长，忧深思远，宁劳筋骨，恶衣菲食，终不肯取债于人，故其家常有赢余而不至狼狈也。贫者蚩蠢偷生，不为远虑，一醉日富，无复赢余，急则取债于人，积不能偿，至于鬻妻卖子，冻馁填沟壑，而不知自悔也。"[①] 小农因智识不同，经营能力等差异，决定了他们手中财富的多寡，显然，这是从市场角度出发所做的评价。

（五）乡村富民的成长与壮大

在农村市场各经济主体流动加速、贫富分化进一步凸显的过程中，一批依靠经营土地、商业、手工业等致富的新兴群体逐渐成长起来，他们就是唐宋以来崛起于乡村社会的"富民阶层"[②]。

---

① （元）马端临：《文献通考》卷21《市籴二》，中华书局，2011，第622页。

② 中国古代"富民社会"研究是林文勋教授及其学术团队近二十年来重点研究的一项课题。他们认为，唐宋以来，中国社会兴起了一个新的"富民"阶层，这是唐宋时期发生并对后世历史进程产生重大影响的深刻社会变革。"富民"作为一个社会阶层一经崛起，就迅速发展成为社会的中间层、稳定层和动力层，使得唐宋及其后中国传统社会具有了与以往显著不同的历史特征，形成了一个新的"富民社会"。富民是社会分层的结果，同时，"富民"在唐宋以来的中国社会中，一直显现出强劲的成长性。作为一个新兴阶层的富民群体，对中唐以来社会的影响首先是全面的，乡村社会的经济关系、阶级关系，国家对乡村社会的控制，乡村社会内部的发展动力与乡村经济文化事业的发展，实际上都与"富民"阶层有关。其次是深刻的，"富民"阶层的崛起，引起了中唐以来社会经济关系、阶级关系的巨大变化，特别是推动了唐宋以来契约租佃关系主导地位的确立，同时引起了国家乡村治理方式和治理结构的重大调整。由此，林文勋教授提出了五个有关中国古代"富民社会"理论体系的学术论断：（1）"富民"阶层是唐宋以来中国古代社会的新兴阶层；（2）"富民阶层"一经兴起便迅速成为中国古代社会的中间层、动力层和稳定层；（3）"富民"与国家的关系是（转下页注）

财富的占有是富民群体的本质特征，北宋秦观曾言："大农之家，连田阡陌，积粟万斛，兼陂池之利，并林麓之饶。"①足见其富有。富民阶层的崛起，是两宋商品经济发展背景下，乡村社会贫富分化进一步加剧的产物，因此宋人苏辙才说："惟州县之间，随其大小皆有富民，此理势之所必至，所谓：物之不齐，物之情也。"②富民群体作为乡村社会财富分化的产物，是商品经济发展的必然结果。

就单个富民而言，其财富和社会地位的变化是迅速的。宋人谢逸称："余自识事以来几四十年矣，见乡间之间，曩之富者贫，今之富者，曩之贫者也。"③嘉定十三年（1220）四月二十六日，臣僚言："富民大家保数世而不失者，抑几何人！"④张载说："今日万钟，明日弃之；今日富贵，明日饥饿。"⑤袁采则在家训《袁氏世范》中指出："世事多更变，乃天理如此。今世人往往见目前

（接上页注②）唐宋以来中国社会最核心的关系；（4）"士绅社会"是中国古代"富民社会"的最高阶段，也是最后阶段；（5）中国传统社会依次经历了上古的"部族社会"、秦汉魏晋的"豪民社会"、唐宋以来的"富民社会"，并最终向着"市民社会"演进的历史进程，这一社会演进即为中国古代史的新体系。参见林文勋《中国古代"富民社会"研究的由来与旨归》，《湖北大学学报》（哲学社会科学版）2020 年第1 期。

① （宋）秦观著，徐培均笺注《淮海集笺注（上）》卷 13《安都》，上海古籍出版社，2000，第 524 页。
② （宋）苏辙：《栾城第三集》卷 8《诗病五事》，曾枣庄、马德富校点，上海古籍出版社，2009，第 1555 页。
③ （宋）谢逸：《溪堂集》卷 9《黄君墓志铭》，景印文渊阁《四库全书》（第 1122 册），台湾商务印书馆，1986，第 539 页。
④ （清）徐松辑《宋会要辑稿·职官七九·戒饬官吏》，刘琳等校点，上海古籍出版社，2014，第 5239 页。
⑤ （宋）黄震：《黄氏日抄》卷 32《读本朝诸儒理学书二·横渠理窟》，载张伟、何忠礼编《黄震全集》，浙江大学出版社，2013，第 1267 页。

稍稍荣盛,以为此生无足虑,不旋踵而破坏者多矣。大抵天序十年一换甲,则世事一变。今不须广论久远,只以乡曲十年前、二十年前比论目前,其成败兴衰何尝有定势。"① 在同书《富家置产当存仁心》条,袁采又告诫说:"贫富无定势,田宅无定主。有钱则买,无钱则卖,买产之家当知此理。"② 可见,在商品经济的作用下,富民群体作为乡村社会崛起的新兴阶层,处在不断流动和分化的过程中。

富民群体的成长和壮大,与乡村社会和小农群体密不可分。一些依靠经营土地、商业和手工业致富的豪商富贾,通过投资土地来保有自身的财富,如福建地区,"俗重凶事,其奉浮屠,会宾客,以尽力丰侈为孝,往往至数百千人!至有亲亡不举哭,必破产办具而后敢发丧者。有力者乘其急时,贱买其田宅,而贫者立券举债,终身困不能偿"③。此处的富民有力之家就是乘小农操办丧事急需用钱之机,贱价买进田宅。总的来说,两宋时期虽然是商品经济发展的又一高峰期,但仍然是一个以农业为主的传统社会,无论是以工还是以商致富之人,都熟谙"以末致富,用本守之"的道理,这里的"本"就是指经营土地的农业生产,因此有关富民田连阡陌的史料不胜枚举。

广占田亩的富民,虽然拥有巨额财富,并力图向官僚阶层靠拢,但他们在本质上依然属于"民"的范畴,这就决定了他们尽管

---

① （宋）袁采:《袁氏世范》卷2《世事更变皆天理》,天津古籍出版社,2016,第67页。
② （宋）袁采:《袁氏世范》卷3《富家置产当存仁心》,天津古籍出版社,2016,第171页。
③ （宋）李焘:《续资治通鉴长编》卷187,嘉祐三年秋七月癸酉,中华书局,2004,第4516页。

可以利用土地、资本等优势役属甚至压迫广大佃农下户，却不能利用政治特权维持二者间稳定的不平等关系。哲宗元祐二年（1087）三月辛巳，王岩叟言："富民召客为佃户，每岁未收获间，借贷周给无所不至，一失抚存，明年必去而之他。"① 可见在竞争性租佃市场下，富民在选择佃客的同时，广大佃户也在一定程度上获得了选择富民的权利，因此富民深知"水旱之岁，必须放免欠负借贷种粮"，因为"其心诚恐客散而田荒，后日之失，必倍于今"。② 在一些缺乏佃户的地区，田主们甚至开始公然争夺佃户，如南宋时扬州的安丰"主户常若（苦）无客"，"流移至者，争欲得之，借贷种粮，与夫室庐牛具之属，其费动百千计，例不取息"。③ 也就是说，富民通过免费提供种粮、牛具以及居室的方式来维持与佃户间稳定的契约租佃关系。

有的佃户因为富家征取太苛，自身不堪承受，甚至公然反抗富民，黄榦在《勉斋集》卷一六《建宁社仓利病》中说："大家利其告籴之急，遂索价愈高，至于百八九十金而无可籴之处。较之常年，则是三倍其直矣。由是细民之艰食者百十为群聚于大家，以借禾为名，不可，则径发其廪，又不可，则杀其人而散其储……崇安一乡大家相率逃避于州县者，不可胜数。"④ "婺州富人卢助教，

① （宋）李焘：《续资治通鉴长编》卷397，元祐二年三月辛巳，中华书局，2004，第9682页。
② （宋）李焘：《续资治通鉴长编》卷451，元祐五年十一月己丑，中华书局，2004，第10829页。
③ （宋）薛季宣：《艮斋先生薛常州浪语集》卷17《奉使淮西与丞相书》，载四川大学古籍所编《宋集珍本丛刊》（第61册），线装书局，2004，第278页。
④ （宋）黄榦：《勉斋集》卷16《建宁社仓利病》，载四川大学古籍所编《宋集珍本丛刊》（第67册），线装书局，2004，第705页。

以刻核起家，因而田仆之居，为仆父子四人所执，投置杵臼内，捣碎其躯为肉泥，既鞫治成狱，而遇己酉赦恩获免。至复登卢氏之门，笑侮之，曰：'助教何不下庄收谷？'兹事可为冤愤，而州郡失于奏论。"① 孝宗乾道四年（1168）五月十五日，臣僚奏："今岁诸道间有荒歉之所，饥民乘势劫取富民廪谷，有司往往纵释不问……顷绍兴间严陵小饥，民有率众发人廪谷者。"② 这些都是广大佃户公然反抗富民的事例，足以说明在契约租佃制逐渐成为主导性生产关系的两宋乡村社会，活跃于农村市场的富民和广大佃户间，实际上已结成一种经济上的相互依存关系，即"客户乃主户之本，若客户阙食流散，主户亦须荒废田土矣"③，"农主客，两相依"④。二者在一定程度上结成了经济共同体。

---

① （宋）洪迈：《容斋三笔》卷 16《多赦长恶》，孔凡礼点校，中华书局，2005，第 618 页。
② （清）徐松辑《宋会要辑稿·兵一三·捕贼》，刘琳等校点，上海古籍出版社，2014，第 8864 页。
③ （宋）苏轼：《苏轼文集》卷 36《奏议·乞将损弱米贷与上户令赈济佃客状》，孔凡礼点校，中华书局，1986，第 1036 页。
④ （宋）陈耆卿：《嘉定赤城志》卷 37《风土门·熊守克劝农十首》，载中华书局编辑部编《宋元方志丛刊》，中华书局，1990，第 7581 页。

第二章　两宋乡村社会的契约租佃关系
——基于农村市场的分析

　　土地是农业生产的基本要素，对于以农立国的传统社会来说，农业经济的繁荣程度，很大程度上与土地制度的变革相关。就土地私有产权而言，秦商鞅变法，"废井田""开阡陌""民得买卖"，而兼并之祸起矣。但是在中唐以前的均田制下，编户齐民直接从国家手中获得土地，名为"计口授田"，实际上却是"等级授田"，政治力量压制着市场力量，成为分配土地的决定性因素。

　　有宋一朝，随着土地私有产权的确立，土地开始作为商品广泛活跃于农村市场，乡村社会的契约租佃制出现了新的发展。

第一节　两宋契约租佃制的新发展

　　两宋时期，乡村社会原有契约租佃关系下主佃间的联结机理开始从道义互助向市场理性发展，贫农佃户之家在应对人口压力方面存在不同，小农群体贫富分化日益加剧，进而促进了乡村劳动力市场的发展，并表现出明显的区域特征。

一　从道义互助到市场理性：契约租佃关系下田主和佃户的联结机理

宋代商品经济的发展推动了乡村社会的流动和分化，同时深刻影响并改变着作为生产关系本身的契约租佃制。商品经济的发展，推动了契约租佃关系下地租由分成向定额发展，货币地租开始普遍出现。伴随着这一过程，田主富民和佃户贫农间的联结关系也开始从道义互助向市场理性转化。

（一）分成租、定额租和货币地租

分成租是指按照田主、佃户各自投入土地生产要素的多寡来决定最终土地收获物分配比例的一种地租形态，具体来看，主要有对分制、四六分制（客四主六或主四客六）、三七分制等类型。仁宗康定元年（1040）十二月乙巳，太子中允、馆阁校勘欧阳修上言曰："官贷其种，岁田之入，与中分之，如民之法。"① 所谓"与中分之"，就是指对分制，根据"如民之法"的表述，可知这种分成制已在民间广泛推行。苏洵在《田制》一文中也指出："周之时用井田，井田废，田非耕者之所有，而有田者不耕也，耕者之田资于富民。……田之所入，已得其半，耕者得其半。有田者一人，而耕者十人。是以田主日累其半以至于富强，耕者日食其半以至于穷饿而无告。"② 苏洵在对分制的基础上，进一步指出

① （宋）李焘：《续资治通鉴长编》卷129，康定元年十二月乙巳，中华书局，2004，第3068页。
② （宋）苏洵：《嘉祐集笺注》卷5《田制》，曾枣庄、金成礼笺注，上海古籍出版社，1993，第135页。

了分成租造成的主佃贫富分化。此外，还有四六分制和三七分制。宋人王炎在谈论荆湖北路一带的地租时指出："若有田不能自耕，佃客税而耕之者，每亩所得一斛二斗而已。有牛具粮种者，主客以四六分，得一斛二斗；若无牛具粮种者，又减一分。"①佃耕田主土地的佃户如有牛具、粮种等，即四六分，如果没有牛具、粮种等，便再减少一分，也就是三七分。类似的分配制在江南东路的歙州也有推行，宋人罗愿称该地"大率上田产米二石者，田主之收什六七"②。可见对分制、四六分制和三七分制在宋代乡村社会的不同区域普遍存在。

在分成租的基础上，宋代定额租也有了显著发展。熙宁八年（1075），吕惠卿在对宋神宗的奏言中说："苏州臣等皆有田在彼，一贯钱典得一亩，岁收米四五六斗，然常有拖欠。如两岁一收，上田得米三斗，斗五十钱，不过百五十钱。"③此处吕惠卿等人在苏州的田产，已开始用固定的数额作为地租。周应合在《慈幼庄》中也指出："本庄田地，立为上中下三等收租。田上等，每亩夏收小麦五斗四升军斗，秋纳米七斗二升军斗；地上等，夏纳小麦五斗四升军斗，秋纳豆五斗四升军斗。……已上各系租户自出耕具种粮，净纳租数，立为定额。"④《江苏金石记》卷一四《务学续

---

① （宋）王炎：《双溪类稿》卷11《上林鄂州书》，载四川大学古籍所编《宋集珍本丛刊》（第63册），中华书局，2004，第151页。

② （宋）罗愿：《新安志》卷2《税则》，载中华书局编辑部编《宋元方志丛刊》，中华书局，1990，第7624页。

③ （宋）李焘：《续资治通鉴长编》卷267，熙宁八年八月乙卯，中华书局，2004，第6557页。

④ （宋）周应合纂《景定建康志》卷23《城阙志四·慈幼庄》，载中华书局编辑部编《宋元方志丛刊》，中华书局，1990，第1705~1706页。

置田记二》记载租户徐八租田五亩三角三步，租户李五八租田十二亩三十七步，租户李八五租田三亩一角三十二步半，以上计租米三十石五斗五升。① 同书卷一六《常熟县学田籍碑》载佃户李四九租田四亩，租米二石；王九乙租田三亩二十步，租米一石五斗；李四八租田三亩二十步，租米一石五斗。② 这些都是实物定额租的表现。

宋代还出现了以货币代替实物缴纳定额租的现象。《开庆四明续志》在论述广惠院的田租时便称："定海淘湖田计二十六亩三角一步，租米五十三石二斗五升六合四勺五秒，每石折钱五十贯文十七界，计二千六百六十二贯八百二十二文十七界。奉钧判每石折钱四十八贯文，仍以为定例。米计三百八石七斗四升，共折钱一万四千八百一十九贯五百二十文十七界。"③ 这里的"十七界"指的便是十七界会子。南宋方大琮也曾说福建路"土狭民稠，虽丰年无半岁粮。……今家有二三百石者，甚可数，且半是糠秕，而小产尤可怜。又缘士大夫家当收租时多折价，至春夏间，无以为富室倡，交相议何益？城郭犹可，村乡最难"④，同样也是对民田中实物折钱租的记载。

---

① 缪荃孙：《缪荃孙全集·金石 3·江苏金石记》卷 14《务学续置田记二》，凤凰出版社，2014，第 456～457 页。

② 缪荃孙：《缪荃孙全集·金石 3·江苏金石记》卷 16《常熟县学田籍碑》，凤凰出版社，2014，第 543 页。

③ （宋）梅应发、刘锡纂《开庆四明续志》卷 4《广惠院》，载中华书局编辑部编《宋元方志丛刊》，中华书局，1990，第 5977 页。

④ （宋）方大琮：《铁庵集》卷 21《项乡守》，景印文渊阁《四库全书》（第 1178 册），台湾商务印书馆，1986，第 247 页。

（二）从分成租到定额租：从道义互助到市场理性

宋代乡村社会中，分成租虽然仍是主要的地租形态，但是由分成租向定额租转变的现象已经普遍出现，由此对乡村社会带来的影响是多方面的。分成租制下，地主和佃户按照土地实际产量的多少分配收获物，土地经营状况的好坏直接决定着田主和佃户收入的多寡，因此作为土地所有者的田主不得不对土地和佃户投入更多资本。面对一些"室庐之备，耕稼之资，刍粮之费，百无一有"①的佃户，田主往往会向其提供必要的资本、耕牛、谷种等。而且，部分占田较少的田主，或是同佃户共同下田劳动，或是监督管理佃户的生产，以此确保自身在收入分成中获得更多的地租。宋人王柏曾说："农夫资巨室之土，巨家资农夫之力，彼此自相资，有无自相恤，而官不与也，故曰官不养民。"②也就是说，巨室和农夫之间凭借各自的生产要素参与农业生产，相互体恤依存。苏轼也说："民庶之家，置庄田，招佃客，本望租课，非行仁义。然犹至水旱之岁，必须放免欠负借贷种粮者，其心诚恐客散而田荒，后日之失，必倍于今。"③田主虽然是以获利为目的出佃土地，但也深知在道义上需对佃户提供必要的帮助，二者之间构成了一个有机的经济共同体，佃户生产经营好坏和土地管理妥当与否，将直接决定田主自身获利多寡。

① （宋）李焘：《续资治通鉴长编》卷397，元祐二年三月辛巳，中华书局，2004，第9682页。
② （宋）王柏：《鲁斋集》卷7《赈济利害书》，载中华书局编《丛书集成初编》，中华书局，1985，第129页。
③ （宋）苏轼：《苏轼文集》卷31《奏浙西灾伤第一状》，孔凡礼点校，中华书局，1986，第883页。

长期以来，在聚族而居的传统乡村社会中，宗族、家族是构成乡村社会的基本单位之一。土地承佃者之间、承佃者与田主之间，大多存在着地缘或血缘联结，相互间的社会关系既是一种"主客性"关系，也是一种"互惠性"关系，田主在一定程度上还发挥着维持佃户基本生活能力的作用。熙宁八年（1075）十月，御史中丞邓绾言："富者所以奉公上而不匮，盖常资之于贫；贫者所以无产业而能生，盖皆资之于富。稼穑耕锄，以有易无，贸易其有余，补救其不足，朝求夕索，春贷秋偿，贫富相资，以养生送死，民之常也。"① 显然，这里的田主和佃户贫富相资，田主对佃户负有一定的道义救助责任。

然而，宋代乡村社会土地市场的活跃造成了田主土地占有的分散，所谓"古田千年八百主，如今一年换一家"②，这样的土地占有格局决定了在血缘和地缘关系之外，时间成本和管理成本也逐渐成为田主在选择佃户、确定租佃形式时需要重点考量的因素，其中，定额租的发展就是典型的体现。定额租的发展，部分原因是竞争性土地租佃市场③的发展使得作为商品的土地相较于作为商品的劳动力能够创造更多的市场收入，部分原因是商品经济的发展使得一些地主转向城居，因从事非农耕事业而要求减少收租所需的机会成本和时间成本。当然，也有部分原因是一些田主占田较广，土地经营面积扩大过程中所增加的管理成本抵消了分成租

---

① （宋）李焘：《续资治通鉴长编》卷 269，熙宁八年冬十月辛亥，中华书局，2004，第 6605 页。
② （宋）罗椅：《涧谷遗集》卷 2《田蛙歌》，载四川大学古籍所编《宋集珍本丛刊》（第 85 册），线装书局，2004，第 740 页。
③ 张锦鹏：《宋朝租佃经济效率研究》，《中国经济史研究》2006 年第 1 期。

中的剩余，不得不选择定额租。

定额租下，佃户向田主缴纳的地租是固定的，在一些土地租佃竞争激烈的地区，田主甚至要求佃户预先缴纳定额地租。地租收入的固定化对主佃间关系的影响无疑是深远的。首先，田主和佃农的人身独立性得到了提高，佃农从田主处几乎难以取得分成制下的各种经营投资，这就意味着他们需要独立承担土地经营潜在的各种风险。其次，不用再过多考虑经营管理成本的田主，在佃户的选择上具有更大的余地，二者间血缘、地缘的联系开始被商品化的市场关系冲破。以学田为例，宣和元年（1119）十月七日，三省言："学田并西南外宗室财用司，见管田产请佃人户所纳税课太轻，诏诸路学田并宗室田，许添立租课划佃，限一月日开状，给最高人。见佃人愿依所添数纳者，给见佃人。"① 可见，土地开始作为一种流动性很高的商品和其他资本一样受市场供求的影响而变动。因此，田主与佃农间的联结机理，在地租形式由分成向定额转化的过程中，发生了显著的变化。

在定额租基础上的货币地租，更加凸显了商品经济对乡村社会生产关系的冲击。一些依靠经营土地而致富的乡村地主移居城市后将财富投入城市市场中，如加工业，茶楼、邸店等服务业。这时他们如果仍选择从自己乡村社会的土地承佃者那里收取实物地租的话，转运实物的费用和售卖的时间成本都会降低他们的利润，这是定额租由实物向货币转化的重要原因之一。

---

① （清）徐松辑《宋会要辑稿·食货六一·民产杂录》，刘琳等校点，上海古籍出版社，2014，第 7470 页。

二　竞争性租佃市场下小农的分化与农村劳动力市场的发展

在两宋的乡村社会，随着竞争性租佃市场逐步形成，土地和劳动力开始作为商品广泛活跃于农村市场。广大佃农为了维持稳定的租佃权，在市场理性的驱使下，选择在有限的土地中投入更多的人力和资金，以期获得更大的经营利润，但他们同时承担了更大的市场风险和成本支出。此外，在竞争性土地租佃市场下，富民和小农群体在应对人口压力的强度上表现出了极大的差异，这加剧了二者间的贫富分化，同时也在客观上促进了农村劳动力市场的发展。

（一）竞争性土地租佃中的市场理性和成本支出

两宋时期，土地产权制度变革最为直接的表现是土地买卖，宋人罗椅在其所作诗歌《田蛙歌》中便说："古田千年八百主，如今一年换一家。休怨嗟，休怨嗟。明年此日君见我，不知又是谁田蛙。"① 表明土地已逐渐获得商品的形式，开始在市场上广泛流通。土地买卖的大门一旦打开，政治力量的支配就必须让位于市场关系，一些经营良好、熟谙市场行情的小农借此积累了财富，并逐渐分化成为小农群体中的富民阶层，他们进一步扩大自身的土地规模，力图获得更多的财富收入。太宗雍熙三年（986）七月甲午，国子博士李觉上言："秦、汉以来，民多游荡，趋末者众，贫富不均。今井田久废，复之必难，旷土颇多，辟之为利。且劝课

---

① （宋）罗椅：《涧谷遗集》卷 2《田蛙歌》，载四川大学古籍所编《宋集珍本丛刊》（第 85 册），线装书局，2004，第 740 页。

非不至而尚多闲田，用度非不省而未免收赋，地各有主，户或无田产，富者（有）弥望之田，贫者无卓锥之地，有力者无田可种，有田者无力可耕。"① 可见乡村社会土地大都掌握在少数地主手中。这些广占田亩的"民庶之家，置庄田招佃客，本望租课，非行仁义"②，也就是说握有大量土地的富民本身无法完成全部土地的耕作，势必依靠出租土地来收取地租，契约租佃制的发展便势在必行。欧阳修在《原弊》一文中说："今大率一户之田及百顷者，养客数十家。"③ 苏洵说："富民之家，地大业广，阡陌连接，募招浮客，分耕其中。"④ 吕陶更是感叹道："古之有田者，自耕而食，皆为天子之农。今天下之田大半归于兼并，而贫人不能占以为业。天下之自耕而食，为天子之农者，十无二三，耕而食于富人，而为之农者，盖七八矣。"⑤ 由此可见，契约租佃制的发展和宋代商品经济的繁荣同步，是符合宋代商品经济要求的生产关系形式。契约租佃制在一定程度上实现了田主的土地、资本优势和小农群体劳动力优势的有机结合，因而提高了粮食总量，增加了农村市场的粮食供给，以及田主自身的财富收入。

对于占乡村人口多数，租种土地的半自耕农、佃户而言，

---

① （宋）李焘：《续资治通鉴长编》卷 27，雍熙三年七月甲午，中华书局，2004，第621 页。

② （宋）苏轼：《苏轼文集》卷 31《奏浙西灾伤第一状》，孔凡礼点校，中华书局，1986，第 883 页。

③ （宋）欧阳修：《欧阳修全集》卷 60《原弊》，李逸安点校，中华书局，2001，第871 页。

④ （宋）苏洵：《嘉祐集笺注》卷 5《田制》，曾枣庄、金成礼笺注，上海古籍出版社，1993，第 135 页。

⑤ （明）黄淮、杨士奇编《历代名臣奏议》卷 106《仁民》，上海古籍出版社，1989，第1429 页。

土地租佃市场的发展却是另外一番景象。宋人文献中，常见浮客、地客、庄客、佃户、租户、小客、牛客等名称，它们都是对无地或少地而佃人之田者的称谓。这些租种田主土地的佃户，由于为数众多，加上耕地资源供不应求，在地租压力下只能租得小块零散土地。以学田为例，《江苏金石记》记载了无锡县学土地的租佃情况，其中《无锡县学淳祐癸卯续增养士田记》中记载："佃十亩以下的共有一百一十五户佃客，一亩以下的有三十二户，十亩至二十亩的有二户，租佃三十亩至四十亩的有一户。"[①] 可见绝大多数佃户租种的土地在十亩以下，其中有一户所佃之田共五亩三角，分布在三个不同地方，即 "一段私中田三亩，在后祁村……一段私高田式丘，一亩三角，在顾巷……一段私高田一亩，在梨花庄村东……佃户并系王千八"[②]。可见佃农租种土地的零碎、分散。另外，土地市场的繁荣也促使田主手中的土地频繁交易和转手，宋人黎靖德在《朱子语类》中说："人家田产，只五六年间，便自不同，富者贫，贫者富。"[③] 便是对农村土地流转频繁的体现。

　　田主拥有数家竞争性佃户和小农租种土地零碎、分散的客观实际，使得每一个佃农家庭必须面对如何维系家庭支出和稳定租佃权的难题。因此，为了克服土地占有的不足和地租繁重的双重压力，大多数佃农选择在有限的土地中投入更多的人力资本，如

---

① 郦家驹：《宋代土地制度史》，中国社会科学出版社，2015，第88页。
② 缪荃孙：《缪荃孙全集·金石3·江苏金石记》卷17《无锡县学淳祐癸卯续增养士田记》，凤凰出版社，2014，第571页。
③ （宋）黄士毅编《朱子语类汇校》卷109《论取士》，徐时仪、杨艳汇校，上海古籍出版社，2014，第2678页。

宋人艾性夫在《田家词》一诗中描写道："大儿荷锸去疏麻，小儿提筐来采茶，翁自决水灌秧芽。"[1] 杨万里在《插秧歌》中也说："田夫抛秧田妇接，小儿拔秧大儿插。"[2] 也就是说，家中老幼都投入到了农业生产之中。部分佃户也会选择从事其他生产活动，如植桑、养蚕、织布，养殖各种牲畜，或种植果木等经济作物。这些家庭副业对于补充和提高小农家庭收入能够起到一定作用，因而茶户、桑户、药户、漆户等新的户籍名称频频出现在史籍中。鄂州崇阳县"多旷土，民不务耕，唯以植茶为业"[3]。江南地区"平原沃土，桑柘甚盛，蚕女勤苦，罔畏饥渴。急采疾食，如避盗贼，茧簿山立，缫车之声连甍相闻，非贵非骄，靡不务此，是丝非不多也"[4]。"河朔山东养蚕之利，逾于稼穑。"[5] 福建路山多田少，农民"多费良田，以种瓜植蔗。其可耕之地，类皆崎岖崖谷，间岁有所收，不偿所费"[6]。苏州吴县太湖洞庭山出产橘，"凡桔一亩比田一亩利数倍"[7]。可见，上述不同地区在结合自身区域特点的基础上，大都开展了多样化的经济作物种植。

① （宋）艾性夫：《田家词》，载北京大学古文献研究所编《全宋诗》（第70册），北京大学出版社，1998，第44392页。
② （宋）杨万里：《杨万里选集·插秧歌》，周汝昌选注，上海古籍出版社，1962，第107页。
③ （宋）沈括：《梦溪补笔谈》卷2《官政》，金良年点校，中华书局，2015，第293页。
④ （宋）李觏：《李觏集》卷16《富国策第三》，中华书局，1981，第137页。
⑤ （宋）庄绰：《鸡肋编》，载上海师范大学古籍整理研究所编《全宋笔记·第四编》（第7册），大象出版社，2008，第13页。
⑥ （宋）韩元吉：《南涧甲乙稿》卷18《建宁府劝农文》，载中华书局编《丛书集成初编》，中华书局，1985，第359页。
⑦ （明）王象晋：《御定佩文斋广群芳谱》卷64《果谱·橘》，景印文渊阁《四库全书》（第846册），台湾商务印书馆，1986，第731页。

然而，"从为生存而生产到为销售而生产的转变，几乎总要伴随着风险的增加。一个成功的生存性农作物生产或多或少地保证了家庭的食物供应，而非食用性经济作物的价值则取决于市场价格和消费必需品的价格"①，一旦出现灾荒或其他不可抗拒的因素，脆弱的小农往往会立即沦为贫农。庄绰就称："平江府洞庭东西二山，在太湖中……然地方共几百里，多种柑橘桑麻，糊口之物，尽仰商贩。绍兴二年冬，忽大寒，湖水遂冰，米船不到，山中小民多饿死。"② 一旦由于自然灾害粮食不能及时送达，这些糊口之物仰给于商贩的小农就会面临饿死的窘境，可见单纯种植经济作物的风险很大。

经济作物的种植相较于粮食种植而言，对交通和地理区位提出了更高的要求，因为面向市场的经济作物种植必须要靠近消费地，交通较为便利。以福州荔枝为例，便利的水陆交通便是其能够开拓广阔市场的主要原因。蔡襄指出，宋代福建地区的荔枝"初着花时，商人计林断之以立券。若后丰寡，商人知之，不计美恶。悉为红盐者，水浮陆转，以入京师，外至北戎、西夏。其东南舟行新罗、日本、琉球、大食之属，莫不爱好，重利以酬之"③。果蔬类经济作物的种植更加要求靠近市场售卖地，范成大在《四时田园杂兴》中写道："桑下春蔬绿满畦，菘心青嫩芥薹肥，溪头

---

① 〔美〕詹姆斯·斯科特：《农民的道义经济学：东南亚的反叛与生存》，译林出版社，2013，第25页。

② （宋）庄绰：《鸡肋编》，载上海师范大学古籍整理研究所编《全宋笔记·第四编》（第7册），大象出版社，2008，第63页。

③ （宋）蔡襄：《荔枝谱·第三》，载中华书局编《丛书集成初编》，中华书局，1985，第2页。

洗择店头卖，日暮裹盐沽酒归。"[①] 能够在地里摘菜，然后溪边洗择后到店头货卖，并可当日往返，沽酒而归，可见蔬菜种植之地当不会远离市场之所。

地理环境是相较于交通条件而言对经济作物种植更为根本性的限制因素，这以荆湖北路的临湘县最为典型。"临湘虽名为县，元来止系巴陵一乡。上半乡依傍山林，今岁虽云成熟，然土广人稀，开垦未遍，仅能自足。下半乡边近江湖，被水浸荡，或弥望绝粒不收。贫民见已艰食，本县管下委是无可收籴，此其不能籴者一也。况其地僻陋，井邑萧条，商贾米船，溯江而上则聚于鄂渚，沿江而下则先经由华容、巴陵。本县所来者，不过通城步担而已，步担所般能有几何，粗可以济……"[②] 临湘县位于洞庭湖出口处东北角，靠近长江，是由洞庭湖去往鄂州的必经之地，可见交通条件较为便利、靠近区域市场中心，但由于自身地理环境的限制，临湘县的商品贸易并不发达，"井邑萧条"，仅有的粮食商人，也只是运米极为有限的步担小贩。

总的来说，通过种植经济作物等来提高家庭剩余劳动力的利用率，力求缓解土地占有不足和地租繁重的双重压力，实际效果有限。而且大多数小农经济作物种植规模较小，缺乏必要的资本投入，往往难以和各种专业户的生产相比。

若从古典经济学的视角来看，小农家庭的这种做法显然不偿

---

① （宋）范成大：《范石湖集》卷 27《四时田园杂兴六十首》，上海古籍出版社，1981，第 373 页。

② （宋）王炎：《双溪文集》卷 11《上章岳州书》，载四川大学古籍所编《宋集珍本丛刊》（第 63 册），线装书局，2004，第 176 页。

所费，因为在他们看来，小农是一个在权衡长短期利益之后，为追求最大利益而作出合理生产抉择的理性人。但是需要注意的是，小农家庭既是一个生产单位，也是一个消费单位，其既需要以市场需求为导向，选择经营获利较大的商品性农业而生产，也不得不为自家生计而生产。家庭副业以及经济作物种植，能够充分利用家庭中妇女、儿童、老人等剩余劳动力，在当时的农业经济发展水平下，这些家庭的剩余劳动力很难甚至无法找到农业以外的其他生计。因此，投入劳动报酬极低的工作是相对"合理"的，因为这些家庭剩余劳动力极少或几乎没有"机会成本"。

（二）人口压力的应对之策：农村劳动力市场的发展

契约租佃制下，田主和佃户各自面对人口压力强度的不同，是造成广大佃农群体阶层分化，走向市场的重要原因之一。田主可以依据市场需求的变化，选择多雇或解雇契约佃农。对此，真德秀曾举例说："乡曲强梗之徒，初欲搀佃他人田土，遂诣主家，约多偿租稻，（主）家既如其言，逐去旧客。"[1] 在竞争性土地租佃市场中，追求利润的田主面对出价较高的划佃者，会淘汰之前的契约佃户。宣和元年（1119）十月七日，三省言："学田并西南外宗室财用司，见管田产请佃人户所纳租课太轻，诏诸路学田并宗室田，许添立租课划佃，限一月日开状，给最高人。见佃人愿依所添数纳者，给见佃人。"[2] 也就是说，在学田或公田的租佃

---

① （宋）真德秀：《西山先生真文忠公文集》卷 8《申户部定断池州人户争沙田事状》，载四川大学古籍所编《宋集珍本丛刊》（第 75 册），线装书局，2004，第 744 页。

② （清）徐松辑《宋会要辑稿·六一·民产杂录》，刘琳等校点，上海古籍出版社，2014，第 7470 页。

问题上，地方官府可以从成本或获利多少的角度出发，灵活决定租种土地者及其数量的多寡。相对于上述私家田主和地方官府而言，广大贫农和契约佃户在灾荒时节，或土地耕种不足时，很难通过调整家庭人口规模来规避或降低家庭支出，因此，除了加大对单位面积的劳动力投入，选择获利较大、面向市场生产的多样化经济作物种植或手工副业以外，小农还必须寻找耕种土地之外的其他收入，如农忙时节外出务工。

两宋时期，农村劳动力市场有了显著发展，最为直观的体现便是"佣"（庸）开始出现在史料记载中。"（江南东路）乐平新进乡农民陈五，为翟氏田仆，每以暇时，受他人庸雇，负担远适。"① 遂州小溪县村民程君友，"家数口，垦耕力作，常于乡里佣力，织草履自给"②。类似的记载广泛散布于宋代的方志、文集和笔记小说之中。就农村劳动力市场需求而言，集中表现在农忙时节，如"华北平原的冬小麦受生态环境的限制，必须在地面结霜之前的六星期内，完成春播作物的采收和冬小麦的栽种"③，这就要求田主或小农家庭除了现有的劳动力外，必须在短时间内雇用一定数量的劳动力来抢抓农时。"绍熙二年春，金溪民吴廿九将种稻，从其母假所着皂绨袍，曰：明日插秧，要典钱，与雇夫工食费。"④ 此处吴廿九由于缺钱，而不得不典押其母的皂绨袍，用来支付种稻时雇用劳动力的工钱。九陇县税户党无吉称："自来相承山坝茶园

① （宋）洪迈：《夷坚支癸》卷5《神游西湖》，何卓点校，中华书局，1981，第1259页。
② （宋）黄休复：《茅亭客话》卷1《程君友》，李梦生校点，上海古籍出版社，2012，第101页。
③ 〔美〕黄宗智：《华北的小农经济与社会变迁》，中华书局，2000，第148页。
④ （宋）洪迈：《夷坚支丁》卷4《吴廿九》，何卓点校，中华书局，1981，第997页。

等业，每年春冬，雇召人工薅划，至立夏并小满时节，又雇召人工，趁时采造茶货。"① 同样表明乡村茶园经营中季节性雇工的大量存在。

农业生产的季节性决定了农村劳动力市场供求的变化：当农事方兴之际，劳动力市场供不应求，小农家庭的男劳力作为受雇主体，可以获得较理想的工资收入；然而一旦进入农闲时节，劳动力供过于求时，他们大多便成为农村劳动力市场上无人问津的"商品"。可是家庭人口的最低生活支出是刚性的，不会因为务工贴补收入的季节性变化而变化，因此除了农活以外，他们还必须继续寻求非农收入的补偿。陆九渊在论述金鸡农民农闲时节外出务工时指出："金溪陶户，大抵皆农民于农隙时为之。事体与鄱阳镇中甚相悬绝。今时农民率多困穷，农业利薄，其来久矣。当其隙时，借他业以相补助者，殆不止此。"② 潼川府铜山县是宋代的重要铜生产地，那里的"诸村匠户多以耕种为业，间遇农隙，一二十户相纠入窟，或有所赢，或至折阅，系其幸不幸；其间大半往别路州军铜坑盛处趁作工役。非专以铜为主，而取足于此土也"③。这些事例都表明乡村小农因农业利薄，需要依靠农闲之时外出务工来补贴家用。

总的来说，宋代乡村社会中的契约租佃关系建立在土地产权

---

①　（宋）吕陶：《净德集》卷1《奏为官场买茶亏损园户致有词诉喧闹事状》，载中华书局编《丛书集成初编》，中华书局，1985，第9页。

②　（宋）陆九渊：《陆九渊集》卷10《与张元鼎》，钟哲点校，中华书局，1980，第132页。

③　（宋）王之望：《汉滨集》卷8《论铜坑朝札》，景印文渊阁《四库全书》（第1139册），台湾商务印书馆，1986，第762页。

集中和土地经营分散的基础上。人地矛盾和土地占有的不均，使得小农耕种的土地长期处于短缺状态。家庭人口的增长和日常基本支出的刚性需求，以及地租市场的波动，迫使广大小农家庭主要采取下列应对方法。

一是加大单位面积的劳动投入，以增加粮食总产量，在这一过程中，单个家庭劳动力的日工作报酬不是其考虑的因素，只要扣除生产成本、生产工具等必要支出后，粮食所得仍有结余，他们仍然会选择继续投入劳动力。就这一层面而言，满足生存的需求大于追求利润的动机。

二是一些在生态、交通、市场等因素都占据优势的地区，小农群体会部分放弃粮食种植，转而选择种植获利较大、面向市场的经济作物，但是因为土地占有不足，单一经济作物的种植必然会排挤粮食种植用地，对大多数从事经济作物种植的小农来说，粮食等其他生活必需品往往仰给于市场。经济作物的收成如何，强烈依赖于市场价格、环境等非人为因素，风险较大，尽管不乏从中获利的小农由此上升为富农，但是一旦经营失利，其对小农生计的破坏性往往大于单纯的粮食种植，因为相对于粮食种植而言，经济作物种植需要更大的投入。

三是占地不足的小农为了维持家庭支出、应付土地租金，选择外出务工以补贴家用，但是农业劳动力的季节性需求波动使得小农外出务工收入有限，单纯依靠少量的土地耕种，以及单纯从事佣工、手工等副业都难以有效维持生计。正如朱熹所说："民间虽复尽力耕种，所收之利，或不足以了纳税赋，须至别作营求，乃可陪贴输官。是以人无固志，生无定业，不肯尽力农桑。"① 也就是说，小农单纯依靠粮食种植，或单纯依靠副业都难以生存，这就使得农业和手工业等家庭副业的结合越来越强。

综上所述，契约租佃制下的土地市场，增加了乡村社会的粮食总量，丰富了农村市场的商品和劳动力供给，促进了乡村小农的阶层分化，也改变了小农家庭原有的经济结构和经营模式。

三　从客户区域分布看农村劳动力市场的区域特点

宋代农村劳动力市场主要表现形式为乡村下户和客户以佣工为辅助性收入来补贴家用。宋人张守说："二十千之家，必庸、贩以自资，然后能糊口。"② 即指乡村下户家业微薄，须资庸、贩以补充生计。陈淳也指出福建漳州一带"客户则全无立锥，惟借佣雇，朝夕奔波，不能营三餐之饱，有镇日只一饭，或达暮不粒食者"③，这同样是在描写乡村客户外出佣力以糊口的情形。也有一些乡村小农由于自然灾害或战争等不可抗拒因素而被迫流落他乡，成为"流庸"。神宗熙宁三年（1070），司马光上奏言："今夏大旱，禾苗枯瘁。河渭以北，绝无所收。独南山之下稍有所存，而入秋霖雨经月不霁，禾虽有穗，往往无实，虽有实，往往无米，虽有米，率皆细黑。……（这些饥民）就食西京、襄、邓、商、

---

① （宋）朱熹：《朱熹集》卷11《庚子应诏封事》，郭齐、尹波点校，四川教育出版社，1996，第451页。

② （明）黄淮、杨士奇编《历代名臣奏议》卷107《仁民》，上海古籍出版社，1989，第1445页。

③ （宋）陈淳：《北溪先生大全集》卷44《上庄大卿论鬻盐》，载四川大学古籍所编《宋集珍本丛刊》（第70册），线装书局，2004，第257页。

虢等州，或佣赁客作，或烧炭采薪，或乞丐剽窃，以度朝夕。"①
可见，宋代乡村社会中广大佃户、客户通过出卖劳动力补贴家用
的情形十分普遍。如同王柏所言："今之农与古之农异。秋成之
时，百逋丛身，解偿之余，储积无几，往往负贩佣工以谋朝夕之
赢者，比比皆是也。"②

宋代农村劳动力市场虽有普遍发展，但不同的区域发展程度
及其成因存在显著区别。以北宋为例，梁太济先生根据《元丰九
域志》所载元丰初年全国二十三路各府州军监主客户数据，全国
客户占总户数的比重约为 34.2%，然后对各路的客户占总户数的
比重也进行了计算，其中客户占总户数的百分比低于全国平均比
例 5 个百分点及以上的路如表 2 - 1 所示。

表 2 - 1　客户占总户数的百分比低于全国平均比例
5 个百分点及以上的路

单位：户，%

路分	主户数	客户数	总户数	客户占总户数的百分比
江南东路	926225	201086	1127311	17.8
河东路	465408	110790	576198	19.2
两浙路	1418682	360271	1778953	20.3
广南西路	195144	63238	258382	24.5
永兴军路	626412	219633	846045	26.0

---

① （宋）李焘：《续资治通鉴长编》卷 218，熙宁三年十二月癸未，中华书局，2004，第
5312 页。

② （宋）王柏：《鲁斋集》卷 7《社仓利害书》，载中华书局编《丛书集成初编》，中华
书局，1985，第 126 页。

路分	主户数	客户数	总户数	客户占总户数的百分比
河北西路	417858	146904	564762	26.0
成都府路	620523	243880	864403	28.2
河北东路	473818	194079	667897	29.1

资料来源：梁太济：《两宋的租佃形式》，载邓广铭、漆侠主编《中日宋史研讨会中方论文选编》，河北大学出版社，1991，第33页。

客户占总户数的百分比高于全国平均比例 10 个百分点及以上的路见表 2-2。

表 2-2　客户占总户数的百分比高于全国平均比例
10 个百分点及以上的路

单位：户，%

路分	主户数	客户数	总户数	客户占总户数的百分比
夔州路	75453	178908	254361	70.3
荆湖北路	280000	377533	657533	57.4
京西南路	147871	166709	314580	53.0
梓州路	248481	229690	478171	48.0
荆湖南路	475677	395537	871214	45.4
京西北路	331904	270156	602060	44.9
福建路	580136	463703	1043839	44.4

资料来源：梁太济：《两宋的租佃形式》，载邓广铭、漆侠主编《中日宋史研讨会中方论文选编》，河北大学出版社，1991，第34页。

通过表 2-1 和表 2-2 数据可以看出，客户占全国总户数比低于全国平均比例 5 个百分点及以上的 8 个路中，除河东路、广南西路外，其他六路都是经济发达地区；而客户占比高于全国平均比例 10 个百分点及以上的 7 个路中，几乎全部都是经济比较落后的欠发达地区。梁太济运用租佃制的两种形式，即分种和租种来解释这一现象，指出在分种形式下，挺身应募的大多是一些"室庐之备，耕稼之资，刍粮之费，百无一有"① 的客户，在租种形式下，不是将客户招募进来耕种，而是将土地租赁出去耕种，租种者主要是第五等税户。因此，盛行分种的经济待开发地区客户比例高，盛行租种的经济发达地区客户比例反而低。②

笔者以为，客户区域分布比例的不同，似乎也可以用来说明农村劳动力市场发展的区域差异。以表 2 - 1 中所列的客户占全国总户数比低于全国平均比例 5 个百分点及以上的路来看，这些地区的共性问题是人多地少的矛盾突出，尤其是成都府路和两浙路。为了克服这一矛盾，小农家庭除了向农业投入更多的劳动力以外，还会选择一些劳动密集型的家庭副业，如植桑、养蚕、缫丝等，从而更加充分地利用儿童、老人等家庭剩余劳动力。陆游在《屡雪二麦可望喜而作歌》一诗中便说："腰镰丁壮倾闾里，拾穗儿童动千百。……大妇下机废晨织，小姑佐庖忘晚妆。"③ 可见，壮年男子、妇女、儿童等都参与到了生产劳作中。这些小农家庭，往往不会轻易出卖掉手中仅有的土地，一方面，家庭副业的发展能够满足一部分家庭生计所需，使得他们不至于轻易典卖作为基本

---

① （宋）李焘：《续资治通鉴长编》卷 397，元祐二年三月辛巳，中华书局，2004，第 9682 页。

② 梁太济：《两宋的租佃形式》，载邓广铭、漆侠主编《中日宋史研讨会中方论文选编》，河北大学出版社，1991，第 38、40、42 页。

③ （宋）陆游：《陆游全集校注 3·剑南诗稿校注 3》卷 19《屡雪二麦可望喜而作歌》，钱仲联校注，浙江教育出版社，2011，第 276~277 页。

生产资料的土地，另一方面，单靠家庭副业仍不足以有效维持家庭生计，还需要以土地上的农业收入为补充。也就是说，商品经济的发展，在一定程度上巩固了农业和家庭手工业相结合的小农经济，这是因为小农生产的家庭化使得部分存在于市场范围之外的农业劳动力得到了充分利用，如儿童、妇女、老人等，这些劳动力大多不具有市场就业的"机会成本"。相反，依赖于雇佣劳动力从事的农业经营，所雇劳动力费用是以市场供求关系下作为商品的劳动力价格支付的，在扣除雇工工资成本之后，这些农副产品远没有利用家庭剩余劳动力生产的农副产品更具市场竞争力，这势必会抑制经济发达地区农村劳动力市场的发展。与此同时，更为现实的问题是经济发达地区的集约化农业经营，客观上对家庭劳动力的投入提出了更高要求。绍兴元年（1131）九月十二日，臣僚言："田家夏耘秋收，人各自力，不给则多方召雇，鲜有应者。"① 可见，农忙时节，由于劳动力紧缺，一些田主甚至需要仰赖于雇佣劳动力，却因为"人各自力"而很难有人应雇。

商品经济欠发达的地区，就土地总量而言，大多不存在人均土地占有不足的问题，例如荆襄地区，荒闲田土多为膏腴。苏轼就指出："天下之民，常偏聚而不均。吴蜀有可耕之人，而无其地；荆襄有可耕之地，而无其人。"② 绍兴二十六年（1156）六月十五日，吏部、户部言："荆湖北路见有荒闲田甚多，亦皆膏腴，

---

① （清）徐松辑《宋会要辑稿·食货六五·免役二》，刘琳等校点，上海古籍出版社，2014，第 7842 页。
② （宋）苏轼：《苏轼文集》卷九《御试制科策一道》，孔凡礼点校，中华书局，1986，第 293 页。

佃耕者绝少。……仍令四川制置司行下逐路转运司晓谕，如愿往湖北请佃开垦官田人户，亦仰即时给据，津发前去。"① 官田如此，民田当也存在类似的情况。

荒闲田土的大量存在，使得占有土地的成本远远低于占有劳动力的支出，因此，豪商富户便开始广占田土，造成了事实上人均占有土地的严重不均。庆元四年（1198）八月二十九日，臣僚言："二广之地广袤数千里，良田多为豪猾之所冒占，力不能种。湖北路平原沃壤十居六七，占者不耕，耕者复相攘夺，故农民多散于末作。"② 可见在荆湖北路和两广地区，豪猾兼并之徒往往占有大量土地，小农由于财力不足，实际占有的土地往往有限，因而"多散于末作"，或佣耕于他人。熙宁三年（1070）三月四日，制置三司条例司言："西川四路，乡村民多大姓，一姓所有客户，动是三五百家，自来衣食贷借，仰以为生。"③ 熙宁九年（1076）五月十五日，夔州安抚司勾当公事程之元言："本州自来多兼并之家，至有数百客户者。"④ 可见无地客户大多庸耕于田主等兼并之家。

因自然环境的影响，经济欠发达地区的农业复种率也较低，劳动密集型农业的发展更是远远落后于两浙等商品经济发达地

---

① （清）徐松辑《宋会要辑稿·食货六》，刘琳等校点，上海古籍出版社，2014，第6094页。
② （清）徐松辑《宋会要辑稿·食货六》，刘琳等校点，上海古籍出版社，2014，第6102页。
③ （清）徐松辑《宋会要辑稿·食货四·青苗上》，刘琳等校点，上海古籍出版社，2014，第6054页。
④ （清）徐松辑《宋会要辑稿·食货六五·免役二》，刘琳等校点，上海古籍出版社，2014，第7842页。

区。朱熹曾亲历潭州地区，称："只有早稻，收成之后，农家便自无事……在田亦少施工。"① 张淏在《云谷杂记》中说："沅湘间多山，农家惟种粟，且多在冈阜。每欲播种时，则先伐其林木，纵火焚之。"② 这些地区粗犷的粮食种植方式对家庭劳动力的利用率较低，这就使得依靠土地收成来缓解家庭人口压力的作用十分有限，因而不得不依靠副业或出卖劳动力来补贴家用。绍兴三年（1133）一月，岳州知州范寅上奏说："本州农民，自来兼作商旅，大平（半）在外。"③ 广西粮食，"田家自给之外，余悉粜去，曾无久远之积。富商以下价籴之，而舳舻衔尾，运之番禺，以罔市利。名曰谷贱，其实无积贮尔"④。"广南可耕之地少，民多种柑橘以图利。常患小虫损食其实，惟树多蚁则虫不能生，故园户之家，买蚁于人，遂有收蚁而贩者。"⑤ 总的来说，商品经济欠发达地区的小农因土地占有不足、客户比例较高及自然环境等因素的限制，农业经营方式较为单一，家庭人口劳动力利用率较低，在这些因素的综合作用之下，作为商品的雇佣劳动力大量存在。

---

① （宋）朱熹：《朱熹集》卷100《约束榜》，郭齐、尹波点校，四川教育出版社，1996，第5121页。

② （宋）张淏：《云谷杂记》卷4，载上海师范大学古籍整理研究所编《全宋笔记·第七编》（第1册），大象出版社，2015，第75页。

③ （清）徐松辑《宋会要辑稿·食货六九·逃移》，刘琳等校点，上海古籍出版社，2014，第8073页。

④ （宋）周去非：《岭外代答》卷4《常平》，载上海师范大学古籍整理研究所编《全宋笔记·第六编》（第3册），大象出版社，2013，第138页。

⑤ （宋）庄绰：《鸡肋编》，载上海师范大学古籍整理研究所编《全宋笔记·第四编》（第7册），大象出版社，2008，第103页。

第二节　两宋契约租佃制与农村市场的互动关系

宋代是契约租佃制快速发展的重要时期，为此，学者们对其进行了大量研究，主要集中在契约租佃制的类型及发展、地租形态、产品分配、租佃方式、佃农身份地位，以及官田包佃等方面，就现有研究①来说，不可谓不深入细致。但总体来看，大多仍局限

---

① 参见张邦炜《北宋租佃关系的发展及其影响》[《西北师大学报》（社会科学版）1980年第3期]、田泽滨《宋代的租佃关系》（载《中国古代经济史论丛》，黑龙江人民出版社，1983）对宋代租佃关系发展进行了论述。李元圃《宋代封建租佃制的几种形式》（载邓广铭等主编《宋史研究论文集》，上海古籍出版社，1982）、葛金芳《对宋代超经济强制变动趋势的经济考察》（《江汉论坛》1983年第1期）、秦晖《古典租佃制初探——汉代与罗马租佃制度比较研究》（《中国经济史研究》1992年第4期）、葛金芳《中华土地赋役志》第四章（上海人民出版社，1998）对宋代租佃制的类型以及定义进行了探讨。同时，就佃农的身份地位而言，总体认为宋代租佃关系下佃户的人身依附关系日渐松弛。就地租形态而言，漆侠《求实集》（天津人民出版社，1982），汪圣铎《宋代货币地租分析》（载《北京史苑》，北京出版社，1983），包伟民《论宋代折钱租与钱租的性质》（《历史研究》1988年第1期），杨际平《宋代民田出租的地租形态研究》（《中国经济史研究》1992年第1期），高聪明、何玉兴《论宋代的货币地租——与包伟民商榷》（《历史研究》1992年第5期）分别就宋代租佃关系中有无货币地租，以及货币地租的发展状况进行了论辩。就宋代租佃关系的产品分配方式而言，胡如雷《中国封建社会形态研究》（生活·读书·新知三联书店，1979）、余也非《宋元私田地租制度》[《四川大学学报》（哲学社会科学版）1981年第3期]、杨际平《试论宋代官田的地租形态》（《中国经济史研究》1990年第3期）、梁太济《两宋的租佃形式》（载《中日宋史研讨会中方论文选编》，河北大学出版社，1991）分别就分成租、定额租，或合种与出租两种类型的产品分配方式，以及区域特点进行了论述。杨康荪《宋代官田包佃述论》（《历史研究》1985年第5期）、葛金芳《宋代官田包佃特征辩证》（《史学月刊》1988年第5期）、《宋代官田包佃成因简析》（《中州学刊》1988年第3期）、《宋代官田包佃性质探微》（《学术月刊》1988年第9期）对宋代官田的包佃主、历史作用、成因，以及二地主现象等进行了探讨。总的来说，上述研究虽较系统地论述了宋代契约租佃制经济，但大多拘泥于制度本身，契约租佃制对乡村社会的影响，如乡村社会的流动分化、农村市场的发展等与契约租佃制间的关系仍有进一步拓展的空间。

于对制度本身的研究，就契约租佃制与乡村社会各事项间关系的研究稍显不足。契约租佃在本质上是市场博弈后达成的一种经济关系，广泛存在于土地典卖、商品交易等领域。就宋代乡村社会而言，土地市场中契约租佃关系的发展是促使乡村社会多个方面发生变化的重要因素。

一　宋代契约租佃制与农村市场的基本情况

契约租佃制作为中国地主制经济中的基本经济关系，在宋代社会占据着重要地位，它的形成与发展与土地制度的变化密切相关。中唐以来，均田制逐步瓦解，"兼并者不复追正，贫弱者不复田业"[①]。宋初，伴随着"田制不立""不抑兼并"，"地主阶级大土地私有制确立了自身的优势和合法地位"[②]，兼并之门大开，土地作为商品，开始在私家地主间自由流通，从而为契约租佃制的确立提供了地权基础。两税法以"人无丁中，以贫富为差"为制税原则，承认了贫富不均的广泛存在，这标志着以物力财产税为主的赋税制度逐步取代了以人头税为主的赋税制度。由此，"资产少者则其税少，资产多者则其税多"[③] 的征税原则从制度层面上缓和了国家赋税需求与土地占有不均的矛盾，进一步肯定了土地自由流通的合法行为。这时，作为商品的土地获得了进入流通领域的合法化资格，和所有其他商品一样，土地在供求和价值规律方面的作用，开始

---

① （元）马端临：《文献通考》卷3《田赋考三》，中华书局，2011，第58页。
② 葛金芳：《中国封建租佃经济主导地位的确立前提——兼论唐宋之际地权关系和阶级构成的变化》，《中国社会经济史研究》1986年第3期。
③ （唐）陆贽：《翰苑集》卷22《均节赋税恤百姓第一条》，景印文渊阁《四库全书》（第1072册），台湾商务印书馆，1986，第782页。

被部分富有资产或善于营商的群体占有，这使得乡村社会出现了新的土地占有不均。这从宋代的户籍制度中可见一斑。宋代"乡村上三等并坊郭有物业户，乃从来兼并之家也"①，也就是说，三等以上的主户，大致被认为是较为富裕、占地较广的上户。《续资治通鉴长编》记载："至于五等版籍，万户之邑，大约三等以上户不满千……四等以下户不啻九千。"② 据此推算，上三等户只占主户的10%左右。而客户的比例，以宝元元年（1038）和元丰三年（1080）天下主客户数来看，宋代客户大致占总人数的1/3。③ 由此可见，一方面是少数占地较多的富民阶层，他们虽拥有众多土地，但必须依靠外来劳动力完成土地的耕种，另一方面是人口众多且占田常狭而不得不租种富民土地的佃农群体，这势必促成二者之间形成一个土地租佃市场。

就宋代农村市场而言，无论是深度还是广度，都在汉唐的基础上得到了进一步发展。在名称上，北方地区称其为"店"，江淮地区称其为"草市"，南方及岭南一带则多以"墟市"相称，也有以"坊场"代指墟市的，宋元之际的马端临便说："坊场即墟市也。商税、酒税皆出焉。"④ 就数量而言，毕仲衍在《中书备

---

① （清）徐松辑《宋会要辑稿·食货四·青苗上》，刘琳等校点，上海古籍出版社，2014，第6045页。

② （宋）李焘：《续资治通鉴长编》卷277，熙宁七年九月辛巳，中华书局，2004，第6788页。

③ 加藤繁考证，宝元元年（1038）主户有6470995户，客户有3708994户，客户大约占主客总户数的36.4%，元丰三年（1080）天下四京十八路主户共有10109542户，客户有4743144户，客户占总户数比例为31.9%。[〔日〕加藤繁：《中国经济史考证》（第2卷），吴杰译，商务印书馆，1963，第279~280页]。

④ （元）马端临：《文献通考》卷19《征榷考六》，中华书局，2011，第545页。

对》中记载熙宁九年（1076）全国坊场数为 27607 处，《宋会要辑稿》记载熙宁十年（1077）县以下以镇、寨、场、务、堡、铺、渡、口、岸、墟、库、巷、林、冶、市、桥、河锁、步、店、岭、山、寺、村、关、曲、团、庄、驿等命名的地方，仅进行收税的便有 1013 处，而收税额在 1000 贯以下的乡村集市占总数的 2/3 以上。[1] 由此可以大致窥见农村市场在宋代得到了迅速发展。农村市场售卖的商品种类，几乎涵盖了小农日常生活所需的各项生产生活用品。宋人道潜在描述归宗墟开市情景的诗中云："朝日未出海……农夫争道来，聒聒更笑喧。数辰竟一虚，邸店如云屯。或携布与楮，或驱鸡与犽。纵横箕帚材，琐细难具论。"[2] 魏了翁指出，两浙西路的秀州农村，农民"携米或一斗，或五七三四升，至其肆，易香烛、纸马、油盐、酱醯、浆粉……皆以米准之"[3]。小农家庭"布缕菽粟，鸡豚狗彘，百物皆售"[4]，一遇春冬农闲季节，他们则"为工、为匠、为刀镊、为负贩"[5]，甚至将自身和技艺作为商品投入市场。可见，农村市场已经嵌入小农日常生活之中，构成了乡村社会经济结构中不可或缺的一部分。

总的来说，作为一种生产关系和经济关系，契约租佃制既内

---

[1] 参见周宝珠《试论草市在宋代城市经济发展中的作用》，《史学月刊》1998 年第 2 期。

[2] （宋）道潜：《参寥子诗集》卷 1《归宗道中》，孙海燕点校，上海古籍出版社，2017，第 13 页。

[3] （宋）魏了翁：《古今考》卷 18《附论班固计井田百亩岁入岁出》，景印文渊阁《四库全书》（第 853 册），台湾商务印书馆，1986，第 368 页。

[4] （宋）苏辙：《栾城后集》卷 15《民赋叙》，曾枣庄、马德富校点，上海古籍出版社，2009，第 1333 页。

[5] （宋）戴栩：《浣川集》卷 4《论抄札人字地字格式札子》，景印文渊阁《四库全书》（第 1176 册），台湾商务印书馆，1986，第 716 页。

生于农村市场，反过来也对农村市场的发展产生了重要影响。

二 契约租佃制下农业经营活动对农村市场的影响

契约租佃制下，田主和佃户各自以土地、资本和劳动力优势参与农业生产，改变了均田制下一家一户小农独立经营、自备生产工具的生产方式。田主经由市场购买占有了大量土地，单一的地租收入无法满足自身的多样化需求，这一矛盾的解决需要通过市场完成。与此同时，契约租佃关系主导下的土地市场中土地兼并日趋严重，形成了大量少地的五等下户和无地客户，虽然他们中的一部分通过市场的竞争性手段获得了田主土地的租佃权，但土地租佃的稳定性仍然受市场价格变动的影响，他们中的另一部分则作为剩余劳动力，开始向小商、小贩和雇工转化，丰富了农村市场的从业结构和劳动力供给。

（一）契约租佃制促进了农村市场的粮食供给

中唐以前的均田制下，土地私有产权受到诸多限制，国家干预较强，土地大多作为一种政治要素，按等级授受给国家的编户齐民。这种等级授田制极大限制了土地的自由流通，并且与商品经济的发展背道而驰。唐中后期至宋初，商品经济逐步发展，旧有的世家大族逐渐衰落，均田制日渐崩溃，整个社会的流动性加速，"三代之法，贵者始富，言富则知贵，所谓禄以驭其富也"的先王之道受到严重冲击，取而代之的是"贫富贵贱，离而为四"[1]。

---

① （宋）黄震：《黄氏日抄》卷5《洪范》，载张伟、何忠礼编《黄震全集》，浙江大学出版社，2013，第100页。

一大批新的庶民地主通过经营土地、手工业以及商业逐步发展壮大，成为乡村社会中的新兴力量。他们拥有财富，在宋初以来允许土地自由流动和买卖的政策导向下，占有了大量土地。对此，马端临指出："田即为庶人所擅，然亦惟富者贵者可得之，富者有资可以买田，贵者有力可以占田。"① 也就是说，富民②可以通过财富换取大量土地。

富民占有大量土地的目的，自然是想要通过土地来增加财富。这需要加大对土地的投入，包括资本注入、劳动力雇佣等。这些投入对于均田制下的贫困小农来说，显然是难以完成的，而具有财富的富民却能给租种他们土地的小农提供部分生产生活资料。一些挺身应募的客户，"室庐之备，耕稼之资，匀粮之费，百无一有"③，完全仰仗富民为之提供。可见，经由富民，土地、资本和劳动力在契约租佃关系下能够得到优化配置，对此，苏轼曾在举例对比了富人之稼和小农之田后感叹道：

> 曷尝观于富人之稼乎？其田美而多，其食足而有余。其田美而多，则可以更休，而地力得完；其食足而有余，则种

---

① （元）马端临：《文献通考》卷2《田赋考二·历代田赋之制》，中华书局，2011，第49页。

② 林文勋教授认为"富民"主要是以农业致富的群体，但也包括了以工商业和其他途径致富的人。宋代实行"五等户制"，按照户等的划分，"富民"主要是乡村中的上三等户。作为富民，占有财富和拥有良好的文化教育是其显著的社会特征。参见林文勋《中国古代"富民社会"的理论体系》，载林文勋、黄纯艳编《中国经济史研究的理论与方法》，中国社会科学出版社，2017，第253～254页。

③ （宋）李焘：《续资治通鉴长编》卷397，元祐二年三月辛巳，中华书局，2004，第9682页。

之常不后时，而敛之常及其熟。故富人之稼常美，少秕而多实，久藏而不腐。今吾十口之家，而共百亩之田，寸寸而取之，日夜以望之，锄耰铚艾，相寻于其上者如鱼鳞，而地力竭矣；种之常不及时，而敛之常不待其熟，此岂能复有美稼哉？[①]

在中国传统社会，农业投入的多少直接决定了土地产量的多寡，富人所种的庄稼之所以比小农"少秕而多实，久藏而不腐"，原因就在于他们占有财富，能够采取休耕等精细化的经营方式来保全地力，提高产量。除此之外，富民还通过土地改良、加大农田水利设施投入等使一些不可耕地变为可耕地，低产田变为高产田。通过诸如此类措施，富民获得了大量地租。对此，魏了翁言："后世田得买卖，富者数万石之租，小者万石、五千石，大者十万石、二十万石。"[②] 如此数额的地租，除被富民用于自身消费和缴纳赋税外，剩余的部分必然会流向农村市场，因为"富人之多粟者，非能独炊而自食之，其势必粜而取钱以给家之用"[③]。富民要解决粮食地租的单一性与其自身需求的多样性间的矛盾，必须将大量的地租以商品粮的形式投放到农村市场上以换取货币或其他生活所需之物。

---

① （宋）苏轼：《苏轼文集》卷 10《稼说》，孔凡礼点校，中华书局，1986，第 339～340 页。

② （宋）魏了翁：《古今考》卷 18《附论班固计井田百亩岁出岁入》，景印文渊阁《四库全书》（第 853 册），台湾商务印书馆，1986，第 368 页。

③ （宋）朱熹：《朱熹集》卷 25《与建宁傅守札子》，郭齐、尹波点校，四川教育出版社，1996，第 1064 页。

契约租佃制下富民兼并大量土地后，必然产生数量众多的无地客户，他们与占田常狭的五等下户共同构成了一支强大的开荒垦田生力军。他们或是在竞争性租佃市场中失利，或是在趋利和求富心理的引导下，占佃荒闲田土，扩大土地耕种面积，进而也从总体上增加了农村市场的粮食供给。

（二）契约租佃制丰富和改变了农村市场的劳动力供给和从业结构

契约租佃制下土地和劳动力都以生产要素的形式参与农业生产，这要求土地和劳动力必须处于动态的有机配置中。原本均田制下政治意味浓厚的土地，在宋初允许土地自由流动的政策下，开始作为商品广泛活跃于农村市场中，"有钱则买，无钱则卖"[①]，"千年田换八百主"[②] 的现象开始普遍出现。土地流动的加速使得单个富民难以长期维持稳定的土地占有权，但是，就整个富民阶层而言，这无疑加剧了土地兼并，使得"富者（有）弥望之田，贫者无卓锥之地，有力者无田可种，有田者无力可耕"[③] 的问题日渐突出。广大失去土地的佃农由此不得不通过契约租佃的形式租种富民的土地，如宋神宗时期的夔州路"自来多兼并之家，至有数百客户者"[④]，但是人多地少的矛盾仍然会导致大量无地或少地

---

① （宋）袁采：《袁氏世范》卷3《富家置产当存仁心》，天津古籍出版社，2016，第171页。

② （宋）辛弃疾著，邓广铭笺注《稼轩词编年笺注》卷3《最高楼》，上海古籍出版社，1993，第331页。

③ （宋）李焘：《续资治通鉴长编》卷27，雍熙三年秋七月甲午，中华书局，2004，第621页。

④ （清）徐松辑《宋会要辑稿·兵二·乡兵》，刘琳等校点，上海古籍出版社，2014，第8628页。

的小农脱离农业生产，走向市场，他们在增加农村市场劳动力供给的同时，也使得农村市场的从业结构趋于多元化。

脱离农业生产的小农群体，大多是在竞争性租佃市场中失利的贫乏下户，"客户之智非能营求也，能输气力为主户耕凿而已，其一日不任事，其腹必空"①，生产资本的缺乏使得部分客户难以维持和富民间稳定的租佃关系。对此，真德秀也指出："乡曲强梗之徒，初欲揽佃他人田土，遂诣主家，约多偿租稻，（主）家既如其言，逐去旧客。"② 意思是在竞争性的租佃市场中，富民面对出价较高的划佃者，会淘汰之前的契约佃户，而实际上，"往往形势之家互相划佃"。③ 因此，庆元四年（1198）有臣僚言："湖北路平原沃壤十居六七，占者不耕，耕者复相攘夺，故农民多散于末作。"④ 显然，契约租佃制所造成的土地兼并使得一些失去土地的小农不得不脱离农业生产，依靠经营工商业为生。其他一些境况稍好的小农，虽占有少量土地，但仍难以维持家庭生计，不得不借助他业。陆九渊在论述金鸡农民时便指出："今时农民率多困穷，农业利薄，其来久矣，当其隙时，借他业以相补助者，殆不止此。"⑤高弁甚至直言："耕织之民，以力不足，或入于工商、髡褐卒夫，

① （宋）吕南公：《灌园集》卷14《与张户曹论处置保甲书》，景印文渊阁《四库全书》（第1123册），台湾商务印书馆，1986，第140页。
② （宋）真德秀：《西山先生真文忠公文集》卷8《申户部定断池州人户争沙田事状》，载四川大学古籍所编《宋集珍本丛刊》（第75册），线装书局，2004，第744页。
③ （清）徐松辑《宋会要辑稿·食货五·官田杂录》，刘琳等校点，上海古籍出版社，2014，第6074页。
④ （清）徐松辑《宋会要辑稿·食货六·垦田杂录》，刘琳等校点，上海古籍出版社，2014，第6102页。
⑤ （宋）陆九渊：《陆九渊集》卷10《与张元鼎》，钟哲点校，中华书局，1980，第132页。

天下无数，皆农所为也，而未之禁。"① 直接道出了贫弱小农兼业
以补贴家用的普遍性。

除了上述在竞争性租佃市场中失利，被迫兼营他业的小农外，
还有部分小农主动放弃农业生产，转而种植经济作物，从事手工
业生产。以福建地区的乡村小农为例，福建兴化军"园池胜处，
唯种荔枝"，"故商人贩益广，而乡人种益多。一岁之出，不知几
千万亿"②。福建地区的荔枝品质当属优等，因此才有"今天下荔
枝，当以闽中为第一"③ 的美誉，甚至南宋都城临安，都有来自福
建的荔枝贩卖。《繁胜录》记载："福州新荔枝到，进上御前，送
朝贵，遍卖街市。生红为上，或是铁色，或海船来，或步担到。
直卖至八月，与新木弹相接。"④ 足以窥见福建荔枝种植范围的广
泛和品种的多样。此外，福建地区的造纸业也蜚声海内外，叶梦得
曾言："今天下印书，以杭州为上，蜀本次之，福建最下。京师比
岁印板，殆不减杭州，但纸不佳。蜀与福建多以柔木刻之，取其易
成而速售，故不能工。福建本几遍天下，正以其易成故也。"⑤ 显
然，福建本相对于杭本和蜀本而言，虽质量低下，但生产以面向市
场、规模生产为出发点，因此才有"福建本几遍天下"之言。

---

① （宋）高弁：《望岁》，载黄灵庚等编《吕祖谦全集》（第14册），浙江古籍出版社，
2008，第436页。
② （宋）蔡襄：《荔枝谱·第三》，载中华书局编《丛书集成初编》，中华书局，1985，
第2页。
③ （宋）范成大：《吴船录》，载上海师范大学古籍整理研究所编《全宋笔记·第五编》
（第7册），大象出版社，2012，第73页。
④ （宋）西湖老人：《繁胜录》，载上海师范大学古籍整理研究所编《全宋笔记·第八
编》（第5册），大象出版社，2017，第321页。
⑤ （宋）叶梦得：《石林燕语》，载上海师范大学古籍整理研究所编《全宋笔记·第二
编》（第10册），大象出版社，2006，第115页。

福建地区经济作物种植和手工业生产之所以会如此发达，充足的粮食供给是其前提和基础。由于该地人多地少的矛盾十分突出，契约租佃制下精耕细作的经营方式得到了大力推广，宋人王炎感慨道："江浙闽中能耕之人多，可耕之地狭，率皆竭力于农，每亩所收者，大率倍于湖右之田……兼其人既勤于本业，必蚕必织，故所输虽多，而民力可办，是未可以一律齐也。"[①] 他将江浙闽一带与湖右之地进行对比，指出江浙闽地区虽然较湖右税赋繁重，却仍然可以按时完纳的原因正在于该地竭力于农，采用精耕细作的经营方式，提高单位面积产量。

从区域间的贸易来看，契约租佃制下土地、资本、劳动力的优化配置，可以提高稻米产区单位面积耕地的产量，使得这些余粮较多的粮食输出地能够为从事各种经济作物种植和手工业生产的缺粮区提供一定的粮食供应保障。就南宋而言，全汉昇指出："宋代长江上游的四川、中部的湖南与江西以及下游的三角洲，都是稻米的重要产区，除供当地人口食用外，还有剩余作输出之用。湖北与两淮，因地接金国，米产甚少，须输入上述各地的米。"[②] 这些粮食输出地中，除了湖南由于地广人稀、土地肥沃，成为粮食输出地外，其他诸如长江三角洲、四川等地，都是地狭人稠、粮食消费量较大的地区，除自身占据土地肥沃、交通便利等优越的自然条件外，契约租佃制的农业生产方式也是它们成为粮食输出地的重要因素。以太湖平原为例，"千夫之乡，耕人之田者九百

---

① （宋）王炎：《双溪文集》卷11《上林鄂州书》，载四川大学古籍所编《宋集珍本丛刊》（第63册），线装书局，2004，第151页。
② 全汉昇：《中国经济史论丛》，中华书局，2012，第334页。

夫。梨牛、稼器，无所不赁于人。匹夫匹妇男女耦耕，力不百亩，以乐岁之收五之，田者取其二，牛者取其一，稼器者取其一，而仅食其一"①，这便是对该地契约租佃制的典型描述。前文所论述的福建地区，除了采用精耕细作的经营方式来提高单位面积产量以外，跨区域的粮食输入在很大程度上也保证了从事经济作物种植和手工业生产者的粮食需求。福建路山多田少，农民"多费良田，以种瓜植蔗"②。因为"本路（福建路）地狭人稠，虽上熟之年，犹仰客舟兴贩二广及浙西米前来出粜"③，种植经济作物的福建地区，主要依靠浙西、两广地区的粮食输入来保证其基本生活需求。

三 农村市场的发展对契约租佃制的影响

宋初以来，在商品经济发展的推动下，市场关系迅速向农村扩展，草市、墟市、镇市等农村市场开始在全国普遍兴起。"今夫十家之聚，必有米盐之市"④ 的描述，就是最为典型的例证。这是商品经济在深度和广度上得到发展的重要标志，它表明广大农户的日常生产生活与市场联系日益紧密。契约租佃制作为乡村社会中占主导地位的生产关系，也受到了农村市场的影响。农村市场中的购买力和需求为契约租佃制下农业的商品化生产提供了可能。

---

① （宋）陈舜俞：《都官集》卷 2《策·厚生一》，载四川大学古籍所编《宋集珍本丛刊》（第 13 册），线装书局，2004，第 59 页。

② （宋）韩元吉：《南涧甲乙稿》卷 18《建宁府劝农文》，载中华书局编《丛书集成初编》，中华书局，1985，第 359 页。

③ （明）黄淮、杨士奇编《历代名臣奏议》卷 247《荒政》，上海古籍出版社，1989，第 3243 页。

④ （宋）刘宰：《漫塘文集》卷 23《丁桥太霄观记》，载四川大学古籍所编《宋集珍本丛刊》（第 72 册），线装书局，2004，第 393 页。

农村市场为广大无地少地的佃户提供了脱离土地得以生存的机会，使得契约租佃市场的竞争性在一定程度上作用于主佃双方，从而扩大了契约租佃制的弹性空间。农村市场的发展，也促进了契约租佃制下货币地租的发展。

（一）农村市场推动了契约租佃制下农业的商品化生产

宋代农村市场的发展壮大，一定程度上归功于新型城乡关系的影响，"城郭、乡村之民交相生养，城郭财有余则百货有所售，乡村力有余则百货无所乏"①。城市坊郭户通过自身财富的占有消费农村的各种商品，而农村通过向城市供给各种商品获取财富，以此，双方求得各自的生存和发展。换言之，这意味着城市消费的扩大对农村市场提出了更高的商品供给要求。宋代的城市消费，"与前代有一个最大的差别就在于个人消费的行为有很多是在经由市场这一重要环节之后才最终完成的"②，这种消费趋势的转变，涉及个人衣食住行的众多方面。以大米为例，临安府"细民所食，每日城内外不下一二千余石，皆需之铺家"③，"铺户所以贩籴者，本为利也。彼本浮民，初非家自有米，米所从来盖富家实主其价，而铺户听命焉"④，城市中铺户所卖之米是从田连阡陌的富家转购而来，因此"实主其价"的是富家，而非铺户。

---

① （宋）李焘：《续资治通鉴长编》卷394，元祐二年正月辛巳，中华书局，2004，第9612页。

② 吴晓亮：《略论宋代城市消费》，《思想战线（云南大学人文社会科学学报）》1999年第5期。

③ （宋）吴自牧：《梦粱录》卷16《米铺》，载上海师范大学古籍整理研究所编《全宋笔记·第八编》（第5册），大象出版社，2017，第255页。

④ （宋）欧阳守道：《巽斋文集》卷4《与王吉州论郡政书》，景印文渊阁《四库全书》（1183册），台湾商务印书馆，1986，第533页。

传统生产方式下，小农经济经营分散、结构简单，生产能力有限，难以适应新型城乡关系下农村市场中不断增加的供给需求。契约租佃制作为新的生产关系，使得富民和契约佃农各自按照生产要素参与农业生产和收成分配，有利于生产资料的优化配置，这才有了前述魏了翁"富者数万石之租，小者万石、五千石，大者十万石、二十万石"的感叹。正是农村市场的购买力需求为富民将数额如此巨大的租课变为可以增值的财富创造了条件。"民庶之家，置庄田招佃客，本望租课，非行仁义"①，就充分显现了广大富民的收租求利之心。因此，农村市场中的购买力和需求为契约租佃制下农业的商品化生产提供了可能。

（二）农村市场扩大了契约租佃制下主佃间的弹性空间

农村市场是商品经济在深度和广度上向乡村社会渗透的重要标志，商品经济所具有的流动和开放特征也同样作用于农村市场。这从农村市场中活动的人群和职业分类的多样化便可窥见一斑。具体而言，长途贩运商、批发商以及小商小贩所从事的各项职业几乎涵盖了小农日常生活的方方面面。

以坐贾而言，"常州无锡县村民陈承信，本以贩豕为业"②，"饶州乐平县白石村民董白额者，以侩牛为业"③，福建建州"郡近村民有以负薪为业而无妻者"④，"董国庆……饶州德兴人……

---

① （宋）李焘：《续资治通鉴长编》卷451，元祐五年十一月乙丑，中华书局，2004，第10829页。

② （宋）洪迈：《夷坚甲志》卷7《陈承信母》，何卓点校，中华书局，1981，第56页。

③ （宋）洪迈：《夷坚甲志》卷13《董白额》，何卓点校，中华书局，1981，第112页。

④ （宋）洪迈：《夷坚甲志》卷14《漳民娶山鬼》，何卓点校，中华书局，1981，第119页。

中原陷，不得归，弃官走村落，颇与逆旅主人相往来……罄家所有，买磨驴七八头，麦数十斛，每得面，自骑驴入城鬻之，至晚负钱以归。率数日一出，如是三年，获利愈益多，有田宅矣"①，"韩洙者，洺州人，流离南来，寓家信州弋阳县大郴村。独往县东二十里，地名荆山，开酒肆及客邸"②。此外，还有游走于乡间小巷的步担行商，如"余干乡民张客，因行贩入邑，寓旅舍"③，"鄂岳之间居民张客，以步贩纱绢为业"④。一些长途贩运商甚至携家带口从事贩运贸易，如"江、淮、闽、楚间商贾，涉历远道，经月日久者，多挟妇人俱行，供炊爨薪水之役"⑤。一些批发商人，为了能迅速收购或者出手各种商品，不惜为贫乏下户提供生产资本，"抚州民陈泰，以贩布起家。每岁辄出捐本钱，贷崇仁、乐安、金溪诸织户，达于吉之属邑，各有驵主其事。至六月，自往敛索，率暮秋乃归，如是久矣"⑥，荆湖北路复州，"富商岁首以醝茗贷民，秋取民米，大艑捆载而去"⑦。由此可以看出，伴随着农村市场的发展，小农群体的生计方式逐渐由单一的粮食种植向日益多元化的方向发展。

面对农村市场对于小农群体的吸纳，广大富民在一定程度上不得不考虑如何与佃户间形成更为稳固的契约租佃关系。两宋时期，

① （宋）洪迈：《夷坚乙志》卷1《侠妇人》，何卓点校，中华书局，1981，第190页。
② （宋）洪迈：《夷坚丁志》卷7《荆山客邸》，何卓点校，中华书局，1981，第596页。
③ （宋）洪迈：《夷坚丁志》卷15《张客奇遇》，何卓点校，中华书局，1981，第666页。
④ （宋）洪迈：《夷坚志补》卷5《张客浮沤》，何卓点校，中华书局，1981，第1590页。
⑤ （宋）洪迈：《夷坚支乙》卷1《翟八姐》，何卓点校，中华书局，1981，第802页。
⑥ （宋）洪迈：《夷坚支癸》卷5《陈泰冤梦》，何卓点校，中华书局，1981，第1254页。
⑦ （宋）楼钥：《楼钥集》卷111《知复州张公墓志铭》，浙江古籍出版社，2010，第1928页。

乡村社会的财富占有者和汉唐时期的"富且贵"者之间存在本质区别。由于没有政治特权，两宋乡村社会中的富民群体在本质上仍属于"民"的范畴。如宋代苏缄言："主簿虽卑，邑官也，商虽富，部民也，邑官杖部民，有何不可？州不能诘。"[1] 这就决定了乡村财富占有者不能运用政治特权等超经济强制的手段来役使小农。因此，以契约租佃关系来联结主佃双方，便成为题中应有之义。

富民"有田而无力可耕"，贫乏下户则是"有力而无田可耕"，因此二者之间存在相互依赖关系。正如郑侠所言："贫富大小之家，皆相依倚以成。贫者依富，小者依大，所以养其贫且小；富者亦依贫以成其富，而大者亦依小以成其大。富者、大者，不过有财帛仓廪之属，小民无田宅，皆客于人，其负贩耕耘，无非出息以取本于富且大者，而后富者日富，而以其田宅之客为力。"[2] 一些"富民召客为佃户，每岁未收获间，借贷赒给无所不至，一失抚存，明年必去而之他"[3]，这说明竞争性租佃市场不仅面向广大佃户，富民之间亦存在竞争。一些缺乏佃户的地区，富民甚至公然开始争夺佃户，如南宋时扬州的安丰"主户常若（苦）无客……流移至者，争欲得之，借贷种粮，与夫室庐牛具之属，其费动百千计，例不取息"[4]。富民通过免费提供种子、牛具

---

① 《宋史》卷466《苏缄传》，中华书局，1977，第13156页。

② （宋）郑侠：《西塘集》卷1《流民》，景印文渊阁《四库全书》（第1117册），台湾商务印书馆，1986，第375页。

③ （清）徐松辑《宋会要辑稿·食货一三·免役钱》，刘琳等校点，上海古籍出版社，2014，第6255页。

④ （宋）薛季宣：《艮斋先生薛常州浪语集》卷17《奉使淮西与丞相书》，载四川大学古籍所编《宋集珍本丛刊》（第61册），线装书局，2004，第278页。

以及居室的方式来与佃户维持稳定的契约租佃关系，之所以如此，
是因为他们深知"客散而田荒，后日之失，必倍于今"①的道理。
因此，农村市场对佃农群体的吸纳，一定程度上为佃户在契约租
佃关系下争取更大的生产生活空间提供了支撑，使得富民与广大
佃农间结成的契约租佃关系更加富有弹性。

（三）农村市场促进了契约租佃制下货币地租的发展

在商品经济的催化作用下，宋代契约租佃关系日益强化，
地租形式逐渐开始由实物地租向货币地租发展，租佃者直接以
货币或者将实物折纳成货币缴纳地租的行为大量存在。早在北
宋真宗朝，就有升州百姓请佃湖田"七十六顷，纽租五百五十
余贯"②。至南宋乾道六年（1170），也有臣僚言："浙西、江东、
淮东路诸处沙田，芦场……如愿折钱，以米一斗折钱三百，小麦
每斗折钱一百五十。"③ 因此，漆侠先生指出："以货币形式交纳
地租，在宋代已不是偶然、个别的事例，它是宋代商品货币经济
发展的产物。"④

在实物地租下，租佃者直接将土地的生产物按照契约规定的
比例，以分成或定额的形式缴纳给田主。这些实物地租中，除少
部分用于富民田主自身的消费和缴纳赋税外，剩余部分必须通过

---

① （宋）苏轼：《苏轼文集》卷31《奏浙西灾伤第一状》，孔凡礼点校，中华书局，
　　1986，第883页。

② （清）徐松辑《宋会要辑稿·食货七·水利》，刘琳等校点，上海古籍出版社，2014，
　　第6117页。

③ （清）徐松辑《宋会要辑稿·食货一·农田杂录》，刘琳等校点，上海古籍出版社，
　　2014，第5977页。

④ 漆侠：《宋代经济史》，上海人民出版社，1987，第364~371页。

交换，才能换回所需的生产生活资料，但是这一物物交换的转化过程，由于照看、运输及信息收集等环节成本高昂，规模和范围都受到了较大的限制。在以货币形式缴纳地租的情况下，"对于生产者来说，在交租前，他的产品要经过市场，转化为商品，取得价格形式，对于土地所有者来说，他对地租的消费不是直接享用，而要经过市场购买。折钱与折物的差别正是在于是否通过交换，是否有一个较为发达的市场为这种交换提供条件"①。可见，市场的存在使得货币成为生产者和土地所有者各取所需的中介。

契约租佃制下富民和佃农双方不同于均田制下一家一户的小农家庭，拥有大量单一地租的富民，缺乏各类生产生活资料的佃户，一定程度上都要经过市场的交换来解决各自的需求，调和彼此的矛盾，而在交换过程中，能够衡量各自物品使用价值的商品就是货币。元丰七年（1084）五月，提举京东保甲马霍翔言："民有物力在乡村而居城郭，谓之遥佃户。"② 由于商品经济的发展，一些乡村地主开始移居城市，他们大多数兼营商业、高利贷业，其所占有的田产仍分散在乡村，这些佃客在向城居富民完纳地租时，往往采取货币的形式，而农村市场的存在为上述佃客将实物收成转化为货币，进而缴纳货币地租提供了交易平台。

---

① 高聪明、何玉兴：《论宋代的货币地租——与包伟民商榷》，《历史研究》1992 年第 5 期。
② （宋）李焘：《续资治通鉴长编》卷 345，元丰七年五月辛酉，中华书局，2004，第 8290 页。

第三章　两宋农村市场中的国家与乡村社会

商品经济的繁荣赋予了宋代乡村社会新的特征，作为商品经济在乡村社会发展中重要体现的农村市场，是国家有效推进乡村社会控制的重要场域之一。农村市场粮食贸易中国家与富民间的博弈，以及国家对农村市场既鼓励又控制的二重性，都是立足于农村市场中国家与乡村社会关系调适的一个尝试。

第一节　两宋农村粮食贸易中的官府与富民多重博弈

宋代富民阶层的崛起，引发了其与地方官府关系的诸多变化，考察二者关系的变化对于深化认识富民在宋代乡村社会的作用具有重要意义。富民与官府的关系反映在乡村社会的诸多领域，农村粮食贸易即为其中最重要的领域之一。

在宋代众多参与农村粮食贸易的经济主体中，官府和富民是对粮食市场影响最大的两个群体，二者既相互合作，又竞争对抗。官府在利用市场和行政手段压制富民在粮食贸易中追求厚利的同时，又因自身的局限，主动利用富民，并采取一些激励手段鼓励富民按官府的社会目标进行粮食买卖。这表明富民已成长为宋代国家乡村基层治理所依赖的重要力量。

一　宋代农村粮食贸易的主角：官府和富民

随着商品经济的发展、农业生产水平的提高和交通运输条件的改善，宋代乡村社会商品的种类较前代更加丰富，商品结构也发生了明显的变化。其中，生活必需品粮食占据了越来越重要的地位[①]，粮食贸易成为乡村社会商品交易的大宗。在影响农村粮食贸易的多种力量中，最主要的是官府和富民。

（一）官府：和籴粮米，广积仓储和救济平市

向民众无偿征收赋税作为国家机构运行之需，是历代王朝巩固统治的必要条件。宋王朝以二税作为赋税的重要构成，"国初二税，输钱、米而已"[②]，但两宋边境长期受少数民族政权军事威胁，战事不断，两税入库之粮难以满足兵食所需，为此官府取"和籴"之法，通过市场来购买军需之粮。北宋时期，河北并边驻军的军粮便主要依靠商人入中供应，嘉祐元年（1056）冬十月，提举籴便粮草薛向就建议"并边十一州军，岁计粟百八十万石，为钱百

---

① 全汉昇在《南宋稻米的生产与运销》（载《中国经济史论丛》，中华书局，2012）中指出，宋代长江上游的四川、中部的湖南与江西以及下游的三角洲，都是稻米的重要产区，稻米除供当地人口食用外，还有剩余作输出之用。湖北与两淮，因地接金国，米产甚少，须输入上述各地的米。斯波义信在《宋代商业史研究》（稻禾出版社，1997）中也认为宋代米经过农民本身和富农地主及商人之手大量投入市场，成了远程流通商的重要商品之一。包伟民在《宋代的粮食贸易》（《中国社会科学》1991年第2期）中也指出宋代粮食贸易的特性之一就是任何农业生产区，无例外地都会有一定的商品粮输出，不管它的输出量如何，或者其输出所影响的范围有多大。

② （清）徐松辑《宋会要辑稿·食货六四·折帛钱》，刘琳等校点，上海古籍出版社，2014，第7751页。

六十万缗，豆六十五万石，刍三百七十万围。并边租赋岁可得粟豆刍五十万，其余皆商人入中"①。元丰元年（1078）二月，河东都转运司陈安石言："年谷屡登，当广行计置，乞于河北权住籴，见钱京钞内支三十万缗市粮草，以备朝廷缓急移用。"②"（元丰元年）八月四日，诏拨提举河北籴便司钱钞十万缗，应付河北路转运司秋籴，五日，诏三司借明年解盐钞五十万缗，付陕西路都转运司市粮草，二十六日，诏赐钱二十万缗，付鄜延路经略司市粮草封桩，九月……十九日，诏三司续支末盐钱二十万缗，付河东转运司市粮草。"③ 可见，经由市场和籴粮草供应军需已成为官府普遍运用的手段。

在军粮供应方面，除了借助市场购买粮食以外，国家还利用仓储系统购置、储备粮食，以便灾荒或乏粮之际无偿分发或低价出籴给受灾民众，以保民生。以常平仓为例，淳化三年（992）六月，太宗诏："京畿大穰，物价至贱，分遣使于京城四门置场，增价以籴。令有司虚近仓贮之，命曰'常平'，以常参官领之。岁歉，减价以粜，用赈贫民，以为永制。"④ 景德三年（1006）正月，"上封官请于京东、京西、河北、河东、陕西、淮南、江南、两浙各置常平仓……每岁秋夏，加钱收籴，遇贵减价出粜。凡收

---

① （宋）李焘：《续资治通鉴长编》卷184，嘉祐元年冬十月丁卯，中华书局，2004，第4450页。
② （清）徐松辑《宋会要辑稿·食货三九·市籴粮草》，刘琳等校点，上海古籍出版社，2014，第6867～6868页。
③ （清）徐松辑《宋会要辑稿·食货三九·市籴粮草》，刘琳等校点，上海古籍出版社，2014，第6868页。
④ （清）徐松辑《宋会要辑稿·食货五三·常平仓》，刘琳等校点，上海古籍出版社，2014，第7197页。

籴，比市价量增三五文，出粜减价亦如之"①。天禧四年（1020）八月，真宗"诏益、梓、利、夔州、荆湖南北、广南东西路并置常平仓"②。因此，早在北宋初年，常平仓的设置便已在全国普遍展开，其宗旨就是"遇贵量减市价粜，遇贱量增市价籴"③。凡遇灾荒时节，官府便利用仓储之粮广行救济，景德三年（1006）三月，诏："开封府、京东西、淮南、河北州军县人户阙食处，已行赈贷。其客户宜令依主户例量口数赈贷，孤老及病疾不能自存者，本府及诸路转运使、副并差去臣僚，同共体量，出省仓米救济。"④宣和六年（1124）十一月，诏："河北、京东夏秋水灾，民户流移，系踵于道。可令应所过州军随宜接济。若常平、义仓不足，即发封桩应干斛斗赈给，令实惠及人。"⑤

从以上资料可以看出，无论是军粮和籴，还是仓储籴粜，数量都是不小的。这表明两宋时期，官府一直作为粮食的"大买主"和"大卖主"活跃在粮食市场上。

（二）富民：反季节出售和跨市场转手贸易

由于粮食的生产者和消费者众多，粮食贸易的参与者也十分广泛。除了官府以"大买主"和"大卖主"的身份参与市场粮食

---

① （清）徐松辑《宋会要辑稿·食货五三·常平仓》，刘琳等校点，上海古籍出版社，2014，第7197页。
② （清）徐松辑《宋会要辑稿·食货五三·常平仓》，刘琳等校点，上海古籍出版社，2014，第7198页。
③ （清）徐松辑《宋会要辑稿·食货四·青苗上》，刘琳等校点，上海古籍出版社，2014，第6041页。
④ （清）徐松辑《宋会要辑稿·食货六八·赈贷一》，刘琳等校点，上海古籍出版社，2014，第7960页。
⑤ （清）徐松辑《宋会要辑稿·食货六八·赈贷一》，刘琳等校点，上海古籍出版社，2014，第7975页。

贸易外，还有直接从事粮食生产的广大小农，以土地租佃经营为主的乡村上户，从事粮食转运贸易的担夫、船户、行商，以及在城市、市镇坐地经营分销的坊郭上户、商铺之家等。① 这些人群中，经济实力强的乡村上户、坊郭上户、商人和牙人，绝大部分都是我们所讨论的"富民"。

宋初以来，随着"不抑兼并"② 土地制度的实施，以及契约租佃制成为占主导地位的生产关系，大量的粮食以地租的形式集中在富民地主手中。"富者（有）弥望之田，贫者无卓锥之地，有力者无田可种，有田者无力可耕"③ 的现象早在宋初鼓励垦荒时就已普遍存在，因此时人感叹道："井田既废，既不均田，又不限田，则天下之田，大率富人兼并之田矣。"④ 在占有土地和财富的基础上，富民群体集中了自身资本、土地和小农的劳动力优势，并通过加大对农业生产的投入，获取地租收益。从相关记载来看，

---

① 斯波义信在《南宋的米市场》［载《日本学者研究中国史论著选译》（第五卷），中华书局，1993］一文中认为和米市场有关的商人主要有步担、富家、客商（米船）、米牙人、在乡富农等；在《宋代商业史研究》（稻禾出版社，1997）一书中认为宋代城市粮食消费的主体是官僚、军队和市民，农村主要是富农、地主和小民。全汉昇在《南宋稻米的生产与运销》（载《中国经济史论丛》，中华书局，2012）一文中认为南宋粮食运销的主体是商人。梁庚尧在《南宋的农村经济》（新星出版社，2006）一书中认为宋代农村市场粮食贸易的主体是农家、地主和商人。龙登高在《宋代东南市场研究》（云南大学出版社，1994）一书中认为宋代农村市场粮食贸易的主体是小农。郭正忠在《两宋城乡商品货币经济考略》（经济管理出版社，1997）一书中认为宋代乡村粮食贸易的主体是乡村居民、商人和各类专业户。姜锡东在《宋代商人和商业资本》（中华书局，2002）一书中认为宋代粮食贸易的主体是商人、地主、官吏和农民，其中商人又分为米铺户、长途贩运商和米牙人。

② （宋）陈傅良：《历代兵制》卷8《本朝》，景印文渊阁《四库全书》（第663册），台湾商务印书馆，1986，第478页。

③ （宋）李焘：《续资治通鉴长编》卷27，雍熙三年七月甲午，中华书局，2004，第621页。

④ （清）易佩绅：《通鉴触绪》，景印文渊阁《四库全书》（第1138册），台湾商务印书馆，1986，第521页。

一些农业主产区的富民，通过地租获得的粮食收益十分可观。北宋秦观言："大农之家，连田阡陌，积粟万斛，兼陂池之利，并林麓之饶。"[①] 魏了翁也说："后世田得买卖，富者数万石之租，小者万石、五千石，大者十万石、二十万石。"[②] 这些记载虽然不免有夸张之嫌，但至少表明一些乡村富民因广占田亩，往往积粮阔绰、贮藏丰盈。家里有充裕的粮食储备，必然会有相当一部分粮食流向市场，"富人之多粟者，非能独炊而自食之，其势必粜而取钱以给家之用"[③]，富民会将大量的地租以商品的形式投放到市场上，来换取货币或其他生活所需之物，因为这既能解决粮食地租的单一性与富民多样化需求之间的矛盾，又可以满足富民群体对财富积累的追求。

农业生产的季节性不平衡，为富民将手中的粮食低买高卖获取利润提供了便利条件。当"农事方兴，青黄未接，三月、四月之间，最是细民艰事之时"[④]，贫苦农民"皆四处告籴于他乡之富民，极可怜也"[⑤]，甚至有的"下等农民之家，赁耕牛，买谷种，一切出于举债"[⑥]。也就是说，广大小农由于经济基础薄弱，为了

---

① （宋）秦观著，徐培均笺注《淮海集笺注（上）》卷 13《安都》，上海古籍出版社，2000，第 524 页。

② （宋）魏了翁：《古今考》卷 18《附论班固计井田百亩岁出岁入》，景印文渊阁《四库全书》（第 853 册），台湾商务印书馆，1986，第 368 页。

③ （宋）朱熹：《朱熹集》卷 25《与建宁傅守札子》，郭齐、尹波点校，四川教育出版社，1996，第 1064 页。

④ （宋）黄榦：《勉斋集》卷 28《申江西提刑辞兼差节干》，载四川大学古籍所编《宋集珍本丛刊》（第 68 册），线装书局，2004，第 29 页。

⑤ （宋）陆九渊：《陆九渊集》卷 8《与陈教授》，钟哲点校，中华书局，1980，第 109 页。

⑥ （宋）真德秀：《西山先生真文忠公文集》卷 6《奏乞蠲阁夏税秋苗》，载四川大学古籍所编《宋集珍本丛刊》（第 75 册），线装书局，2004，第 714 页。

农业再生产得以进行，不得不依靠富民而出倍称之息。到了"八、九月之交，农人有米，质债方急，富室邀以低价之时……十月以后，场圃一空，小民所有，悉折而归大家"①。粮食收获季节，供过于求，急于还贷的贫农只好低价售粮给乡村富民，秋收不过数月，贫民又因缺粮乏食不得不再向富民高价购买或借贷粮食。一遇灾荒，"或以农器、蚕具抵粟于大家，苟纾目前"②。这表明农业生产的季节性和小农粮食需求长期性之间的矛盾，为富民转化手中的余粮以获取厚利提供了广阔的市场机遇。

此外，还有不少富民从乡村收购粮食，进行长途贩运贸易。斯波义信在《南宋的米市场分析》一文中清晰地揭示了农民生产的大米，如何通过步担、乡村富家、客商、米牙人、米铺经营者转输销售给城市或异地的粮食消费者。斯波义信在讨论中特别指出了富民在粮食交易中的重要性，以及他们能够获取很高的经济收益这一商业特质。他指出："就构成市场的经济机能来看，在乡村，富农和客商比总是零碎经营的米铺、米牙、步担等所起的作用大得多。在这一点上，副业的以至非职业的商人尤其是米船、富农，比起专业商人来，他们具有的经济意义大得多。再从经营内容来看，富农商人和兼营运输业的米船，他们的资本大都雄厚，经营也是多方面的，概括地说是赚大钱的买卖。"③ 由此不难看出，

① （宋）卫泾：《后乐集》卷14《上沈运使作宾书》，景印文渊阁《四库全书》（第1169册），台湾商务印书馆，1986，第667页。
② （宋）陆游著，马亚中、涂小马校注《渭南文集校注四》卷34《尚书王公墓志铭》，浙江古籍出版社，2015，第86页。
③ 〔美〕斯波义信：《南宋的米市场分析》，载索介然译、刘俊文主编《日本学者研究中国史论著选译》（第五卷），中华书局，1993，第303页。

富民也是农村粮食市场贸易最为活跃的群体，他们从多个层面参与了粮食贸易过程。

在农村粮食贸易市场上，官府和富民都同时作为"买者"和"卖者"出现，但是无论基于何种身份，二者的市场目标是不同的，不能简单地把他们作为市场竞争者来看待。

二　官府与富民在粮食籴买中的博弈

粮食价格随着市场供求发生变化，丰收之年，由于农户粮食剩余增加，流向市场的余粮增多，市场粮价随之下降，较低的粮价往往吸引了官府和富民大量收购，这时二者之间成为市场竞争者。建隆元年（960）正月，太祖诏："江北频年丰稔，谷价甚贱，宜命使置场，添价散籴粳糯，以惠彼民。"[1] 景德四年（1007）八月，真宗"出内库钱五十万贯付三司市菽麦。时宰相言：'今岁丰稔，菽麦甚贱，钱多为富民所蓄。谷贱伤农，请官为敛籴以惠民。'"[2] 绍圣四年（1097）九月，"三省言：'闻怀、卫州今岁丰稔，米谷价贱，恐尽归兼并之家。'诏河北转运司、措置籴便司、西路提举常平司以时计置籴买"[3]。官府在丰年之时动用国库之钱大量收购粮食，冠冕堂皇地打着"以惠彼民"的旗号，实则是担心粮食"尽归兼并之家"。

---

[1]　（清）徐松辑《宋会要辑稿·食货三九·市籴粮草一》，刘琳等校点，上海古籍出版社，2014，第6851页。

[2]　（清）徐松辑《宋会要辑稿·食货三九·市籴粮草一》，刘琳等校点，上海古籍出版社，2014，第6853页。

[3]　（清）徐松辑《宋会要辑稿·食货四〇·市籴粮草二》，刘琳等校点，上海古籍出版社，2014，第6878页。

在资金有限的情况下，控制粮食采购成本关系到常平仓系统的正常运转。因此，官府一般在丰收之年粮食价格低贱之时大量买入，否则采购成本过高，籴买难以及数。荒灾之年，市场乏粮价高之际再低价出粜米谷，这不仅能缓解民生困境，而且可以实现粮仓经营收支的基本平衡。绍兴二十八年（1158）九月，权两浙路计度转运副使汤沂言："诸路州县，每岁秋稔，谷不胜贱……盖缘秋成之时，所在不曾措置籴买，兼并之家乘贱收积，以幸春夏，邀求厚利。"① 这一记载表明若官府不加入"乘贱收积"之列，至春夏青黄不接时，就只能任凭富民高价出售获取厚利。

官府作为一个具有较强购买力且购买数量较大的买主，一旦参与粮食市场收购，往往能够成为左右市场价格的买方。"秋成之际，开场收籴，少增时价以诱致之"②，这是乾道二年（1166）六月中书舍人王曮、起居舍人陈良祐进言请求官府收籴粮食的建议，就是试图通过提高价格的方式阻止富民与其竞争，达到收籴粮食的目的。这种方式，在一些经济基础较弱、富民财富能力有限的地区，自然可以起到立竿见影的效果，但是在一些经济较为发达、富民财富能力强的地区，效果则会大打折扣。

通常，官府籴买价格并不是由地方官随意而定，而是根据官方的"时估"定价机制来确定，以此形成一个指导价格。时估一般每旬一定，它受市价制约，又与市价不同，官府买卖物品，大

---

① （清）徐松辑《宋会要辑稿·食货六二·义仓》，刘琳等校点，上海古籍出版社，2014，第7568页。

② （清）徐松辑《宋会要辑稿·食货四〇·市籴粮草三》，刘琳等校点，上海古籍出版社，2014，第6900页。

多按时估支付价钱。如熙宁年间的市易法便规定"若非行人见要物，而实可以收蓄变转，亦委官司折博收买，随时估出卖，不得过取利息"①。但是具体收购粮食的地方官很难根据市场变动及时调整粮价，这从宋代史料中对时估与市价的明确区别便可看出。宣和七年（1125）十二月，徽宗诏："已降处分，州县行户止令纳免行钱。其见任官合买物色，令依在市实直收买，以宽民力。访闻州县奉行弗虔，尚用时估收买，显见违戾。"② 这里的"实直"就是市价，也就是说，相对稳定的时估并不能与随着市场行情而变动的市价完全保持一致。因此，价格决策的非灵活性致使官府在粮食贸易中难以获得明显的价格竞争优势。

官府在粮食收购中，有时也因地方官员行政不力等，不能根据市场状况及时收籴，错失良机。元祐元年（1086）八月，司马光说："向者有因州县阙常平籴本钱，虽遇丰岁，无钱收籴。又有官吏怠慢厌籴粜之烦，虽遇丰岁，不肯收籴。又有官吏不察知在市斛斗实价，只信凭行人与蓄积之家通同作弊。当收成之初，农夫要钱急粜之时，故意小估价例，令官中收籴不得，尽入蓄积之家。直至过时，蓄积之家仓廪盈满，方始顿添价例，中粜入官。是以农夫粜谷止得贱价，官中籴谷常用贵价，厚利皆归蓄积之家。"③ 地方官府的各种弊病和制约因素，造成粮食收购的赢家多

---

① （清）徐松辑《宋会要辑稿·食货三七·市易》，刘琳等校点，上海古籍出版社，2014，第6813页。

② （清）徐松辑《宋会要辑稿·职官二七·太府寺》，刘琳等校点，上海古籍出版社，2014，第3724页。

③ （宋）李焘：《续资治通鉴长编》卷384，元祐元年八月丁亥，中华书局，2004，第9350页。

为富民群体。

相对于地方官员而言，富民因根植于乡村社会，对乡村民众的经济需求了如指掌，对乡民邻里的困境心知肚明，择机而行，往往能够在第一时间以较低的价格收购到粮食，对于此类情形，宋代不少士人都有过议论。熙宁六年（1073），沈括上奏说："浙人以治田为生，所入甚广，急欲得钱，贱粜于有力之家。"① 南宋思想家陆九渊言及抚州金溪县农民时说："今农民皆贫，当收获时，多不复能藏，亟须粜易以给他用，以解逋责。使无以籴之，则价必甚贱，而粟泄于米商之舟与富民之廪，来岁必重困矣。"② 也就是说，小农大多因急需用秋粮换钱以偿还逋责，仅有的余粮甚至部分口粮，大都低价卖给了当地富民。

当然，多数时候官府并不甘于在市场竞争中处于不利地位。官府与富民最大的区别在于官府是掌握特权的一方，它可以利用手中的权力来满足自身的利益需要。于是，就出现了官府通过行政手段限制富民竞争的行为。前述乾道二年（1166）中书舍人王曔、起居舍人陈良祐建言在秋收时增价开场收籴，还提出"且散榜乡村市镇，重行禁止豪户之收籴"③，就是考虑到增价收购效果有限，因而直接发布告示禁止富民收粮。仁宗朝时，御史中丞杜衍在与仁宗议论常平法时亦言："今豪商大贾，乘时贱收，水旱，则稽伏而不出，冀其翔踊，以图厚利，而困吾民也。请量州郡远

---

① （宋）李焘：《续资治通鉴长编》卷247，熙宁六年九月壬寅，中华书局，2004，第6008页。
② （宋）陆九渊：《陆九渊集》卷8《与陈教授》，钟哲点校，中华书局，1980，第109页。
③ （清）徐松辑《宋会要辑稿·食货四〇·市籴粮草三》，刘琳等校点，上海古籍出版社，2014，第6900页。

近，户口众寡，严赏罚，课责官吏……公籴未充，则禁争籴以规利者。"① 元符元年（1098），"泾原经略使章楶请并边籴买；豫榜谕民，毋得与公家争籴"②。这些记载表明官府采取非常规的手段限制富民争籴并非个案，而是常用的手段。

以和籴军粮而言，最初仅为应急措施，"京东西、陕西、河北阙兵食，州县括民家所积粮市之，谓之推置；取上户版籍，酌所输租而均籴之，谓之对籴，皆非常制"③，之后因军需浩繁，朝廷便时常要求各地籴买粮食，故"又有坐仓、博籴、结籴、俵籴、兑籴、寄籴、括籴、劝籴、均籴等名"④。这些名目各异的取粮之法，都属于官府直接参与粮食购买活动，它们或按户等强行抑配，或用官告、度牒充当支付，并非公平交易。以俵籴而言，熙宁八年（1075）始推行于澶州、北京一带，其法为"度民田入多寡，豫给钱物，至收成时，令于澶州、北京及缘边州军入米麦粟封桩，候有备"⑤，"崇宁中，蔡京令坊郭、乡村以等第给钱。俟收，以时价入粟"⑥。括籴之法为"官储有乏，括索赢粮之家，量存其所用，尽籴入官"⑦。均籴之法是由"转运司摊定一州一县，合籴都大石数，会计一州一县逐等第都计家业钱，纽算每家业钱几文，

---

① 《宋史》卷 310《杜衍传》，中华书局，1977，第 10190 页。

② 《宋史》卷 175《食货》，中华书局，1977，第 4245 页。

③ 《宋史》卷 175《食货》，中华书局，1977，第 4241 页。

④ 《宋史》卷 175《食货》，中华书局，1977，第 4243 页。

⑤ （宋）李焘：《续资治通鉴长编》卷 265，熙宁八年六月戊申，中华书局，2004，第 6489 页。

⑥ 《宋史》卷 175《食货上三》，中华书局，1977，第 4245 页。

⑦ 《宋史》卷 175《食货上三》，中华书局，1977，第 4245 页。

合籴多少石斗"①。这些打着和籴的名号，实际上依据田亩、户等以及家业钱抑配籴买粮食的方法，使得富民成为主要的承担对象之一，因为富民群体多为"田连阡陌，家资巨万"②的"乡村上三等并坊郭有物业户"③。也就是说，在这一不公平竞争中，赢粮之家的富民不仅无法参与粮食购买的市场竞争，还成为官府重点掠夺的对象。更有甚者，籴卖粮草有时还得不到现钱支付，因此，靖康元年（1126）五月十五日，臣僚言："湖南、江西自二税外，敛于民者不知纪极，名曰和市，不酬价直，实掠取之。如此名件，未易殚举。夫和籴之行如此，民安得不困且竭乎？"④

如此一来，官府与富民的经济矛盾势必趋于激烈。官府亦知矛盾若进一步激化，不仅不能顺利和籴到粮食，还会造成严重的社会问题。故朝廷也会采取补官奖励、旌表富民等方式，给予他们适度的心理安慰，以此拉拢富民。例如，"参军卢澄者，陈留县大豪也。尝入粟，得曹州助教"⑤。开禧二年（1206）四月，宁宗"下纳粟补官之令"⑥，就是采取官职奖励的方式抚慰入粟的富民。绍熙四年（1193）八月十二日，光宗诏："诸路安抚、转运、提举司，如实有

---

① （清）徐松辑《宋会要辑稿·食货四一·均籴》，刘琳等校点，上海古籍出版社，2014，第6921页。

② （宋）黄震：《黄氏日抄》卷78《又晓谕假手代笔榜》，载张伟、何忠礼编《黄震全集》，浙江大学出版社，2013，第2197页。

③ （清）徐松辑《宋会要辑稿·食货四·青苗上》，刘琳等校点，上海古籍出版社，2014，第6045页。

④ （清）徐松辑《宋会要辑稿·食货四〇·市籴粮草二》，刘琳等校点，上海古籍出版社，2014，第6883页。

⑤ （宋）李焘：《续资治通鉴长编》卷86，大中祥符九年三月壬子，中华书局，2004，第1977页。

⑥ 《宋史》卷38，开禧二年夏四月甲子，中华书局，1977，第740页。

旱伤州县，许劝谕官、民户有米之家赴官输米，以备赈济……其出米及格人，仰逐司保奏，依立定格目推赏施行。"① 也就是说，富民等有米之家可以依据入纳粮食的多少，获得相应的奖赏和激励。

由此可见，在粮食收购市场中，官府凭借其"大买者"的经济实力和行政强制力，在市场上强势进入，强势收买，占据优势。活跃在乡村城市的众多富民，充分利用自身根据市场变化及时调整经营策略的可行性，以及在熟人社会中经营的便利性，灵活地在粮食市场中应变经营，同样是粮食市场不可忽视的买方。这些富民的手中，总是掌握着为数不少的粮食储备，以至于官府在急于收籴粮食之时，常常通过一些强制手段来迫使富民把粮食出售给官府，但是这些强制手段大多被限制在不太激化矛盾的前提下，同时国家还通过一些激励手段来鼓励富民售粮。

三　官府与富民在粮食粜卖差异化目标下的博弈

在粮食粜卖环节中，官府主要以稳定市场、保障民生为目的参与其中，对于富民而言，则是为了售粮以赚取差价。大多数情况下，在市场自发形成的粮食市场网络体系中，富民通过转手贸易获得正常经营利润，对此，官府并不过多干涉，只是借由商税的征收来分享富民粮食贸易的利润，以此达到官民两利的结果。当官府以稳定市场、保障民生为目的出粜粮食，却因自身诸多局限而难以达到预期效果时，富民便成为国家实现上述目标的重要

---

① （清）徐松辑《宋会要辑稿·食货六八·赈贷》，刘琳等校点，上海古籍出版社，2014，第8005页。

补充力量，在这一过程中，二者间的博弈便在所难免。

粮食是关系国计民生的重要商品，早在秦汉时期，国家仓廪制度就已经基本形成，此后历朝不断完善，成为国家备战备荒的重要物资保障制度。宋代官府籴买粮食的重要目的之一便是增加国家常规的粮食储备，以应对荒灾之年和季节性的粮食短缺问题。淳化三年（992）六月，太宗下令创设常平仓时便明确指出："俟岁饥，即减价粜与贫民，遂为永制。"① 把常平仓储低价出粜以救济贫民之事制度化。天禧四年（1020）二月，真宗"令唐、邓等八州发常平仓粟，减价出粜，以济贫民"②。庆历四年（1044）春正月，"陕西谷价翔贵，丁丑，转运司出常平仓米，贱粜贫民"③。元丰二年（1079）二月，神宗诏："闻齐、兖、济、郓州谷价贵甚，斗值几二百，艰食流转之民颇多。司农寺其谕州县，以所积常平仓谷通同比元入价，斗亏不及十钱，即分场广粜，滨、棣、沧州亦然。"④ 这些都是官府通过减价出粜，稳定市场粮价，救济贫民的事例。旱涝灾荒之时，官府也会采取低价出粜粮食的办法，帮助小农渡过难关。景德元年（1004）九月，"鄂州言民饥，诏开仓减价出粜以救之"⑤。熙宁七年（1074）五月甲

① （宋）李焘：《续资治通鉴长编》卷33，淳化三年六月辛卯，中华书局，2004，第737页。
② （宋）李焘：《续资治通鉴长编》卷95，天禧四年二月辛丑，中华书局，2004，第2183页。
③ （宋）李焘：《续资治通鉴长编》卷146，庆历四年春正月丁丑，中华书局，2004，第3533页。
④ （宋）李焘：《续资治通鉴长编》卷296，元丰二年二月辛亥，中华书局，2004，第7206页。
⑤ （清）徐松辑《宋会要辑稿·食货六八·赈贷一》，刘琳等校点，上海古籍出版社，2014，第7959页。

辰，真定府路安抚司言："真定灾伤，欲以常平及省仓陈谷五万石减价出粜。"① 绍兴三十一年（1161）正月，高宗诏："雪寒，细民艰食。令临安并属县取拨常平米，依市价减半，分委官四散置场，广粜十日。"② 这些都是官府在荒灾之年低价出粜粮食，以应民生之需的事例。

官府以稳定市场、保障民生为目的出粜粮食，尽管初衷甚好，但实际执行起来却大多不能如愿。一是国家粮食储备有限，遇到重大灾荒，往往不能有效解决问题。景祐元年（1034）秋七月壬子，淮南转运副使吴遵路言："本路丁口百五十万，而常平钱粟才四十余万，岁饥不足以救恤。"③ 绍兴二十九年（1159）闰六月四日，提举两浙路市舶曾惇言："赈济户口数多，常平桩管数少，州县若不预申常平司于旁近州县通融那拨，米尽旋行申请，则中间断绝，饥民反更失所。"④ 因此，宋人李觏曾指出常平米谷"至春当粜，寡出之，则不足于饥也；多出之，则可计日而尽也"⑤。有时也因仓储管理混乱，储备粮食被侵支或不堪食用，无粮应急。乾道二年（1166）十一月，臣僚言："国家置常平、义仓，为水旱凶荒之备。近来州县循习借用，多存虚数。其间或未至侵支，

① （宋）李焘：《续资治通鉴长编》卷 253，熙宁七年五月甲辰，中华书局，2004，第6193 页。
② （清）徐松辑《宋会要辑稿·食货五九·恤灾》，刘琳等校点，上海古籍出版社，2014，第7398 页。
③ （宋）李焘：《续资治通鉴长编》卷 115，景祐元年秋七月壬子，中华书局，2004，第2690 页。
④ （清）徐松辑《宋会要辑稿·食货五九·恤灾》，刘琳等校点，上海古籍出版社，2014，第7397 页。
⑤ （宋）李觏：《李觏集》卷 16《富国策第六》，中华书局，1981，第143 页。

亦不过堆积在仓……初未尝以新易陈，经越十数年，例皆腐败而不可食用。"① 乾道四年（1168）四月，臣僚言："蜀中自成都、汉州之外，常平、义仓之额虽多，而借兑之数不一，甚者但存虚籍，本无储蓄，或遇水旱阻饥，何以为计？"② 可见，原本作为水旱凶荒之备的常平、义仓，在真正面临灾伤需要出粜粮食时，有的甚至面临无粮可粜的窘境。

二是动用仓储之粮需经层层上报批准，往往无法满足地方救灾的紧急需要。如徽州"新安易水旱，地狭而收薄，虽常平有粟，然请于朝，告于部使者，率坐阻绝，赈恤不时"③。"范忠宣（范纯仁）知庆州，大饥，饥殍满道，公请发封桩粟麦，郡官皆曰：'须奏乃可。'公曰：'人不食七日即死，奏岂能及乎！'"④ 可见，官府仓储粟米赈济灾荒缺乏应急预案，大都需要循常例向上级申报获批后才可动用，这从一个侧面反映出常平仓出粜赈济也会因程序烦琐而削弱其救济灾荒的时效性。

三是官府出粜粮食的地点辐射范围有限。官府开仓救灾，设置的粜米地点多是在县治所、市镇等地，大多难以覆盖灾情发生的各地。绍兴十年（1140）三月，臣僚言："诸处粜米赈济，只

---

① （清）徐松辑《宋会要辑稿·食货六二·义仓》，刘琳等校点，上海古籍出版社，2014，第7572页。
② （清）徐松辑《宋会要辑稿·食货六二·义仓》，刘琳等校点，上海古籍出版社，2014，第7573页。
③ （宋）程珌：《洺水集》卷7《徽州平籴仓记》，景印文渊阁《四库全书》（第1171册），台湾商务印书馆，1986，第327页。
④ （清）劳潼撰：《救荒备览》，载中华书局编《丛书集成初编》，中华书局，1985，第12页。

及城郭之内，而远村小民不沾实惠。"① 乾道四年（1168）四月，司农少卿唐璹言："福建、江东路自今春米价稍高，民间阙食。郡县虽已赈粜，止是行之坊郭，其乡村远地，不能周遍。"② 也就是说，部分偏远的乡村受灾之处，因远离州县，并未享受到官府低价赈粜的实惠。

可见，仅仅依靠国家粮食储备平价出粜来突破民食艰辛的困境，往往收效有限，这便为活跃在粮食市场中的富民提供了成长空间。"今富人大姓，乘民之急，牟利数倍。"③ 有的富民见到利好，争与出粜，甚至不惜弄虚作假，"乐平明口人许德和，闻城下米麦价高，令干仆董德押一船出粜。既至，而价复增，德用砂砾拌和以与人，每一石又赢五升。不数日货尽，载钱回"④。有的富民预测市价看涨，闭廪不粜，"富室不怜贫，千仓尽封闭。只图价日高，弗念民已弊"⑤。

针对此种情形，肩负着赈灾救济重任的地方官员通常会采取官方限价政策，禁止有积粮的富民趁机加价倒卖。"两浙旱蝗，米价踊贵，饿死者十五六。诸州皆榜衢路，立赏禁人增米价。"⑥ 然而，这一做法有时也因损害了富民的利益而适得其反。开宝五年

---

① （清）徐松辑《宋会要辑稿·食货六八·赈贷》，刘琳等校点，上海古籍出版社，2014，第 7978 页。
② （清）徐松辑《宋会要辑稿·食货五九·恤灾》，刘琳等校点，上海古籍出版社，2014，第 7404 页。
③ 《宋史》卷 186《食货下八》，中华书局，1977，第 4548 页。
④ （宋）洪迈：《夷坚丁志》卷 19《许德和麦》，何卓点校，中华书局，1981，第 700 页。
⑤ （宋）真德秀：《西山先生真文忠公文集》卷 1《古诗·蒲城劝粜》，载四川大学古籍所编《宋集珍本丛刊》（第 75 册），线装书局，2004，第 644 页。
⑥ （宋）司马光：《涑水记闻》，邓广铭、张希清点校，中华书局，2017，第 309 页。

（972）秋七月，陈从信对赵光义说："今（开封）市中米贵，官乃定价斗钱七十，商贾闻之，以其不获利，无敢载至京师者。虽富人储物，亦隐匿不粜。"① 也有少数地方官员主动利用市场供求关系来解决米价上涨问题。"范文正治杭州，二浙阻饥，谷价方涌，斗钱百二十。公遂增至斗百八十，众不知所为。公乃命多出榜沿江，具述杭饥及米价所增之数。于是商贾闻之，晨夜争进，唯恐后，且虞后者继来。米既辐辏，遂减价还至百二十。包孝肃公守庐州，岁饥，亦不限米价，而商贾载至者遂多，不日米贱。"② 但如此熟谙市场规律的官员毕竟是少数，而且靠市场自发调节供求，需要具备信息传递畅通、交通便捷和区域市场开放等条件。

多数情况下，地方官员选择运用"劝分"的方式来解决问题。所谓"劝分"，是指官府劝谕富民无偿捐赠粮食或低价出粜粮食，以帮助贫困民户。"劝分"的关键在于"劝"，官府通常采用道德感化方式劝谕富民，如南宋后期在抚州主持赈灾的黄震，在劝谕富民低价出粜赈灾的榜文中便写道："救荒之法，惟有劝分。劝分者，劝富室以惠小民，损有余而补不足，天道也，国法也。富者种德，贫者感恩，乡井盛事也。"③

"劝分"是两宋时期国家应对灾荒进行社会动员的重要方式，

---

① （宋）李焘：《续资治通鉴长编》卷13，开宝五年秋七月甲申，中华书局，2004，第287页。

② （宋）吴曾：《能改斋漫录》卷2《增谷价》，载中华书局编《丛书集成初编》，中华书局，1985，第19页。

③ （宋）黄震：《黄氏日抄》卷78《四月十三日到州请上户后再谕上户榜》，载张伟、何忠礼编《黄震全集》，浙江大学出版社，2013，第2201页。

面对官府"劝分"，不少富民响应号召，积极主动参与赈灾，天禧元年（1017）四月，江淮两浙制置发运使李溥言："江、淮去岁乏食，有富民出私廪十六万石粜施饥民。"① 有的地区甚至出现了多户富民大家共同参与赈济的情况，如"庐陵郡统县八，永新为大，西界湖湘，壤沃地偏，民生自足。间遇水旱疾疫，凡邑之大家，分任赈恤之事，某家发廪，某家给薪刍，某家药病者，某家瘗死者。以是流殍稀鲜，县官推勘分赏"②。南宋时期，"劝分"之策更加广泛地运用于赈灾济贫，绍兴六年（1136）二月，右谏议大夫赵霈称："去秋旱伤，连接东南，今春饥馑，特异常岁。湖南为最，江西次之，浙东、福建又次之。今日赈救有二，一则发廪粟减价以济之，二则诱民户赈粜以给之。"③ 根据张文的研究，两宋时期"各地一遇荒灾，往往行劝分之政，将劝分视为荒政的一部分，尤其是越到后来越依赖于劝分"④。在"劝分"实际执行过程中，如前所述，财富力量不断增长的富民阶层，已经成为国家维持社会稳定所依赖的重要对象。

一些富民之所以愿意与官府合作，响应"劝分"，低价出粜粮食赈灾救济，是因为希望在乡里社会获得更高地位。宋廷规定，响应国家"劝分"者，根据捐赠或出粜粮食的多少，给予不同等

---

① （清）徐松辑《宋会要辑稿·食货六八·赈贷》，刘琳等校点，上海古籍出版社，2014，第7962页。

② （宋）周必大：《文忠集》卷72《谭宣义墓志铭》，景印文渊阁《四库全书》（第1147册），台湾商务印书馆，1986，第759页。

③ （清）徐松辑《宋会要辑稿·食货五七·赈贷》，刘琳等校点，上海古籍出版社，2014，第7345页。

④ 张文：《荒政与劝分：民间利益博弈中的政府角色——以宋朝为中心的考察》，《中国社会经济史研究》2003年第4期。

级的荣誉旌表或官职奖励。淳化五年（994）正月二十一日，太宗诏："诸道州府被水潦处，富民能出粟以贷饥民者，以名闻，当酬以爵秩。"① 南宋董煟言："国家赈济之赏非不明白，五千石，承节郎进士迪功郎；四千石，承信郎进士补上州文学。"② 这在很大程度上激励了富民出粜粮米的行为。此外，一些富民也在积极追求文化教育，"耕读之家"是他们追求的理想。宋人张守就曾指出，宋代社会"中上之户稍有衣食，即读书应举，或入学校"③。黄震也说："人若不曾读书，虽田连阡陌，家资巨万，亦只与耕种负贩者同是一等齐民。"④ 在追求文化教育的过程中，富民群体的思想不断受儒家思想的影响，在道德上有了进步，因此以道德规劝为主的"劝分"也往往容易为富民所接受。如吴芾在赞扬其侄捐金散谷救济乡里的诗中就写道："闻人急难如在己，见义踊跃无不为。……此心但欲济邻里，身外浮名非所希。"⑤ 这些富民群体利用手中的粮食接济邻里、维护乡村社会稳定，为自身在乡村社会中赢得了较高声誉。也有一些富民是为了缓解乡村粮食问题所引发的社会不安定，如婺州长者潘好古，"有塘曰叶亚，溉数百顷，独听民取之不为禁。斥塘下田以广潴蓄，或献疑以膏腴可惜

---

① （清）徐松辑《宋会要辑稿·食货五七·赈贷》，刘琳等校点，上海古籍出版社，2014，第7326页。

② （宋）董煟：《救荒活民书》，载中华书局编《丛书集成初编》，中华书局，1985，第7页。

③ （宋）张守：《毗陵集》卷3《论措置民兵利害札子》，刘云军点校，上海古籍出版社，2018，第36页。

④ （宋）黄震：《黄氏日抄》卷78《又晓谕假手代笔榜》，载张伟、何忠礼编《黄震全集》，浙江大学出版社，2013，第2197页。

⑤ （宋）吴芾：《湖山集》卷4《癸巳岁邑中大歉三七侄捐金散谷以济艰食因成三十七韵以纪之》，景印文渊阁《四库全书》（第1138册），商务印书馆，1986，第475页。

者，公曰：乡邻安，则吾安矣"①。有的径直就是为了在水旱灾伤之年免于劫杀，袁采就说："劫盗虽小人之雄，亦自有识见。如富人平时不刻剥，又能乐施，又能种种方便，当兵火扰攘之际犹得保全，至不忍焚掠污辱者多，盗所快意于劫杀之家，多是积恶之人。富家各宜自省。"② 这类富民出粜赈济贫民仅是为求自保。

总的来说，粮食在宋代已经成为大宗商品在农村市场流通。作为交易主体的官府和富民在粮食贸易中既有同是买者的竞争关系，又有买者（官府）和卖者（富民）的合作关系，还有同是卖者但目标不一致的对立关系。

首先，富民是国家的基层统治必须依赖的重要力量之一。尽管民间参与农村粮食贸易的经济主体很多，但是最重要的、在市场起主导性作用的是那些由乡村地主和富商组成的富民。面对战争军需，国家通过议价筹粮，大多数情况下需要富民的支持才能完成任务；面对灾荒肆虐，国家欲发廪赈灾，也需要对富民"劝分"才能缓解灾伤。其次，在农村粮食贸易的复杂博弈中，地方官府正因认识到富民拥有凭借财力和地缘左右市场行情的优势，故无论是"和籴"还是"劝分"，大都以满足富民阶层的合理诉求来诱导，使其粮食买卖活动符合国家预期的社会目标，一些富民也因积极响应国家的粜籴号召，获得了国家认可的乡里社会地位。

因此，从官府与富民围绕农村粮食贸易所展开的多重博弈可以看出，富民阶层开始成为宋代乡村社会多元共治的主体之一，

① （宋）吕祖谦：《东莱吕太史文集》卷10《朝散潘公墓志铭》，载黄灵庚等编《吕祖谦全集》，浙江古籍出版社，2008，第153页。
② （宋）袁采：《袁氏世范》卷下《刻剥招盗之由》，天津古籍出版社，2016，第130页。

宋代统治者也认识到富民阶层对国家基层治理的重要性，因而既利用富民的财富来增强国家力量，又辅以激励安抚等措施保障富民阶层成长壮大。

第二节　通商惠工与细碎必取：国家力量
影响下的农村市场

宋代是农村市场繁荣发展的历史时期，关于宋代农村市场的分布、成因、层级网络、历史性质，以及城乡市场关系等，学者们已进行了大量的研究。[①] 总的来说，现有相关成果大多采用从上至下的视角，围绕国家各项市场政策制定、商税征收和税务设置的角度展开论述[②]，以此阐明市场发展的政治属性。对国家市场规

[①] 〔日〕加藤繁：《关于唐宋的草市》《唐宋时代的草市及其发展》（载《中国经济史考证》第一卷，吴杰译，商务印书馆，1959），全汉昇：《宋代南方的墟市》（载《中国经济史论丛》，中华书局，2012），傅宗文：《宋代草市镇研究》（福建人民出版社，1989），上述研究主要对宋代农村市场的分布、发展实态的史实进行了大量考证。梁庚尧：《南宋的农村经济》（新星出版社，2006），郭正忠：《两宋城乡商品货币经济考略》（经济管理出版社，1997），上述研究主要从农副产品的商品化、农业生产力的进步对宋代乡村的商品经济进行了系统论述，在此基础上对城乡市场进行了探讨。〔日〕斯波义信：《宋代江南经济史研究》（方健、何忠礼译，江苏人民出版社，2012），龙登高（《宋代东南市场研究》，云南大学出版社，1994），陈国灿、吴锡标：《南宋时期江南农村市场与商品经济》（《学术月刊》2007年第9期），陈国灿：《宋代两浙路的市镇与农村市场》〔《浙江师范大学报》（社会科学版）2001年第2期〕，上述研究主要是围绕江南地区市场的发展所进行的区域和个案研究。

[②] 李晓：《宋代工商业经济与政府干预研究》（中国青年出版社，2000），李景寿：《宋代商税问题研究》（云南大学出版社，2005），吴晓亮：《唐宋国家市场管理模式变化研究——以唐代"市"和宋代"税务"为对象的历史考察》（《中国经济史研究》2007年第4期），方宝璋：《略论宋代政府经济管理从统治到治理的转变——基于市场性政策工具的视角》（《中国经济史研究》2014年第3期），张金花：《宋朝政府对夜市的干预与管理》〔《首都师范大学学报》（社会科学版）2016年第2期〕，上述研究多从国家各项市场政策的制定以及商税征收的角度来论述农村市场。

范举措的成效，多从国家财政、税收取得等层面来考量，缺乏从乡村社会实际市场环境出发所进行的分析。

两宋时期，国家以维护自身统治为出发点的市场规范举措，正如太宗淳化五年（994）的诏令所言，"当职之吏，恣为烦苛，规余羡以市恩宠，细碎必取，掊克斯甚，交易不行，异夫通商惠工之旨也"[①]，既有鼓励农村市场贸易，扶持、利用的一面，又有细碎必取，控制、掠夺的一面。具体而言，在对农村市场秩序的维护、物价的控制、产品供给的调节等方面，都有国家的身影，但实际成效却表现出诸多的局限和不足，这是国家缺乏从乡村社会实际出发来制定和推行市场干预举措的必然结果。

一　商品经济和政府规范：农村市场繁荣发展的基础

宋代农村市场主要是指乡村社会中的场务、道店，以及墟市、集市、草市、镇市等人群聚集点。两宋时期，商品经济对乡村社会的发展产生了重要影响，土地和劳动力作为商品经济的要素，经由国家取得合法性后，开始大量进入流通领域。国家护农政策的推行、农业生产技艺的改良，以及土地投入的增加，保障了农村市场的粮食供给，促进了乡村社会商品经济的发展，不仅在解决小农口粮问题上作用显著，更为重要的意义在于加速了小农群体的分化和乡村社会的开放，进而造成流动的产生。人群流动和阶层流动在为乡村社会增添活力的同时，也必然会为农村市场创

---

① （清）徐松辑《宋会要辑稿·食货一七·商税杂录》，刘琳等校点，上海古籍出版社，2014，第6351页。

造新的商品供给和需求。

宋代的城市发展在中国古代城市发展史上占据极为特殊的地位，就宋代的城市消费而言，其"与前代有一个最大的差别就在于个人消费的行为有很多是在经由市场这一重要环节之后才最终完成"①。这种消费趋势的转变，涉及个人衣食住行的众多方面，而城市市场在应对上述消费需求不断增加的过程中，必然会对农村市场的商品供给提出更高的要求。就大米而言，以临安府为例，仅"细民所食，每日城内外不下一二千余石，皆需之铺家"②，而铺户之家"本浮民，初非家自有米，米所从来盖富家实主其价，而铺户听命焉"③。城市中铺户所卖之米是从田连阡陌的富家转购而来，因此，宋代城市商品经济的繁荣，既是农业生产进步的产物，又是推动农村市场发展的重要因素之一。

两宋的农村市场，一旦发展到相当程度，就须向国家缴纳一定的商税才能获得生存的土壤和进一步发展的空间。端拱二年（989）五月诏："应两京及诸道州府民开酒肆输课者，自来东京去城五十里，西京及诸州去城二十里，即不说去县镇远近，今后须去县镇城十里外。"④ 在此前要求两京和诸州民间酒肆需要缴纳酒课距离远近的基础上，又规定了距县镇十里以内的酒肆同样需

---

① 吴晓亮：《略论宋代城市消费》，《思想战线（云南大学人文社会科学学报）》，1999 年第 5 期。

② （宋）吴自牧：《梦粱录》卷 16《米铺》，载上海师范大学古籍整理研究所编《全宋笔记·第八编》（第 5 册），大象出版社，2017，第 255 页。

③ （宋）欧阳守道：《巽斋文集》卷 4《与王吉州论郡政书》，景印文渊阁《四库全书》（第 1183 册），商务印书馆，1986，第 533 页。

④ （清）徐松辑《宋会要辑稿·食货二〇·酒曲杂录》，刘琳等校点，上海古籍出版社，2014，第 6419 页。

要完纳酒税，可见早在宋初，国家便开始逐步将农村市场纳入自身的控制范围之内。关于农村市场课税额的规定，天圣四年（1026），仁宗指出："州军管界镇务道店商税场务课利年额不及千贯至五百贯已下处，许人认定年额买扑，更不差官监管。"[1] 天圣六年（1028）冬十月癸酉，河北转运使言："天下场务岁课三千缗以上者，请差使臣监临。"[2] 各种场务道店，如果年额超过一定数量，则由地方政府直接派官监临，否则便由乡村人户认定年额买扑。虽然后续设官监临的税额起点有变化，但国家依据商税额多寡调整农村市场管控强度的初衷却是不变的。

在乡村社会水陆交通要道等人群流动规模较大处，宋廷设置了库、场、务等场所，绍兴三十年（1160）四月二十四日，臣僚言："建康府溧阳县东坝邓步、溧水县银林、太平州之间有陆路，远者二十五里，近者十五里，正川、广、江、湖舟楫经从之地。若于此置转般仓，下卸川、广、江、湖漕运之物，及支拨四向旁近州县不通水路物……实为利便。"[3] 这些场务的设置，之所以选在交通要道，就是因为此处人员往来和货物流动频繁，便于小农缴纳本色和税钱。场务之处由于聚集着大量流动人口，相互之间的商品交易应当也有一定程度的发展，为此，宋元之际的马端临

---

[1] （清）徐松辑《宋会要辑稿·食货五四·诸州仓库》，刘琳等校点，上海古籍出版社，2014，第 7236 页。

[2] （宋）李焘：《续资治通鉴长编》卷 106，天圣六年冬十月癸酉，中华书局，2004，第 2483 页。

[3] （清）徐松辑《宋会要辑稿·食货五四·诸州仓库》，刘琳等校点，上海古籍出版社，2014，第 7583 页。

便言："坊场即墟市也，商税、酒税皆出焉。"① 显然，国家的政策规范和制度设置，也构成了宋代农村市场快速发展的成因之一，并赋予了其鲜明的时代特征。

二 国家对农村市场的干预举措和实际成效

宋代农村市场的商品供给日渐丰富，参与主体日益多样，加之国家也在一定程度上借用市场的手段来推进乡村社会的赋役征调、灾荒救济等事务，因此农村市场的发展面临着诸多复杂和棘手的问题。对此，国家从市场秩序的维护、市场物价的控制和商品供需的调节等方面进行了相应的规范和引导。这既是农村市场自身发展过程中的必然选择，也是国家出于维护统治需要而势必凭借的手段之一。

（一）市场秩序的维护

早在宋初，宋政府便专注于对农村市场秩序的维护。在制度层面上，国家对度量衡的制式和标准进行了统一规定，这是市场交易公平进行的直接保障。至道元年（995）二月，诏太府寺，"凡给诸色秤量，并须监官次第精致较定，明勒都料专监姓名。或有轻重失中不合法，则其本寺官员并使臣等并劾以闻，当重实朝典"②。大中祥符二年（1009）五月，三司又"请令太府寺造一斤及五百斤秤，以便市肆所用。帝从之。始令商税院于太府寺请斗秤升尺出卖"③。

---

① （元）马端临：《文献通考》卷19《征榷六》，中华书局，2011，第545页。
② （清）徐松辑《宋会要辑稿·职官二七·太府寺》，刘琳等校点，上海古籍出版社，2014，第3709页。
③ （宋）李焘：《续资治通鉴长编》卷71，大中祥符二年五月丙寅，中华书局，2004，第1607页。

可见，对秤量的制造和规格，国家都进行了明确的限定。就货币市场而言，早在乾德五年（967）太祖便诏："自今京城及诸道州府市肆，并不得行用新小钱镴等钱，兼不得以疏恶绢帛入粉药。违者，重置其罪。"① 太平兴国二年（977）九月丁酉，太宗诏："所在悉用七十七为百，每千钱必及四斤半以上。禁江南新小钱，民先有藏蓄者，悉令送官，官据铜给其直。"② 南宋时期，"诸私铸钱者，绞。未成百，减一等；指教人及工匠为从，死罪从及罪至流者，配千里。以渣垢夹铸罪至死者，奏裁；以杂物私造可乱俗者，减私铸法一等，不及百文又减一等，并许人捕。……诸制造、卖、借若与人铸钱作具者，减犯人罪一等，买借及受之者，与同罪。已造而未成者，减三等，许人告。诸有私铸钱不捶毁而辄行使者，杖一百，许人告"③。这些都是宋王朝规范货币市场的举措。

就具体的商品交易而言，以布帛为例，太平兴国九年（984）十月，诏曰："有帛精粗不中数，幅广狭不中量，不鬻于市，斯古制也。颇闻民间所织锦绮绫罗及它匹帛，多幅狭不中程式，及纰疏轻弱，加药涂粉，以欺诳贩鬻，因而规利。宜令两京诸州告谕民，所织匹帛须及程式。贾肆之未售者，限以百日当尽鬻之。民敢违诏复织，募告者，三分赏其一。"④ 关于茶盐贸易中掺杂草木

① （清）徐松辑《宋会要辑稿·食货六七·置市》，刘琳等校点，上海古籍出版社，2014，第7941页。
② （宋）李焘：《续资治通鉴长编》卷18，太平兴国二年九月丁酉，中华书局，2004，第412页。
③ （宋）谢深甫：《庆元条法事类》卷29《禁榷门二·私铸钱》，戴建国点校，黑龙江人民出版社，2002，第418~419页。
④ （清）徐松辑《宋会要辑稿·食货六四·匹帛杂录》，刘琳等校点，上海古籍出版社，2014，第7741页。

以次充好的现象，太平兴国四年（979）十二月，"禁民卖假茶，一斤杖一百，二十斤以上弃市"①。政和三年（1113）二月六日的朝旨也明令："应兴贩杂草木用作头货并收买拌和真茶，计所拌和数，并乞依私茶罪赏法。"② 由此不难看出，从农村市场中具体交易的商品，到度量衡、货币等一般性的市场工具，国家都进行了明确的规定。

然而，在宋代农村市场中，富商大贾私置秤斗、行用小钱，在茶盐中以次充好的行为时有发生。"衢州江山县峡口市山下祝大郎，富而不仁，其用斛斗权衡，巨细不一。"③ 平江常熟县的富民张三八翁，用机械起家以后为富不仁，因此，一日大风忽起，"张氏仓廪帑库，所贮钱米万计，扫荡无一存。……常所用斗，大小各不同，凡十有三等，悉列门外，若明以告人者"④。针对此类现象，朝廷虽明令"斗、秤、升、等子，令文思院依新尺样制……所有外路只降样前去，仍令多数制造出卖"，但实际的情形却是"商贾细民私置秤、斗，州县虽有著令，然私相转用，习以为常。至有百里之间，轻重多寡不同"⑤。就货币市场而言，绍兴末年右迪功郎袁州人李耆说："江西州县多用私钱，旧钱百重十一两，新钱百重五两有奇。若毁旧钱千，以铅锡杂之，则可铸二千五百。是以

---

① （宋）李焘：《续资治通鉴长编》卷20，太平兴国四年十二月己未，中华书局，2004，第465页。
② （清）徐松辑《宋会要辑稿·食货三二·茶法》，刘琳等校点，上海古籍出版社，2014，第6702页。
③ （宋）洪迈：《夷坚志补》卷7《直塘风雹》，何卓点校，中华书局，1981，第1610页。
④ （宋）洪迈：《夷坚志补》卷7《直塘风雹》，何卓点校，中华书局，1981，第1609页。
⑤ （清）徐松辑《宋会要辑稿·食货六九·宋量》，刘琳等校点，上海古籍出版社，2014，第8052页。

赣、吉等州，比屋私铸。一路且以万户言之，户日销千钱，是日毁万缗也。"① 足见民间私铸之风也并未因一纸诏令而有所改善。

国家对茶、盐等官工商品质量的管控，同样成效不足。以茶叶为例，天圣二年（1024）三月，屯田员外郎高觌言："诸州军捕得私茶，每岁不下三二万斤，送食茶务出卖，并是正色好茶。"② 王安石在《议茶法》中也指出："夫茶之为民用，等于米盐，不可一日以无，而今官场所出皆粗恶不可食。"③ 可见，茶园户向国家缴纳的茶货多为次等，私自出售则用好茶。食盐贸易中同样存在类似问题，嘉祐七年（1062）二月辛巳，司马光言："江、湖漕盐既杂恶，又官估高，故百姓利食私盐，而并海民以鱼盐为业，用工省而得利厚，由是盗贩者众。又贩者皆不逞无赖，捕之急则起为盗贼。而江、淮间虽衣冠士人，狃于厚利，或以贩盐为事。"④ 可见漕盐价高质差，而私盐物美价廉，因此，盗贩者众，甚至一些官僚士大夫也私贩谋利。

（二）市场物价的控制

针对农村市场的物价，国家采取了较为宽松的开放政策，时人谓："市价起于何人？不出于民，不出于官，而出于牟利之商贾。今日一贯，明日二贯，又明日三贯、五贯。市之牙侩从而和

① （宋）李心传：《建炎以来系年要录》卷180，绍兴二十八年九月戊寅，辛更儒点校，上海古籍出版社，2018，第3169页。
② （清）徐松辑《宋会要辑稿·食货三〇·茶法杂录》，刘琳等校点，上海古籍出版社，2014，第6656页。
③ （宋）王安石：《临川先生文集》卷70《议茶法》，载四川大学古籍所编《宋集珍本丛刊》（第13册），线装书局，2004，第611页。
④ （宋）李焘：《续资治通鉴长编》卷196，嘉祐七年二月辛巳，中华书局，2004，第4739页。

之，此细民所以受病也。"① 这表明市场物价乃是由牟利之商贾所定，但事实上拥有核定物价权限的乃是商人群体中的豪商大贾。以农村市场中的大宗商品粮食为例，李觏说："一谷始熟，腰镰未解而日输于市焉。粜者既多，其价不得不贱。贱则贾人乘势而罔之，轻其币而大其量，不然则不售矣。故曰：敛时多贱，贱则伤农而利末也。农人仓廪既不盈，窦窖既不实，多或数月，少或旬时，而用度竭矣。土将生而或无种也，未将执而或无食也，于是乎日取于市焉。籴者既多，其价不得不贵。贵则贾人乘势而闭之，重其币而小其量，不然则不予矣。故曰：种时多贵，贵亦伤农而利末也。"② 也就是说，左右农村市场粮价的主要是囤积居奇的富商大户。

对此，国家一方面通过行政的手段禁止富民闭粜以邀厚利，如灾荒时期，国家明令"灾伤之田，既放苗税，所有私租，亦合依例放免，若田主依前催理，许租户越诉"③，强调国家放免苗税的同时，富民田主也必须无条件地依例放免佃农的租课。另一方面采用"常平"等市场手段来抑兼并、平物价，其宗旨为"以丰岁谷贱伤农，故官中比在市添价收粜，使蓄积之家无由抑塞农夫须令贱粜。凶岁谷贵伤民，故官中比在市减价出粜，使蓄积之家无由邀勒贫民须令贵籴"④，即国家以粮食税收为籴本，在农

① （宋）黄榦：《勉斋集》卷10《复吴胜之湖北运判》，载四川大学古籍所编《宋集珍本丛刊》（第67册），线装书局，2004，第638页。
② （宋）李觏：《李觏集》卷16《富国策第六》，中华书局，1981，第142页。
③ （清）徐松辑《宋会要辑稿·食货六三·蠲放》，刘琳等校点，上海古籍出版社，2014，第7616页。
④ （宋）李焘：《续资治通鉴长编》卷384，元祐八年八月丁亥，中华书局，2004，第9350页。

村粮食市场供大于求之时，以稍高于商贾富民的价格收购小农手中的余粮，避免"谷贱伤农"，当春冬乏粮之际，富民闭廪以邀高价时，再以略低于他们的价格，出粜仓中的余粮，避免"谷贵伤民"。

牙人、揽户等市场中介人也会利用小农与市场距离较远的局限左右市场物价。咸淳元年（1265）七月，建康知府马光祖言："每遇青黄不交，市籴骤贵，先唤上牙人，供具时直实价。"① 可见牙人群体长期活跃于农村市场中，熟谙市场实价，这就为他们影响市场粮价提供了便利。朱熹曾说："寻常客人籴米，必经由牙人，方敢籴。常被邀阻，多抽牙钱，是致不肯住籴。"② 牙人在一定程度上垄断着小农出粜粮米的市场途径，并借此多取牙钱。针对牙人对小农货卖商品的垄断，国家也采取了明确的措施，规定牙人"须召壮保三两名，及递相结保，籍定姓名，各给木牌子随身别之，年七十以上者不得充。仍出榜晓示客旅知委"③。客旅出卖物色时，"止可令系籍有牌子牙人交易"，并仰客店户说谕客旅，"不得信凭牙人说作，高抬价钱，赊卖物色前去，拖坠不还"④。"买卖主当面自成交易者，牙人不得阻障。"⑤ 以此来限制

---

① （宋）周应合：《景定建康志》卷23《城阙志四·平籴仓》，载中华书局编辑部编《宋元方志丛刊》，中华书局，1990，第1690页。
② （宋）朱熹：《朱熹集·别集》卷9《措置赈恤籴籴事件》，郭齐、尹波点校，四川教育出版社，1996，第5544页。
③ （宋）李元弼：《宋代官箴书五种·作邑自箴》卷2《处事》，闫建飞等点校，中华书局，2019，第17页。
④ （宋）李元弼：《宋代官箴书五种·作邑自箴》卷7《牓客店户》，闫建飞等点校，中华书局，2019，第46页。
⑤ （宋）李元弼：《宋代官箴书五种·作邑自箴》卷8《牙人付身牌约束》，闫建飞等点校，中华书局，2019，第51页。

牙人、揽户等市场中介人邀勒商旅和小农之弊。

然而，上述市场物价调控的举措，大都收效甚微。从农村市场的粮食贸易来看，尽管国家一再重申必须依据市场实际价格买入卖出，既通过行政手段的方式禁止富民囤积居奇，又以常平、广惠等仓储系统来维护市价的稳定，但实际效果却与预期不符。宋人范浚曾言："谷所储积，皆豪民大家，乘时缴利，闭廪索价。价脱不高，廪终不发，则谷不得不甚贵。"①仁宗时，知江宁府王随指出："民所以饥者，由兼并闭籴以邀高价耳。"② "黄州村民间丘十五者，富于田亩，多积米谷，每幸凶年，即闭廪腾价，细民苦之。"③ 足见富民坐邀厚利之事依然屡屡发生。就常平、义仓等仓储系统而言，虽说名义上作为灾荒时节的救济储备，但救济之功十分有限。乾道四年（1168）四月，臣僚言："蜀中自成都、汉州之外，常平、义仓之额虽多，而借兑之数不一，甚者但存虚籍，本无储蓄，或遇水旱阻饥，何以为计？"④ 地方州县时常会因挪用赈灾粮而出现无粮可拨的窘境。

规范牙人参与市场的措施，事实上大多也仅停留在指令的传达上，北宋前期京城开封郊区"乡庄人户般载到柴草入城货卖不

---

① （宋）范浚：《范香溪先生文集》卷15《议钱》，载四川大学古籍所编《宋集珍本丛刊》（第42册），线装书局，2004，第463页。

② （宋）李焘：《续资治通鉴长编》卷101，天圣元年八月甲寅，中华书局，2004，第2332页；《宋史》卷311《王随传》，中华书局，1977，第10203页。

③ （宋）洪迈：《夷坚志补》卷3《间丘十五》，何卓点校，中华书局，1981，第1572页。

④ （清）徐松辑《宋会要辑稿·食货六二·义仓》，刘琳等校点，上海古籍出版社，2014，第7573页。

少，多被在京官私牙人出城接买，预先商量作定价例，量与些小定钱收买。本主不期，却被牙人令牵拽车牛辗转货卖，更于元商量价钱外剩取钱数；稍似货卖未尽，又更于元数柴草内诳称斤两轻少，减落价钱，住滞人户车牛，枉费盘缠"①。至南宋时期，朱熹仍称地方"诸县乡村人户搬米入市出粜，多被米牙人兜揽，拘截在店，入水拌和，增抬价值，用小升斗出粜，赢落厚利，遂致细民艰食"②。可见，牙人垄断农产品市场、左右市价的情况没有得到明显改善。

（三）商品供应的调节

宋代农村市场由于税额有限，国家采取的管理手段以"买扑"为主。对此，后人解释说："所谓扑买者，通计坊务该得税钱总数，俾商先出钱与官买之，然后听其自行取税，以为偿也。"③人户通过给定年额买断商税额较低的场务，然后自负盈亏。通过"买扑"的形式，国家从各地墟市、草市、坊场等场务道店中征取了巨额的"买扑坊场"钱。元丰二年（1079）十二月二十三日，神宗诏："诸路应发坊场钱百万缗，令司农寺分定逐路年额，立限于内藏库寄纳。"④此处的一百万贯坊场钱并非诸路所收坊场钱的总额，从坊场钱主要作为地方州县支酬衙前、召募纲运、官吏接

---

① （清）徐松辑《宋会要辑稿·食货三七·市易》，刘琳等校点，上海古籍出版社，2014，第6811页。
② （宋）朱熹：《朱熹集·别集》卷9《约束米牙不许兜揽搬米入市等事》，四川教育出版社，1996，第5562页。
③ （明）邱浚：《大学衍义补》卷32《鬻纂之失》，京华出版社，1999，第296页。
④ （宋）李焘：《续资治通鉴长编》卷301，元丰二年十二月丁巳，中华书局，2004，第7332页。

送雇人、市易、和籴①等事项的支出来看，实际收入可能更多，而坊场收入的来源，主要是从小农日常生活所需的茶、盐、酒等禁榷专卖品中所获的课利。景祐元年（1034），仁宗诏："买扑乡村酒坊，课额十贯以下停废。"② 可见课额在十贯以上的乡村酒坊，大都施行买扑制。熙宁以后，实封投状的买扑形式逐渐在全国铺开，熙宁五年（1072）二月，神宗诏："天下州县酒务，不以课额高下，并以租额纽算净利钱数，许有家业人召保买扑，与免支移、折变。"③ 采取类似于现代招标的形式，来确定某一区域酒业经营的垄断权。

至于匹帛、丝绵等一些日用品，国家也对其在农村市场中的流通进行了相应的规范。太平兴国七年（982）八月诏："川、陕诸州匹帛、丝绵、绸布之类堪备军装者，商人不得私市取贩鬻。"④ 淳化二年（991）四月诏："雷、化、新、白、惠、恩等州山林中有群象，民能取其牙，官禁不得卖。自今许令送官，官以半价偿

---

① 关于文中坊场钱在地方支用情形，相关记载主要如下。（1）元祐元年（1086）六月十三日中书舍人苏轼言："乞应坊场、河渡、免役、量添酒等钱，并用支酬衙前、募纲运、官吏接送雇人，及应缘衙前役人诸般支使。"（《宋会要辑稿·食货六五·免役》，上海古籍出版社，2014，第7826页）。（2）熙宁八年（1075）八月二十六日，"诏司农寺支坊场钱三十万缗，为郓州市易本钱"（《宋会要辑稿·食货三七·市易》，上海古籍出版社，2014，第6818页）。（3）元丰二年（1079）十月六日，下司农寺，"先以常平所留之半并散不尽钱充籴本，次以坊场、免役余钱，坊场钱留半，免役钱留二年"（《宋会要辑稿·食货五三·常平仓》，上海古籍出版社，2014，第7205页）。

② （清）徐松辑《宋会要辑稿·食货二〇·酒曲》，刘琳等校点，上海古籍出版社，2014，第6425页。

③ （宋）李焘：《续资治通鉴长编》卷230，熙宁五年二月壬申，中华书局，2004，第5604页。

④ （清）徐松辑《宋会要辑稿·食货六四·杂录》，刘琳等校点，上海古籍出版社，2014，第7741页。

之。有敢藏匿及私市与人者，论如法。"① 足见此类物资的流通也被纳入了国家的市场管控范围之内。

　　然而，就买扑场务而言，虽然短时期内增加了政府的商税收入，却逐渐面临败阙、无人承买的窘境，"所收课利，不偿监专、作匠等人请给之费"②。因此，地方官府开始降低承买乡村酒务的门槛，天禧元年（1017）九月诏："淮南乡村酒户年额少者，并停废之。"③ 哲宗元祐年间（1086～1094）减免净利钱八分④，至绍圣年间（1094～1098），"累减及五分以上，亦无人承买者，当职官保明停闭"⑤。由此可知，场务败阙、界满无人承买的问题较为突出。熙宁以后，自从推行了实封投状法，人户"务在必得，既妄添所置之直，又虚增抵产之数"⑥，但往往出价过高，人户难以及时应办，致使场务败阙的问题更为世人所诟病。绍兴二十七年（1157）九月十日，户部言："诸路州县人户买扑场务，绍兴初间，人户逐界增价划买，名课高重，其间有趁办不及者，往往积欠，出纳不行，以致败阙。虽条邻坊抱认，及

---

①　（清）徐松辑《宋会要辑稿·食货三七·市易》，刘琳等校点，上海古籍出版社，2014，第 6805～6806 页。

②　（清）徐松辑《宋会要辑稿·食货二一·买扑坊场》，刘琳等校点，上海古籍出版社，2014，第 6455 页。

③　（宋）李焘：《续资治通鉴长编》卷 90，天禧元年九月癸亥，中华书局，2004，第 2082 页。

④　（宋）苏轼：《苏轼文集》卷 34《论积欠六事并乞检会应诏所论四事一处行下状》，孔凡礼点校，中华书局，1986，第 960 页。

⑤　（清）徐松辑《宋会要辑稿·食货二一·买扑坊场》，刘琳等校点，上海古籍出版社，2014，第 6456 页。

⑥　（宋）吕陶：《净德集》卷 2《奏乞放坊场欠钱状》，载中华书局编《丛书集成初编》，中华书局，1985，第 23 页。

累行体减榜卖，目今停闭去处甚多，若不随宜措置，诚恐日久，积失财计。"① 可见，国家在乡村社会中推行的酒务买扑，以征取酒税为出发点，高抬价例，严重阻碍了酒在农村市场中的自由流通。

就布帛而言，由于明令禁止私贩堪充军备者，部分小农便通过织造短狭縑帛而绕开官府的置务和买。咸平六年（1003）正月，户部言："乞令江南、两浙转运司谕辖下州军人民，今后不得织造短狭縑帛市易，致误公私使用。"② 大中祥符九年（1016）八月，诏三司："诸道州府上供物帛并须四十尺已上，其轻纤短狭者，收其直，罪之。"③ 显然，国家通过行政命令对农村市场中匹帛、丝绵等日用品进行的供给管控同样收效甚微。

国家对于农村市场的秩序、物价以及商品供给尽管采取了多方面的维护、控制和调节举措，其初衷既有鼓励农村市场贸易、扶持利用的一面，同样不乏扩大税源的企图，但就实际执行的结果来看，收效甚微。由此暴露出了国家在干预农村市场的过程中自身存在的诸多局限和不足。总的来说，国家以维护自身统治为出发点的市场干预举措，忽视了农村市场与乡村社会间的紧密联系，最终导致了市场干预的收效不足。

---

① （清）徐松辑《宋会要辑稿·食货二一·买扑坊场》，刘琳等校点，上海古籍出版社，2014，第6456页。
② （清）徐松辑《宋会要辑稿·食货六四·匹帛》，刘琳等校点，上海古籍出版社，2014，第7742页。
③ （清）徐松辑《宋会要辑稿·食货六四·匹帛》，刘琳等校点，上海古籍出版社，2014，第7742页。

三 嵌入乡村社会的农村市场：国家市场干预成效不足的原因

两宋时期，国家针对农村市场采取的各项规范措施，既体现了鼓励农村市场贸易，又表现出不断强化市场控制的二重性，但实际效果大都不尽如人意。其重要原因就是忽视了农村市场嵌入乡村社会的实态，缺乏对乡村社会的关注，以及对二者间紧密联系的考量。国家的各项市场调控措施直接影响着乡村社会各经济主体的日常生活，因而他们以保证和维系正常生活秩序为出发点的回应行为，在很大程度上决定了国家市场干预举措的成效。

（一）市场秩序维护成效不足的原因

就国家规定须用统一制式的升、斗、秤，而民间仍私置秤斗，致使百里之间轻重多寡不同一事而言，不排除商贾细民有大斗进、小斗出的牟利之心，但各地升斗大小制式不同，也有其存在的现实合理性，绍兴三十二年（1162）九月二十八日，户部言："臣僚札子：契勘民间田租各有乡原等则不同，有以八十合、九十合为斗者，有以百五十合至百九十合为斗者，盖地有肥瘠之异，故租之多寡、赋之轻重、价之低昂系焉，此经久不可易者也。"可见农村市场上的升斗折算自有乡原体例，而有司"殊不知民间买田之初，必计租定价。若用百九十合为斗者，其价必倍，官虽重税，业主自皆乐输。斗器虽大，佃户亦安受而不辞"①。与此相应，两

---

① （清）徐松辑《宋会要辑稿·食货六九·宋量》，刘琳等校点，上海古籍出版社，2014，第8053页。

宋时期各州县使用的各种量器也大小不一。如"吴兴乡俗，每租一斗为百有十二合"①，汉阳军"市井有三样斛。有文思院斛，此官省斛也；有黄池斛，客人所常用也；有打买斛，军学所置，客旅交易必请此斛"②，还有"平江市斛"③。可见，脱离了乡村社会的实际，试图在计量上采用统一的制式，实际上是行不通的。

就禁民盗铸钱货和行用小钱而言，华觉明、张宏礼指出："北宋铸钱有统一的合金配制规范，大体上铜锡铅含量分别在62% ~ 68%、7% ~ 12%、22% ~ 29%的区间，而南宋铜钱含铜量明显减少，最低的仅40%，含锡量则多在5%以下。"④ 两宋铜钱料例出现铜锡含量下降、铅含量上升的原因就在于"锡的价格为铅的两倍，而铜的价格则为铅的十余倍"⑤。庆历年间（1041 ~ 1048）所铸的大铜钱，就币材来说，小铜钱三可铸大铜钱一，而币值却是大铜钱一等于小铜钱十，之后宋徽宗崇宁二年（1103）所铸的大铜钱、南宋宁宗嘉泰二年（1202）的折二钱，实际上都存在着大钱与小钱在币材和币值上不等的问题。

然而，货币在宋代乡村社会的生产和社会关系中扮演着越来越重要的角色，如对于地租的货币化、农业生产的商品化，以及乡村社会广泛兴起的雇佣关系而言，币制都是影响其发展的重要

---

① （宋）洪迈：《夷坚志补》卷7《沈二八主管》，何卓点校，中华书局，1981，第1610页。
② （宋）黄榦：《勉斋集》卷10《复吴胜之湖北运判》，载四川大学古籍所编《宋集珍本丛刊》（第67册），中华书局，2004，第638页。
③ （宋）秦九韶：《数学九章》，景印文渊阁《四库全书》（第797册），台湾商务印书馆，1986，第346页。
④ 华觉明、张宏礼：《宋代铸钱工艺研究》，《自然科学史研究》1988年第1期。
⑤ 乔幼梅：《论宋代物价与货币的关系》，《中国经济史研究》1992年第1期。

因素。"绍熙二年春，金溪民吴廿九将种稻，从其母假所着皂绨袍，曰：明日插秧，要典钱，与雇夫工食费。"[1] "吾（洪迈）乡里昔有小民，朴钝无它技，唯与人佣力受直。族祖家日以三十钱雇之春谷，凡岁余得钱十四千。"[2] 这表明货币在乡村社会已广泛使用，因此一些牟利之徒甚至选择"重湖大江，穷山深谷，风涛所阻，猛兽所在，人不得见，吏不得呵"[3] 之处销铸铜钱，就是因为"销熔十钱，得精铜一两，造作器物，获利五倍"[4]，这就难免出现"民间盗铸者众，钱文大乱，物价翔踊"[5] 的现象。至南宋时期，面对商品经济不断发展下钱荒问题的加剧，官方发行会子作为法定货币，但是会子的行用却仅及于府州等地，孝宗时辛弃疾就称："今所谓行使会子之地，不过大军之所屯驻与畿甸之内数郡尔，至于村镇乡落，稍远城郭之处，已不行使，其他僻远州郡又可知也。"[6] 会子的使用既然难以及于村镇乡落，民间盗铸钱币自然就更加顺理成章了。

（二）市场物价调节成效不足的原因

国家干预农村市场物价成效不足，更加凸显了农村市场嵌入乡村社会的历史事实。关于此点，农村市场中的粮食贸易最为典

---

① （宋）洪迈：《夷坚支丁》卷 4《吴廿九》，何卓点校，中华书局，1981，第 997 页。

② （宋）洪迈：《夷坚丙志》卷 11《钱为鼠鸣》，何卓点校，中华书局，1981，第 462 页。

③ （宋）李觏：《李觏集》卷 16《富国策第八》，中华书局，1981，第 145 页。

④ （宋）张方平：《乐全先生文集》卷 26《论钱禁铜法事》，载四川大学古籍所编《宋集珍本丛刊》（第 5 册），线装书局，2004，第 540 页。

⑤ （宋）李焘：《续资治通鉴长编》卷 164，庆历八年六月丙申，中华书局，2004，第 3955 页。

⑥ （明）黄淮、杨士奇编《历代名臣奏议》卷 272《理财》，上海古籍出版社，1989，第 3554 页。

型。宋代不抑兼并的土地制度和以契约租佃制为主的生产关系，一定程度上孕育了乡村社会中的富民阶层，他们通过自身所拥有的财富兼并了大量土地，并通过放佃土地、收取租课的形式与广大佃农结成相互依存关系。在此过程中，富民群体集中了自身资本、土地和小农的劳动力优势，并通过加大对农业生产的投入，获取了巨额地租。对此，魏了翁说："后世田得买卖，富者数万石之租，小者万石、五千石，大者十万石、二十万石。"① 数额如此巨大的地租，除被乡村富民用于自身消费和缴纳赋税外，剩余的部分必然会流向农村市场，因为"富人之多粟者，非能独炊而自食之，其势必粜而取钱以给家之用"②，即富民群体势必将大量的地租以商品粮的形式投放到农村市场上，来换取货币或其他生活所需之物。

小农群体由于占田常狭，当面对农业生产季节性和国家赋税完纳、科派所造成的粮食短缺，以及灾荒时节粮食供应不足等时，不得不出倍称之息，"四处告籴于他乡之富民"③，这必然为富民坐邀厚利、闭廪索价提供了可乘之机。因此，南宋人王柏说："农人以终岁服勤之劳，于逋负拟偿之时，则谷贱而倍费；及其不惮经营之艰苦，籴于青黄未接之时，则谷贵而有倍费。是谷贵谷贱，俱为民病也。"④ 可见，国家试图通过调节粮价来维护乡村社会稳

---

① （宋）魏了翁：《古今考》卷18《附论班固计井田百亩岁出岁入》，景印文渊阁《四库全书》（第853册），台湾商务印书馆，1986，第368页。

② （宋）朱熹：《朱熹集》卷25《与建宁傅守札子》，郭齐、尹波点校，四川教育出版社，1996，第1064页。

③ （宋）陆九渊：《陆九渊集》卷8《与陈教授》，钟哲点校，中华书局，1980，第109页。

④ （宋）王柏：《鲁斋集》卷7《社仓利害书》，载中华书局编《丛书集成初编》，中华书局，1985，第126页。

定的尝试，如果不充分考虑崛起于乡村社会中的富民群体，必然难以有效推进。

就牙人群体而言，国家承认其合法性的初衷是规范各市场行为主体间的商品交易行为。绍兴三年（1133）八月，榷货务都茶场言："客人般贩茶盐到住卖处，欲用牙人货卖者，合依已立定系籍等三等户充牙人交易。"① 搬贩茶盐至住卖处的商人，如果出卖给牙人，必须出卖给那些在官府等级系籍中属于上三等户的合法牙人。可见，在规范各市场行为主体间的商品交易行为这一初衷背后，国家更为深层的目的是试图通过牙人群体分割农村市场中商人小农零碎交易的收入。因此，尽管牙人群体也会在小农的交易中取利，但两相比较，一些蓄积之家宁愿选择依托牙人完成市场交易。宋人董煟称："臣在村落，尝见蓄积之家，不肯粜米与土居百姓，而外县牙人在乡村收籴，其数颇多……止缘上司指挥，不得妄增米价……独牙侩乃平立文字，私加钱于粜主，谓之'暗点'。"② 显然，此处的蓄积之家更乐意同"私加钱于粜主"的牙侩进行交易。

游走于乡村社会和城乡市场之间的牙人，由于能够掌握市场的供求关系和物价变动，他们的存在有其合理性。"乐平永丰乡民胡廿四，开旅店于大梅岭。乾道元年冬，弋阳某客子独携包袱来宿，至夜，买酒邀胡同饮，询问麻价，胡亦添酒报之。客既醉，出白金两小瓜授之云：'明日烦主人分付籴麻打油，归乡转售。'胡甚喜曰：'此甚易，

---

① （清）徐松辑《宋会要辑稿·食货三二·茶法杂录》，刘琳等校点，上海古籍出版社，2014，第 6713 页。
② （宋）董煟：《救荒活民书》卷 2《不抑价》，载中华书局编《丛书集成初编》，中华书局，1985，第 34 页。

一朝可办，且饮酒。'"① 这里经营旅店的乡民胡廿四，一定程度上就扮演了牙人的角色，由于通晓市场行情，他可以轻松地解决商人籴麻打油之事。一些从事长途贩运的商人，由于不熟悉货卖地的物价情况，往往也需要农村市场中的牙人从中斡旋。如在广南西路的钦州，蜀商以蜀锦与贩卖香药的外商进行贸易时，"其始议价，天地之不相侔……二商相遇，相与为杯酒欢，久而降心相从。侩者乃左右渐加抑扬，其价相去不远，然后两平焉。官为之秤香、交锦，以成其事"②。牙人通过说合，促成了双方之间的交易。

虽然牙人群体一定程度上垄断了农村市场中小农和商人的入市交易，但是乡村社会的小农和商人由于自身的不足，同样离不开牙人群体从中斡旋，国家通过"递相结保，籍定姓名，各给木牌子随身别之"等措施对他们进行规约，并试图从中分割利益的干预举措，实际成效依然有限。

（三）商品供给成效不足的原因

国家通过买扑制度来规范农村市场茶、盐、酒等商品供应的举措，之所以一再调整，甚至最终趋于失败，其原因就是国家一味地希望从农村市场中攫取厚利，而忽略了乡村社会小农群体的生存实态。宋朝买扑酒坊者虽大多是富豪之家，但相对于地方官府，仍处于弱势地位，面对坊场钱的巨大需求，他们往往疲于应付，甚至出现了"一界既满，无人承买，虽欲还官而官司不受，

---

① （宋）洪迈：《夷坚三志辛》卷 6《胡廿四父子》，何卓点校，中华书局，1981，第1428 页。

② （宋）周去非：《岭外代答》卷 5《钦州博易场》，载上海师范大学古籍整理研究所编《全宋笔记·第六编》（第 3 册），大象出版社，2013，第 146 页。

无以偿还，虚受刑责"①的情况。至于一般人户，"买扑酒坊，先因实封投状，争气务胜，竟说高价，既得之后，利入微细，不能出办，违限不纳，加以罚钱，至于籍没家产，柤械生虮虱而不得脱"②。也就是说，买扑的准入和退出并未随买扑者经营能力的改变而灵活调整，使得界满无力承买之人还官不受，虚受刑罚。与此同时，一旦酒务课利稍多，地方官府便立即改买扑为官自开沽，"元祐中，诸路申请，凡天下场务利入稍厚者，皆转为官监"③，"其余衙前百姓买扑者，皆是利薄之处"④，致使买扑乡村酒务的小农必至破家竭产而后止。

以茶叶为例，哲宗时刘挚揭露四川榷茶之害时指出："官所给钱，靡耗于公者，名色不一，如预借息钱、验引头子钱、税钱之类，费用常以过半。每岁春，官司预以券给借钱粮，必以牙侩保任之，及输入之日，验引交称，又牙侩主之，故其费于牙侩者，又不知几何。则是于园户，名为平市而实夺之也。园户有逃以免者，有投死以免者，已而，其害犹及邻伍，欲伐茶则有禁，欲增植则加市，故其俗论谓地非生茶也，地实生祸也。"⑤ 从食盐来看，熙宁三年（1070）七月辛丑诏："江南西路岁运淮南盐十二纲赴

---

① （元）马端临：《文献通考》卷17《征榷四》，中华书局，2011，第495页。
② （宋）李焘：《续资治通鉴长编》卷366，元祐元年二月甲戌，中华书局，2004，第8785页。
③ （清）徐松辑《宋会要辑稿·食货二十·酒曲》，刘琳等校点，上海古籍出版社，2014，第6430页。
④ （宋）欧阳修：《欧阳修全集》卷116《乞免蒿头酒户课利札子》，李逸安点校，中华书局，2001，第1772页。
⑤ （宋）李焘：《续资治通鉴长编》卷366，元祐元年二月癸酉，中华书局，2004，第8779页。

虔州。"权提点江西刑狱张颉言:"虔州地接岭南,官盐卤湿杂恶,轻不及斤,而价至四十七钱。岭南盗贩入虔,以斤半当一斤,纯白不杂,而卖钱二十,以故虔人尽食岭南盐。庆历中,官卖岁止百万余斤,冒禁之人,本轻利厚,挟刃鸣鼓,千百为群,劫掠村迸,官不能制,余二十年,朝廷患之。"①

显然,上述作为官工商品的茶盐,在农村市场中的流通供应是脱离乡村社会实态的,因此,王安石说:"夫夺民之所甘,而使不得食,则严刑峻法有不能止者,故鞭扑流徒之罪未尝少弛,而私贩私市者亦未尝绝于道路也。"② 这是对上述农村市场中园户和亭户盗贩、私贩、以次充好等行为的最好诠释。

总的来说,与乡村社会的紧密联系是农村市场赖以生存的土地,国家对于农村市场的干预成效如何,取决于商人、小农、牙人,以及田主富民等市场参与者自身的认知、选择和行动。随着商品经济的发展,农村市场的诸要素,如物价、商品供给等都已渗入小农日常生活的方方面面。作为农村市场参与主体的商人、小农、牙人,以及田主富民,其本身内部构成较为复杂、阶层流动较为迅速,因此,在国家权力干预下,原本不是商品的劳动力、土地和货币在实现商品化的同时,势必也要以乡村社会实态为市场干预的出发点,以农村市场和乡村社会的紧密联系为推进干预举措时的考量维度。

---

① (宋)李焘:《续资治通鉴长编》卷213,熙宁三年秋七月辛丑,中华书局,2004,第5178页。
② (宋)王安石:《临川先生文集》卷70《议茶法》,载四川大学古籍所编《宋集珍本丛刊》(第13册),线装书局,2004,第611页。

第四章　两宋农村市场与乡村社会
价值观念的转变

两宋时期，作为农村市场经济主体之一的乡村小农，在丰富农村市场商品、劳动力供给的同时，自身价值观念也受到了极大影响。在这一过程中，乡村社会原有的信任机制、行动伦理和社会惯习在与国家产权保护政策和市场干预措施的碰撞和交融中，为言利思想和契约精神在乡村社会的成长创造了条件。

第一节　两宋言利思想的泛起

在中国传统社会的经济伦理思想中，义利观占有重要的一席之地，义利之辨也是历代经济思想家关注的焦点之一。两宋时期，以"先义后利"为主流的经济伦理思想开始动摇，逐利思想的言论日益高涨，整个社会掀起了一股言利之风。在言利思想的影响下，在农村市场各经济主体面向市场进行商品生产的同时，受市场理性和言利思想的驱使，一些商贾富民的牟利行为扰乱了农村市场的正常运行，增加了农村市场的管理成本。

一 义利之辨与农商并重

"义与利"是中国传统社会两个相互对立的经济伦理范畴，两者何为先、孰为重的问题，早在先秦诸子百家中就引起了激烈的争论。西汉初期，董仲舒提出了"罢黜百家，独尊儒术"的主张，很快便得到了武帝的肯定，至此，"先义后利、重义轻利"的义利观开始成为社会主流的经济伦理思想。以西汉"重农贵粟论"为例，晁错便指出一个五口之家的小农家庭"春耕夏耘，秋收冬藏，伐薪樵，治官府，给徭役。春不得避风尘，夏不得避暑热，秋不得避阴雨，冬不得避寒冻，四时之间，亡日休息"，勤劳如此，但是一遇灾荒，或为应付官府赋敛，仍"有者半贾（价）而卖，亡者取倍称之息，于是有卖田宅鬻子孙以偿责（债）者"，相反，"商贾大者积贮倍息，少者坐列贩卖，操其奇赢，日游都市，乘上之急，所卖必倍。故其男不耕耘，女不蚕织，衣必文采，食必粱肉，亡农夫之苦，有仟伯之得"。[①] 何以商人没有农人辛劳，却富于农人，晁错解释为"此商人所以兼并农人，农人所以流亡"之故，并称"法律贱商人，商人已富贵矣；尊农夫，农夫已贫贱矣"[②]。法律规定和社会实际情况已经出现了反转，商人通过兼并小农的生产生活资料而获得大量财富。这对于以小农经济为基础的国家统治者来说，自然难以允许。由此，商业开始被视为末业，商人在以"士、农、工、商"为高低序列的社会等级体系中被置

---

① （汉）班固：《汉书》卷24《食货志》，中华书局，1962，第1132页。
② （汉）班固：《汉书》卷24《食货志》，中华书局，1962，第1132～1133页。

于最底层。同时，在思想层面，董仲舒也主张"夫万民之从利也，如水之走下，不以教化堤防之，不能止也"①，即要以儒家所主张"先义后利"之学来教化百姓。在这一国家统治秩序和思想价值导向的约束下，汉晋时期的社会流动较为有限，小农大多被固着在庄园、宗族、坞堡等多重社会组织之中，经济社会生活高度自给。

赵宋立国之后，随着商品经济的发展以及商业贸易的繁荣，"先义后利"的传统观念逐渐被削弱，"义利并重""农商并重"的思想和意识开始抬头，这从当时众多思想家的言论中便可窥见。北宋中期著名思想家李觏说："利可言乎？曰：人非利不生，曷为不可言？欲可言乎？曰：欲者人之情，曷为不可言？"② 公然将"利"和"欲"提到了人的本性高度。王安石甚至说："利者义之和，义固所以为利也。"③ 苏洵也指出："利在则义存，利亡则义丧。"④ 体现了义在利中、义利相合的思想观点。至南宋时期，以陈亮和叶适为代表的浙东事功学派，本着重事功、讲实际的思想，立足现实，针砭时弊，主张"农商并重"，进一步强调义利并重的思想，陈亮便认为"道非出于形气之表，而常行于事物之间"⑤。

在此基础上，他们开始大力提倡保富论，鼓吹富人在社会经济发展和国家强盛中的作用。叶适指出："今天下之民，不齐久

---

① （汉）班固：《汉书》卷 56《董仲舒传》，中华书局，1962，第 2503 页。
② （宋）李觏：《李觏集》卷 29《杂文·原文》，中华书局，1981，第 326 页。
③ （宋）李焘：《续资治通鉴长编》卷 219，熙宁四年春正月壬辰，中华书局，2004，第 5321 页。
④ （宋）苏洵著，曾枣庄、金成礼笺注《嘉祐集笺注》卷 9《义者利之和论》，上海古籍出版社，1993，第 278 页。
⑤ （宋）陈亮：《龙川文集》卷 9《勉强行道大有功》，载四川大学古籍所编《宋集珍本丛刊》（第 65 册），线装书局，2004，第 494 页。

矣。开阖、敛散、轻重之权不一出于上，而富人大贾分而有之，不知其几千百年也。"① 苏轼言："商贾贩卖，例无见钱，若用见钱，则无利息。须今年索去年所卖，明年索今年所赊，然后计算得行，彼此通济。今富户先已残破，中民又有积欠，谁敢赊卖物货？则商贾自然不行。此酒税课利所以日亏，城市房廊所以日空也。"② 公开反对国家在商业活动中排斥和打击富商大贾的做法。就连反对变法的保守派代表人物司马光，在目睹国家政策侵扰富民所带来的后果时，也不由得叹息道："臣恐十年之外，富者无几何矣。富者既尽，若不幸国家有边隅之警，兴师动众，凡粟帛军须之费，将从谁取之？"③ 其中保护财富阶层的思想溢于言表。

上述思想家和知识分子也从重新审视贫富关系的视角来提倡保富论。例如司马光便称："民之所以有贫富者，由其材性愚智不同。富者智识差长，忧深思远，宁劳筋苦骨，恶衣菲食，终不肯取债于人，故其家常有赢余而不至狼狈也。贫者皆窳偷生，不为远虑，一醉日富，无复赢余，急则取债于人，积不能偿，至于鬻妻卖子，冻馁填沟壑，而不知自悔也。是以富者常借贷贫民以自饶，而贫者常假贷富民以自存，虽苦乐不均，然犹彼此相资，以保其生。"④ 显然，司马光对于"其家常有赢余"的富民并未主张限制打击，而是肯定了其财富积累的合理性。叶适说："富人者，州县之本，上下

---

① （宋）叶适：《叶适集·水心别集》卷2《财计上》，刘公纯等点校，中华书局，1961，第659页。
② （宋）李焘：《续资治通鉴长编》卷473，元祐七年五月壬子，中华书局，2004，第11289页。
③ （元）马端临：《文献通考》卷21《市籴考二》，中华书局，2011，第623页。
④ （元）马端临：《文献通考》卷21《市籴考二》，中华书局，2011，第622页。

之所赖也；富人为天子养小民，又供上用，虽厚取赢以自封殖，计其勤劳亦略相当矣。"① 苏辙则直接指出，富家大姓"州县赖之以为强，国家恃之以为固，非所当扰，亦非所当去也"②。这些言论公开承认富民为国家和社会的根本，肯定了富民财富积累的合法性，并主张对富人予以保护，显然是对言利思想的肯定。

言利思想的抬头和义利并重这一经济伦理思想的发展，也使得广大社会成员开始重新评价商人群体的社会地位。与司马迁所说的"用贫求富，农不如工，工不如商"③ 一样，宋初蔡襄也曾指出："凡人情莫不欲富，至于农人、百工、商贾之家，莫不昼夜营度，以求其利。"④ 他认为求利乃小农、手工业者以及商贾共同的心理诉求。司马光也认为："夫农、工、商贾者，财之所自来也。农尽力，则田善收而谷有余矣；工尽巧，则器斯坚而用有余矣；商贾流通，则有无交而货有余矣。彼有余而我取之，虽多不病矣。"⑤ 强调农、工、商贾各司其职，各尽其力。郑至道也评论说："古有四民，曰士，曰农，曰工，曰商。士勤于学业，则可以取爵禄；农勤于田亩，则可以聚稼穑；工勤于技艺，则可以易衣食；商勤于贸易，则可以积财货。此四者，皆百姓之本业，自生

---

① （明）黄淮、杨士奇编《历代名臣奏议》卷54《治道·民事下》，上海古籍出版社，1989，第751页。
② （宋）苏辙：《栾城集·三集》卷8《诗病五事》，曾枣庄、马德富校点，上海古籍出版社，2009，第1555页。
③ （汉）司马迁：《史记》卷129《货殖列传》，中华书局，1959，第3274页。
④ （宋）蔡襄：《福州五戒文》，载中华书局编辑部编《宋元方志丛刊》，中华书局，1990，第8243页。
⑤ （宋）李焘：《续资治通鉴长编》卷196，嘉祐七年五月丁未，中华书局，2004，第4754页。

民以来，未有能易之者也。"① 更是将"商"与"士""农"并称为百姓与生俱来的本业。南宋度宗时，黄震也指出："士、农、工、商，各有一业，元不相干，为士者多贫，虽至仕官，尚苦困乏，惟为农、工、商贾而富者，最为可庆，最当知足。"② 这里黄震认为相较于困乏的官僚士大夫而言，因经营农业、手工业和商业而致富的小农是社会应当大力鼓励的。这些言论显然和"贵者始富，言富则知贵，所谓禄以驭其富也"③ 的三代之法大相径庭，两宋社会开始以一种新的社会分工论的视角来重新审视农商关系，并在此基础上主张"农商并重"。

二 言利思想在不同经济主体市场行为中的体现

两宋社会掀起的言利之风，波及众多阶层，就农村市场而言，富民商贾利用地区差价和农业季节性差价囤积居奇，乡村小农转而经营各类面向市场的商品性农作物，初衷都是在言利思想的作用下，追求财富的体现。

（一）农村粮食贸易中的富民和商贾

富民群体是两宋商品经济迅猛发展的时代产物，他们因占有财富而著称于乡里，因此，农村市场中的言利思想首先体现在富民群体获取财富的各种市场行为中。就粮食的买入而言，无论是

---

① （宋）郑至道：《琴堂谕俗编》卷上《重本业》，景印文渊阁《四库全书》（第865册），台湾商务印书馆，1986，第241页。
② （宋）黄震：《黄氏日抄》卷78《又晓瑜假手代笔榜》，载张伟、何忠礼编《黄震全集》，浙江大学出版社，2013，第2197页。
③ （明）朱睦㮮：《五经稽疑》卷2《五福不言贵》，景印文渊阁《四库全书》（第184册），台湾商务印书馆，1986，第706页。

籴买粮食的地方官吏，抑或是囤积以待高价的乡村富民，都深谙丰年价贱的道理。为此，富民甚至不惜和地方官吏争夺粮食市场。元祐元年（1086）司马光在《乞趁时收籴常平斛斗白札子》中便指出："向者有因州县阙常平籴本钱，虽遇丰岁，无钱收籴。又有官吏怠慢厌籴之烦，虽遇丰岁，不肯收籴。又有官吏不察知在市斛斗实价，只信凭行人与蓄积之家通同作弊。当收成之初，农夫要钱急粜之时，故意小估价例，令官中收籴不得，尽入蓄积之家。直至过时，蓄积之家仓廪盈满，方始顿添价例，中粜入官。是以农夫粜谷止得贱价，官中籴谷常用贵价，厚利皆归蓄积之家。"①这里的蓄积之家，一定程度上就是上述所讲的富民群体，他们通过勾结行人，压低官府收籴的粮价，当官中籴买不成之际，再私下小添价例，将其收入自己囊中，等到场铺一空，官中须米便只能以更高的价格向富民籴买，由此富民便可坐收厚利。正如王炎所言："商贾所趋者，利也。大家温户藏粟既多，必待凶歉而后粜，其所求者，亦利也。"②

就粮食卖出而言，粮价的高低是决定富民是否出粜的关键，因为"谷所储积，皆豪民大家，乘时缴利，闭廪索价。价脱不高，廪终不发，则谷不得不甚贵"③。此时官府单方面压低粮价，成效十分有限，如开宝五年（972）陈从信对赵光义说："今（开封）

---

① （宋）李焘：《续资治通鉴长编》卷384，元祐元年八月丁亥，中华书局，2004，第9350页。
② （宋）王炎：《双溪文集》卷11《上赵丞相》，载四川大学古籍所编《宋集珍本丛刊》（第63册），线装书局，2004，第161页。
③ （宋）范浚：《范香溪先生文集》卷15《议钱》，载四川大学古籍所编《宋集珍本丛刊》（第42册），线装书局，2004，第463页。

市中米贵，官乃定价斗钱七十，商贾闻之，以其不获利，无敢载至京师者。虽富人储物，亦隐匿不粜。"① 可见，即使政府人为干预，也一定程度上须遵循商贾求利的市场原则。越州知州赵阅道"熙宁中以资政殿大学士知越州，两浙旱蝗，米价踊贵，饿死者十五六。诸州皆榜衢路，立赏禁人增米价，阅道独榜衢路，令有米者任增价粜之。于是诸州米商辐辏诣越，米价更贱，民无饿死者"②，在这里，赵阅道显然是巧妙地利用了求利之心驱使米商富农争先运米前来出粜，使得短期内市场粮食供大于求，粮价下跌。

（二）商品性农业经营中的乡村小农

就乡村小农而言，言利思想也实际上左右着他们参与市场的各项活动。以粮食生产为例，仓廪殷实，以备不时之需的思想开始动摇，相反，将粮食甚至部分口粮作为商品投入市场以获取厚利的现象逐渐抬头。嘉泰二年（1202），叶适上奏言："臣采湖南士民之论，以为二十年来，岁虽熟而小歉辄不耐，地之所产米最盛，而中家无储粮。臣尝细察其故矣。江湖连接，无地不通，一舟出门，万里惟意，靡有碍隔。民计每岁种食之外，余米尽以贸易。大商则聚小家之所有，小舟亦附大舰而同营，辗转贩粜，以规厚利。父子相袭，老于风波，以为常俗。其不耐小歉而无余蓄，势使之也。故每遇小歉，闾里不能自相给，惟仰州县赈救。"③ 可

---

① （宋）李焘：《续资治通鉴长编》卷13，开宝五年七月甲申，中华书局，2004，第287页。

② （宋）司马光：《涑水记闻》卷14《任增米价》，邓广铭、张希清点校，中华书局，2017，第309页。

③ （宋）叶适：《叶适集·水心文集》卷1《上宁宗皇帝札子二》，刘公纯等点校，中华书局，1961，第2~3页。

见江西、湖南之民经营粮食贸易已十分普遍，形成了大商、小商之间的有序分工。广西地区，"田家自给之外，余悉粜去"，由广东商人运至广州，"富商以下价籴之，而舳舻衔尾，运之番禺，以罔市利"①。

除了将粮食作为商品投放市场以谋取厚利外，在决定农作物品种的过程中，一些交通便利、邻近市场的小农大多选择种植收益大于粮食的经济作物，然后用通过出售经济作物所赚取的货币从农村市场中购买粮食，这同样是乡村小农言利思想的体现。福建地区山多田少，农民"多费良田，以种瓜植蔗"②，以至于"福、泉、兴化三郡，全仰广米，以赡军民"③。"川蜀茶园，本是百姓两税田地，不出五谷，只是种茶，赋税一例折科，役钱一例均出，自来采茶货卖，以充衣食。"④ 如果说福建地区是自然地理环境制约了粮食种植，因而被迫种植果蔬等经济作物的话，那么川蜀之地历来被称为"天府之国"，将膏腴之地用来种茶，而衣食所需用茶货所卖之资来采办，必是茶货所卖之利远高于粮食种植的缘故。此外，苏州洞庭湖的柑橘也是一例，宋人庄绰称："平江府洞庭东西二山，在太湖中……然地方共几百里，多种柑橘桑麻，

① （宋）周去非：《岭外代答》卷4《常平》，载上海师范大学古籍整理研究所编《全宋笔记·第六编》（第3册），大象出版社，2013，第138页。

② （宋）韩元吉：《南涧甲乙稿》卷18《建宁府劝农文》，载中华书局编《丛书集成初编》，中华书局，1985，第359页。

③ （宋）真德秀：《西山先生真文忠公文集》卷15《申枢密院乞修行沿海军政》，载四川大学古籍所编《宋集珍本丛刊》（第76册），线装书局，2004，第45页。

④ （宋）吕陶：《净德集》卷1《奏具置场买茶旋行出卖远方不便事状》，载中华书局编《丛书集成初编》，中华书局，1985，第4页。

糊口之物，尽仰商贩。"① 至于洞庭山为何不种粮食而改种柑橘，明人王象晋给出了答案，他称："苏州吴县太湖洞庭山出产橘……凡橘一亩比田一亩利数倍。"② 在粮食和柑橘等经济作物的种植之间，小农必然会选择种植获利较大的柑橘。

一些小农甚至选择脱离农业生产，转而经营工商业，这更能凸显其逐利之心。早在唐代，姚合在描述乡间农民争先经商后指出："客行野田间，比屋皆闭户。借问屋中人，尽去作商贾。"③ 两宋时期，小农经商之势有增无减，宋人苏辙曾说："方今天下之人，狃于工商之利，而不喜于农，惟其最愚下之人，自知其无能，然后安于田亩而不去。"④ 湖南岳州"农民自来兼作商旅，大平（半）在外"⑤。苏州"织纴之功，苞苴之利，水浮陆转，无所不至。故其民不耕耨而多富足，中家壮子无不贾贩以游者。由是商贾以吴为都会，五方毕至"⑥。可见一些小农是为了获取更多的利润，转而经营工商业，这也表明经商求利的思想开始越来越为乡里社会所认可和遵行。

---

① （宋）庄绰：《鸡肋编》，载上海师范大学古籍整理研究所编《全宋笔记·第四编》（第7册），大象出版社，2008，第63页。

② （明）王象晋：《御定佩文斋广群芳谱》卷64《橘》，景印文渊阁《四库全书》（第846册），台湾商务印书馆，1986，第731页。

③ （唐）姚合：《姚少监诗集》卷6《庄居野行》，景印文渊阁《四库全书》（第1081册），台湾商务印书馆，1986，第724页。

④ （宋）苏辙：《栾城应诏集》卷9《进策五道·民政上·第一道》，曾枣庄、马德富校点，上海古籍出版社，2009，第1670页。

⑤ （清）徐松辑《宋会要辑稿·食货六九·逃移》，刘琳等校点，上海古籍出版社，2014，第8073页。

⑥ （宋）范成大：《吴郡志》卷37《县记》，载中华书局编辑部编《宋元方志丛刊》，中华书局，1990，第961页。

三　言利思想对乡村社会的影响

在言利思想的作用下，乡村社会的开放性进一步增强，一些中小商人开始从事城乡市场间的转贩贸易，使得城乡市场间的商品交易更加频繁。然而，与之相伴相生的是一些小农和商人群体为了获取不义之财，公然违反市场秩序，在一定程度上增加了农村市场的运行成本。

（一）"厚利所在"丰富了乡村社会的商品供给

宋代农业经济在粮食生产率提高的基础上，开始向多元化和商品化方向发展，这虽然是小农面对自然环境，主动适应、主动求变，以获得生存发展的体现，但也是小农在言利思想的作用下，为了获取更多财富，结合生态环境、交通运输条件、市场区位，以及自身能力等多重因素的影响而主动做出的理性选择。

以京东路的蚕桑业为例，宋人评价说"青齐之国，沃野千里，麻桑之富，衣被天下"[①]，足见其发展水平很高。蚕桑和茶叶等经济作物的种植大多选择在山区或丘陵地带，对于灌溉设施、土壤肥力等要求不高。太湖平原的湖州，"山乡以蚕桑为岁计。富室育蚕有至数百箔"[②]，可见蚕桑业已成为湖州的主要经济来源，专业化程度较高。杭州也在不利于粮食生产的地区发展蚕桑业，如富

---

① （宋）孙觌：《鸿庆居士集》卷26《札子·李祐除京东转运副使》，景印文渊阁《四库全书》（第1135册），台湾商务印书馆，1986，第268页。

② （宋）谈钥：嘉泰《吴兴志》卷20《物产》，载中华书局编辑部编《宋元方志丛刊》，中华书局，1990，第4859页。

阳县"地狭而人稠，土瘠而收薄"，当地农民"重于粪桑，轻于壅田"，"冬田不耕，一枝之桑亦必争护"①，可见此地蚕桑业甚至超过了粮食种植。由于蚕桑业的适种地形和粮食种植在土地上并不必然构成竞争关系，蚕桑业等的发展便在一定程度上延展了小农经济，增加了小农家庭的总体收入。一些经济型林木也往往选择在山地栽植，如歙州和徽州之地，"土人稀作田，多以种杉为业，杉易生之物，故取之难穷"②，与之相邻的严州，"一年耕且不足以给一年之食"③，因而"谷食不足，仰给他州，唯蚕桑是务，更蒸茶割漆，以要商贾贸迁之利"④，歙州之地，也由于地理环境的影响，"民以茗、漆、纸、木行江西，仰其米自给"⑤。这些根据地理环境选种的经济作物，显然都是面向市场的商品，它们在补充小农生计的同时，也丰富了农村市场的商品供给。

北方畜牧业经济具有投资少、效益好、综合利用率较高的优势，在提高农业生产力的同时，也促进了商品经济的发展。以养羊为例，河东太原"驼与羊，土产也，家家资以为利"⑥。京东密

---

① （宋）程珌：《洺水集》卷19《壬申富阳劝农文》，景印文渊阁《四库全书》（第1171册），台湾商务印书馆，1986，第455页。

② （宋）范成大：《骖鸾录》，载上海师范大学古籍整理研究所编《全宋笔记·第五编》（第7册），大象出版社，2012，第34页。

③ （宋）郑瑶：《景定严州续志》卷2《荒政》，载中华书局编辑部编《宋元方志丛刊》，中华书局，1990，第4365页。

④ （宋）陈公亮：《淳熙严州图经》卷1《风俗》，载中华书局编辑部编《宋元方志丛刊》，中华书局，1990，第4286页。

⑤ （宋）罗愿：《新安志》卷1《风俗》，载中华书局编辑部编《宋元方志丛刊》，中华书局，1990，第7604页。

⑥ （宋）李焘：《续资治通鉴长编》卷279，熙宁九年十二月丙申，中华书局，2004，第6836页。

州"剪毛胡羊大如马"①。羊肉自不必说,羊毛、羊皮、羊筋、羊角、羊鬃等都具有广泛的市场用途,南方水乡的自然环境适合渔业的发展,如汉阳军之地"人户不事耕农,专恃鱼利"②。洞庭湖东部地区的岳州"中民之产不过五十缗,多以舟为居处。随水上下,渔舟为业者,十之四五。所至为市,谓之潭户。其常产即湖地也"③。在江南东路的江州,"水滨产鱼苗,地主至于夏,皆取之出售,以此为利。贩子辏集,多至建昌,次至福建、衢、婺"④。可见,畜牧业、养殖业等家庭副业,都是面向市场来开展生产,以求利为目标的经营活动。

手工业制品同样开始大量出现在农村市场中。熙宁八年(1075)十月辛亥,御史中丞邓绾言:"夫行商坐贾,通货殖财,四民之一心也,其有无交易,不过服食、器用、粟米、财畜、丝麻、布帛之类。"⑤ 显然,这里商人交易的物品大多是小农的日用品。以纺织业为例,宋代主要形成了京东河北、川蜀、两浙三大专业生产区。如京东路的板桥镇,宋哲宗时,范锷奏称在密州板桥镇"自来广南、福建、淮、浙商旅,乘海船贩到香药诸杂税物,乃至京东、河北、河东等路商客般运见钱、丝、绵、绫、绢,往

---

① (宋)苏轼:《苏轼全集校注》卷13《和蒋夔寄茶》,河北人民出版社,2010,第1323页。

② (宋)黄榦:《勉斋集》卷31《申帅漕两司为旱荒乞别相度筑城事》,载四川大学古籍所编《宋集珍本丛刊》(第68册),线装书局,2004,第64页。

③ (宋)范致明:《岳阳风土记》,载上海师范大学古籍整理研究所编《全宋笔记·第二编》(第7册),大象出版社,2006,第90页。

④ (宋)周密:《癸辛杂识》别集卷上《鱼苗》,载上海师范大学古籍整理研究所编《全宋笔记·第八编》(第2册),大象出版社,2017,第334页。

⑤ (宋)李焘:《续资治通鉴长编》卷269,熙宁八年十月辛亥,中华书局,2004,第6606页。

来交易买卖，极为繁盛……板桥有西北数路商贾之交易，其丝、绵、缣、帛又蕃商所欲之货，此南北之所以交驰而奔辏者"①。可见汇集到板桥镇的丝织品，除了向汴京输送以外，还广泛地销往淮、浙、福建等南方市场以及海外市场。一些家庭小手工业者，同样在言利思想的驱使下，面向市场开展生产。以纸工为例，湘潭县境内有昌山，"周回四十里，中多筱簜，环而居者千室，寻常于竹取给焉，或捣为纸，或售其骨，或作簟，或造鞋，其品不一，而不留意耕稼"②。南宋人廖刚说："南亩之民，转而为纸工者，十且四五，东南之俗为尤甚焉。盖厚利所在，惰农不劝而趋。"③可见，因利之所在，小农转而经营手工业生产，使得各类手工业制品大量出现在了乡村社会中。

（二）"不义之财"增加了农村市场的运行成本

两宋农村市场的发展虽然在总体上丰富了乡村社会的商品供给，但在实际的市场运行中却包含了大量非理性、无秩序和非经济的因素。以小农生活必需品粮食为例，其市场性消费原因的形成便十分复杂。

一些仓廪殷实的乡村富民便利用自身的财富和地缘优势，力图垄断和干预农村市场的粮食供给和粮价。例如，在面对小农因缺粮而难以为继时，一些"豪民大家，乘时缴利，闭廪索价。价

---

① （宋）李焘：《续资治通鉴长编》卷409，元祐三年三月乙丑，中华书局，2004，第9956页。

② （宋）洪迈：《夷坚三志辛》卷8《湘潭雷祖》，何卓点校，中华书局，1981，第1448页。

③ （宋）廖刚：《高峰文集》卷1《乞禁焚纸札子》，景印文渊阁《四库全书》（第1142册），台湾商务印书馆，1986，第313页。

脱不高，廪终不发，则谷不得不甚贵"①。因此，仁宗时知江宁府王随就称："民所以饥者，由兼并闭籴以邀高价耳。"② 哲宗时苏轼上奏称："臣顷在黄州，亲见累岁谷熟，农夫连车载米入市，不了盐茶之费，而蓄积之家，日夜祷祠，愿逢饥荒。"③ 可见一些唯利是图的富民，意图利用农业生产的季节差和丰歉差来赚取厚利。黄榦在江西时指出："承积年饥馑之余，无终岁仓箱之积。富商巨室，乐于兴贩，利于高价。多方禁遏，人免艰食。忽闻其将有远行，乡落米价为之顿增。"④

鉴于此，为了维持乡村贫农的生存，维护农村市场的秩序和乡村社会的稳定，国家不得不严厉禁止遏籴之风。庆元元年（1195）十月二十一日，宁宗便下诏："朝廷方下广籴之令，如州县辄敢遏籴，许人户越诉。监司不为受理及失觉察，仰御史台弹劾施行。"⑤ 准许小农向地方官府告发遏籴以邀高价的富农。因此，从表面上看，乡村小农的粮食需求会因市场供给和季节性丰歉而发生相应的变化，但事实上，这一看似有序的市场供求秩序很大程度上是地方官府运用各种市场和行政手段干预调整的结果。

一些关于小商小贩为了赚取厚利而售卖伪劣产品的记载同样

① （宋）范浚：《范香溪先生文集》卷 15《议钱》，载四川大学古籍所编《宋集珍本丛刊》（第 42 册），线装书局，2004，第 463 页。

② （宋）李焘：《续资治通鉴长编》卷 101，天圣元年八月甲寅，中华书局，2004，第 2332 页。

③ （宋）苏轼：《苏轼文集》卷 35《乞免五谷力胜税钱札子》，孔凡礼点校，中华书局，1986，第 991 页。

④ （宋）黄榦：《勉斋集》卷 28《申江西提刑辞兼差节干》，载四川大学古籍所编《宋集珍本丛刊》（第 68 册），线装书局，2004，第 29 页。

⑤ （清）徐松辑《宋会要辑稿·食货四一·遏籴》，刘琳等校点，上海古籍出版社，2014，第 6922 页。

充斥于史籍之中。"余干古步，有墟市数百家，为商贾往来通道，屠宰者甚众。王生擅其利数世，每将杀一豕，必先注水沃灌，使若充肥，因可剩获利。"① "黄州市民渠生，货油为业，人呼曰渠油，一意嗜利。每作油时，乘热益以便溺，几三之一。谓其可相杂，不妨点照，因是获息颇博。"② "庐山下卖油者……恒以鱼膏杂油中，以图厚利。"③ "乐平明口人许德和，闻城下米麦价高，令干仆董德押一船出粜。既至，而价复增，德用沙砾拌和以与人，每一石又赢五升。不数日货尽，载钱回。"④ 上述内容都是小商小贩因出售伪劣产品而获息颇多的记载。这些以次充好的产品在流入市场后显然会造成混乱，如注水沃灌的猪肉，"人食其肉者，瘤疾辄发动"⑤，这势必会造成市场管理成本的增加。

两宋时期，商品经济的发展使得整个社会的流动和分化加速。因此，无论是宋王朝的统治者，抑或是官僚士大夫阶层，都开始意识到"义"与"利"并非根本对立，二者也存在有机统一的一面。随着这一观念的出现，商人群体的势力和社会地位得到了相应增强和提升，一大批新的庶民地主也通过经营土地、手工业以及商业逐步发展壮大。在言利思想的影响下，乡村富民和商贾利用粮食贸易的季节差价和地区差价增值财富，乡村小农也开始从

---

① （宋）洪迈：《夷坚三志壬》卷9《古步王屠》，何卓点校，中华书局，1981，第1536页。
② （宋）洪迈：《夷坚支癸》卷2《黄州渠油》，何卓点校，中华书局，1981，第1230页。
③ （宋）徐铉：《稽神录》卷1《庐山卖油者》，载上海师范大学古籍整理研究所编《全宋笔记·第八编》（第7册），大象出版社，2017，第12页。
④ （宋）洪迈：《夷坚丁志》卷19《许德和麦》，何卓点校，中华书局，1981，第700页。
⑤ （宋）洪迈：《夷坚三志壬》卷9《古步王屠》，何卓点校，中华书局，1981，第1536页。

事多样化的商品性农业生产。就乡村社会而言，商人小农的部分生产开始面向市场，以市场需求为导向，进而丰富了乡村社会的商品供给。但与此同时，由于农村市场发育不完全，一些乡村富民利用自身的财富和地缘优势，试图垄断和干预农村市场粮食的供给和粮价，一些小商小贩也通过售卖伪劣产品而赚取厚利，阻碍农村市场的正常运行，这在某种程度上提高了农村市场的管理成本。

第二节　两宋契约精神的强化

两宋时期，乡村社会的契约精神得到了进一步强化，日常交易行为中的信任和行动伦理，以及一些乡村社会通用的惯习都构成了契约精神赖以生存的土壤。国家私有财产保护政策在强化乡村民众产权意识的同时，也有力地促进了契约精神在乡村社会的发展。以农村市场为例，无论是商品生产领域的预买预卖，商品交易过程中的即时买卖、赊卖赊卖，还是田宅典卖中的跨血缘交易，契约精神都是维系其正常运转的媒介和纽带。也就是说，契约精神浸润着市场运行的各个环节，在维护农村市场秩序的良性运转，促进农村市场的开放、流动等方面都产生了重要影响。

一　乡村契约关系产生的社会基础

契约是不同的主体之间为实现某一目的而达成的协议。现代社会语境下的契约精神，强调契约主体的独立自主性、目的性，以及契约的允诺性。^① 传统社会中，个体之间的关系更多地依附于宗族、邻里、村落等血缘、地缘共同体，"我者"与"他者"，"公"与"私"之间的界限不甚分明。然而不管是现代社会，抑或是传统社会，个体都不是孤立存在的社会单元，一定会与他人发生某种联系，仅具体的联系形式有所不同。在这一意义上，传统社会契约关系的产生与发展，一定程度上应当与商品经济的发展密切相关。两宋是商品经济发展的第二个高峰期，这一时期契约精神在乡村社会的体现尤为突出，各经济活动中所建立的信任和行动伦理、日常交易中的习惯法、国家在市场交易秩序维护中对契约依赖的增强，以及市场各经济主体在追求经济利益、维护自身个体物权独立性等过程中对契约的迫切需要都构成了乡村社会中契约关系产生的社会基础。

（一）乡村社会经济活动中建立的信任和行动伦理

在宋代乡村社会中，个体小农大多聚族而居，血缘和地缘因素构成了小农群体之间相互联结的重要纽带。在这样一个熟人社会中，彼此间所建立的信任和行动伦理在各种经济活动中发挥了重要作用，因此，父老和长者在乡里社会中便具有崇高的威望。徐铉在《稽神录》中就说："袁州村中有老父，性谨厚，为乡里所推，家亦甚富。"^② 洪咨夔在《平斋文集》中述罗介圭的事迹时也称赞道："里中贷子钱者计缗累万，君叹若救死不瞻，何忍更

---

① 胡骄健：《乡约的契约伦理色彩及其产生、变异分析》，《西南大学学报》（社会科学版）2020 年第 2 期。

② （宋）徐铉：《稽神录》卷 6《袁州老父》，载上海师范大学古籍整理研究所编《全宋笔记·第八编》（第 7 册），大象出版社，2017，第 90 页。

责。若偿，衰券焚之。……乡邻信其长者，有讼不之有司而之君取平相踵也。"① 这些父老、长者之所以能为乡里所信服，甚至一些诉讼纠纷都是由他们来主持公断，主要原因在于他们品性谨厚、处事公道，不贪图私利，在乡里社会享有较高声望。正因如此，官方有时也借用耆长在乡里社会中的地位来管理农村市场的一应事权。例如李元弼在《作邑自箴》中指出："耆长所管乡分图子阔狭，地里村分四至，开说某村有某寺院、庙宇、古迹、亭馆、酒坊、河渡、巡铺、屋舍、客店等若干，及耆长、壮丁居止，各要至县的确地里，委无漏落，诣实结罪状连申，置簿抄上。"② 在农村日常税赋征收中，"坊场钱若见今开沽，只令本处耆长催纳"③。显然，官方看重的是这些乡里长者身上所具有的道德品质以及为乡里所信服的社会地位。

在这些乡里长者的倡议和推动之下，初具契约精神萌芽的"乡约"开始在宋代乡村社会出现，其中的代表便是《吕氏乡约》，由北宋吕大钧倡导制定。按照《吕氏乡约》，入约的乡民"先求同志，苟以为可，愿书其诺"④，即乡约是在个体乡民自愿的原则下组建的。成立乡约这一契约伦理共同体的目的是使入约的乡民之间能够"德业相劝、过失相规、礼俗相交、患难相

---

① （宋）洪咨夔：《平斋文集》卷31《罗迪功墓志铭》，载四川大学古籍所编《宋集珍本丛刊》（第74册），线装书局，2004，第465页。
② （宋）李元弼：《宋代官箴书五种·作邑自箴》卷3《处事》，闫建飞等点校，中华书局，2019，第22页。
③ （宋）李元弼：《宋代官箴书五种·作邑自箴》卷4《处事》，闫建飞等点校，中华书局，2019，第26页。
④ （宋）吕大临著，陈俊民辑校《蓝田吕氏遗著辑校》，中华书局，1993，第567页。

恤"①，并且指出"凡同约者，财物、器用、车马、人仆，皆有无相假"②，即必须履行在契约伦理下的互助。

作为中国古代第一个乡约，《吕氏乡约》对后世产生了重要影响。两宋之世，也有一些人士以其为蓝本，致力于在民间身体力行地推行乡约，其中可考者有阳枋、胡泳、程永奇、潘柄等人。③由于宋代社会激发出来的个人主体性因素的推动，乡约成为在承认了个体之间的德性和道德发展的基础上，所达成的人际互助协议。因此，如果对比前文所述现代社会语境下契约精神的要素，《吕氏乡约》显然已经初具契约精神的萌芽。

除了信任关系的建立外，乡村社会经济活动中一些朴素的行动伦理同样为契约精神的发展做了铺垫。其中最为典型的要数经济交往中的因果报应说。"秀州魏塘村方通判，乳媪周氏临安人，为人朴直自信，不虑人欺。村民或从假贷，不问识不识，随意与之。有蔡公者负最多，每督取，率托以他故。经数年，媪呼而责之。每以姜言答云：'实负婆钱，累欲偿，辄为官事所荡，愿更宽，今岁，如再背约，当为八乳牝狗以报。'未几蔡死，而方家得一犬八乳。周媪常戏呼曰：'汝是蔡公耶？'即掉尾而前，自是闻呼即至，十年乃死。"④文中周氏在向村民提供借贷的过程中，之所以敢"不问识不识，随意与之"，除了他自身具有"为人朴直自信"的品质外，还因为他相信乡里社会中所形成的背弃承诺

① （宋）吕大临著，陈俊民辑校《蓝田吕氏遗著辑校》，中华书局，1993，第563~565页。
② （宋）吕大临著，陈俊民辑校《蓝田吕氏遗著辑校》，中华书局，1993，第566页。
③ 周杨波：《宋代乡约的推行状况》，《浙江大学学报》（人文社会科学版）2005年第5期。
④ （宋）鲁应龙：《闲窗括异志》，载上海师范大学古籍整理研究所编《全宋笔记·第八编》（第4册），大象出版社，2017，第39页。

"会遭报应"的舆论氛围会自觉规范大家的借贷行为，因而"不虑人欺"。与之类似，"嘉兴府德化乡第一都钮七者，农田为业，常恃顽抵赖主家租米。嘉泰辛酉岁，种早禾八十亩，悉以成就收割。囷谷于柴积之侧，遮隐无踪，依然入官诉伤，而柴与谷半夜一火焚尽"①。可见佃户钮七，在与主家达成租佃契约后，由于抵赖租米，同样遭到了"报应"。"淳熙庚子辛丑岁，平江比年大旱。常熟县虞山北葛市村，有农夫姓过，种田六十亩，岁常丰熟。过觊例免秋赋，亦伪以旱伤闻，官果得免输，自以得计。明年壬寅夏，飞蝗骤至，首集过田，禾穗皆尽，而邻比接壤之田，蝗过不食。"② "绍兴五年六月，大雷电，无锡苏村一民家所用斗秤，尽挂于门外大树之梢，行人皆见之。盖其家每轻重其手也。"③ 显然，这里所谓的"蝗灾""雷电"，事实上都是对不信守约定的"惩处"，它们从反面强化和巩固了乡里小农对于约定的自觉遵守。因此，信任机制的建立，以及在此基础上所凝结而成的行动伦理，为契约关系的结成奠定了基础。

（二）日常经济交往中的习惯法基础

小农在日常生活中所开展的各项经济活动，大多遵循着他们在长期交往过程中所约定俗成的习惯法。这典型地表现在田宅交易中白契的盛行。宋代国家法律虽明令将白契视为不合法的契约，

---

① （宋）鲁应龙：《闲窗括异志》，载上海师范大学古籍整理研究所编《全宋笔记·第八编》（第4册），大象出版社，2017，第39页。

② （宋）郭彖：《睽车志》，载上海师范大学古籍整理研究所编《全宋笔记·第九编》（第2册），大象出版社，2018，第198页。

③ （宋）郭彖：《睽车志》，载上海师范大学古籍整理研究所编《全宋笔记·第九编》（第2册），大象出版社，2018，第196页。

但小农对于旧有契约习惯仍然有很强的依赖性，因而白契并未因一纸条文而禁绝，民间私立草契，以白契成交者依然相当普遍。真宗大中祥符九年（1016）二月，秦州曹玮言："州民多讼田者，究寻契书，皆云失坠。至召邻保证验，重为烦扰。……即传榜属县，许首罪投税，以两个月为限。凡得开宝以后未税契者千七百道。"① "绍兴十九年中推行经界，人户多有白契，不堪照用，争出投印，致得当年经总制钱所收增羡。"② 由此可见，白契的使用较为普遍。

白契之所以普遍行用，逃避契税负担自是主要诱因之一。徽宗建中靖国元年（1101）三月十四日，户部状："近据两浙转运司申：访闻民间，日前多有典买田宅、挐畜、船车等私立契书，因为少得见钱赴官投纳印税，内因循出违条限，避免倍输，多是收藏白契在私，不曾经官投纳税钱。"③ 小农为了逃税而在交易过程中私立白契。南宋时，李心传称："大率民间市田百千，则输于官者十千七百有奇，而请买契纸、贿赂胥吏之费不与。"④ 同样是将小农不即时投契纳税归因于契税缴纳过程中的各种苛征。

此外，乡村社会中对契约伦理遵行的习惯法同样为白契的存在奠定了坚实的基础。在儒家思想观念的影响下，"信"已成为人

---

① （清）徐松辑《宋会要辑稿·食货六一·民产杂录》，刘琳等校点，上海古籍出版社，2014，第 7464 页。
② （宋）朱熹：《朱熹集》卷 19《乞蠲减漳州上供经总制额等钱状》，郭齐、尹波点校，四川教育出版社，1996，第 777 页。
③ （清）徐松辑《宋会要辑稿·食货一七·商税》，刘琳等校点，上海古籍出版社，2014，第 6360～6361 页。
④ （宋）李心传：《建炎以来朝野杂记》甲集卷 15《田契钱》，中华书局，2000，第 320 页。

们日常经济交往中的共识。《周礼》便言："以质剂结信而止讼。"① 这是对儒家伦理秩序中"信"原则的承认，也是小农私下达成约定时的信念支撑。在这一原则下订立的协议，以最小的成本实现了物权的转移，减少了国家契约法控制下诸多的手续和费用，因而为小农所推崇。与此同时，国家在田宅典卖过程中所推行的"红契"，也未完全否定白契这一日常交易中的契约关系，只是在白契的基础上，强势植入了国家对市场的干预，借用了国家力量来进一步规范田宅典卖，保证国家的契税收入。对此，嘉定十三年（1220），臣僚言："州县交易，印契所以省词讼，清税赋，而投报输直，亦有助于财计。"② 宋人何坦也指出："古者制民常产，今民自有田，州县利于税契，惟恐其不贸易也。"③

习惯法对土地租佃市场中的契约关系也产生了一定的影响。宋初太平兴国七年（982）十二月，太宗就诏令全国各地，将闲置的国有土地分给农民耕种，规定："明立要契，举借种粮，及时种莳。俟收成，依契约分，无致争讼。"④ 真宗咸平年间（998～1003）也规定："充州县官吏职田者，悉免二税及缘纳物色，许长吏以下募人牛垦辟。所得租课均分，如乡之例。"⑤ 可见，在国有土地的契约租佃中，地租的分成比例同样以"乡原体例"为基础，

---

① （汉）郑玄注《周礼注疏》卷14《地官司徒下》，上海古籍出版社，2010，第517页。

② （元）马端临：《文献通考》卷19《征榷考六》，中华书局，2011，第548页。

③ （宋）何坦：《西畴老人常言·止弊》，载上海师范大学古籍整理研究所编《全宋笔记·第六编》（第9册），大象出版社，2013，第24页。

④ （清）徐松辑《宋会要辑稿·食货一·农田杂录》，刘琳等校点，上海古籍出版社，2014，第5946页。

⑤ （清）徐松辑《宋会要辑稿·职官五八·职田》，刘琳等校点，上海古籍出版社，2014，第4616页。

而所谓的乡原体例，又因具体的时空不同而表现出诸多差异。洪迈在言及自己家乡的地租分成比例时就说："予观今吾乡之俗，募人耕田，十取其五，而用主牛者，取其六，谓之牛米，盖晋法也。"① 佃户自有耕牛而租种地主的土地，双方五五分成，如佃户使用地主耕牛，则二者对土地收成采取四六分成。陈舜俞指出，在太湖平原，"匹夫匹妇男女耦耕，力不百亩，以乐岁之收五之，田者取其二，牛者取其一，稼器者取其一，而仅食其一，不幸中岁，则偿且不赡矣"②，也即地主占土地收成的40%，耕牛占20%，稼器农具占20%，佃户占20%。

在具体的地租缴纳和土地市场的商定中，习惯法的影响同样随处可见，并在一定程度上得到了官方的肯定。绍兴三十二年（1162）九月二十八日，户部言："臣僚札子：契勘民间田租各有乡原等则不同，有以八十合、九十合为斗者，有以百五十合至百九十合为斗者，盖地有肥瘠之异，故租之多寡、赋之轻重、价之低昂系焉，此经久不可易者也。"对此，绍兴府会稽县陆之望提出了异议，并陈乞"以百合斗从官给卖，凡佃户纳租，每亩不得过一石，每斗不得过百合，虽多至百九十合，亦尽行镌减"。表面来看，陆之望所言的统一用百合斗似乎是合理的，但是户部及州县知其不可行，寻即报罢，其原因就在于"民间买田之初，必计租定价。若用百九十合为斗者，其价必倍，官虽重税，业主自皆乐输。斗器虽大，佃户亦安受而不辞。今一旦无故损去其半，而二税、物力、和买、役

---

① （宋）洪迈：《容斋随笔》卷4《牛米》，孔凡礼点校，中华书局，2005，第51页。

② （宋）陈舜俞：《都官集》卷2《策·厚生一》，载四川大学古籍所编《宋集珍本丛刊》（第13册），线装书局，2004，第59页。

钱之类如初，若中人之产量入以为出者，是卒岁之计夺其半矣"①。
也就是说，国家尊重乡村社会"元立文约租数，及久来乡原所用
斗器数目交量，更不增减。如租户不伏，许令退佃"②。针对土地
市场中地价的商定，一些地方官员也主张遵循乡原体例，如绍兴
三十年（1160）正月四日，湖南路提举常平司何份言："乞将本
路州县未卖荒田，更不依元估定价钱，并许人户自行开坐所买田
段四至，随乡原例量度，任便着价，实封投状，给与最高之人。"③
不采用官方原估定之价，而是让小农依据乡村社会自身的价例，
自由给价，并最终与出价最高者达成土地买卖协议。

（三）国家私有财产保护政策强化了乡村民众的产权意识

契约关系是达成契约协议的双方自由意志间的关系，其核心
是将原本各自单一的意志变为契约关系下彼此的共同意志，并在
这一共同意志下实现财产所有权不同权能间的交换。因此，缔结
契约的主体自由意志的体现，一定程度上要以参与契约协议的物
质财产权私有为载体。在这一意义层面上，财产权私有观念在乡
村社会的萌芽与发展必然会为契约精神的成长提供坚实的基础。

财为民本，财固民安。两宋时期，国家对于民间私有财产权
的保护意识和具体措施都发展到了一个新的高度。因此，陈志英
指出，宋代社会中，"一般社会成员的私有财产权利一定程度上获

---

① （清）徐松辑《宋会要辑稿·食货六九·宋量》，刘琳等校点，上海古籍出版社，
2014，第 8053 页。

② （清）徐松辑《宋会要辑稿·食货六九·宋量》，刘琳等校点，上海古籍出版社，
2014，第 8053 页。

③ （清）徐松辑《宋会要辑稿·食货五·官田杂录》，刘琳等校点，上海古籍出版社，
2014，第 6080~6081 页。

得了法律的支持和认可"①。就财产继承问题而言，仁宗嘉祐年间的《遗嘱法》规定："财产无多少之限，皆听其与也；或同宗之戚，或异姓之亲，为其能笃情义于孤老，所以财产无多少之限，皆听其受也。因而有取，所不忍焉。"② 国家充分尊重遗嘱对于个人财产的分配。在具体交易过程中，宋代也明令禁止官员依靠特权非法干预民间的物产买卖。元祐年间（1086～1094），"章惇作其男名目，将朱迎等不愿出卖田产，逼逐人须令供下愿卖文状，并从贱价强买入已。……县官畏惇之势，往往诬以他罪，屡加刑责，必使如意而后已。异日，迎等遍诣本州及转运提刑司次第陈诉，并不依公理断"③，后来，哲宗"诏章惇买田不法，降一官，与宫观差遣，俟服阕日给告"④，时任知州刘淑、两浙提刑莫君陈也因"不受理章惇强买昆山民田事"，诏"刘淑特罢祠部郎中，莫君陈罢两浙提刑，与知州差遣"⑤。

对于小农的住宅、财物、牲畜等私产，国家也进行了详细的立法保护。如"今后有故烧人屋舍、蚕簇及五谷财物积聚者，首处死，随从者，决脊杖二十"⑥，"诸故杀官私马、牛，徒三年，驼、骡、驴，减三等，因仇嫌规避而谋杀，各以盗杀论。若伤残

---

① 陈志英：《宋代物权关系研究》，中国社会科学出版社，2006，第190页。
② （宋）李焘：《续资治通鉴长编》卷383，元祐七年七月丁丑，中华书局，2004，第9325页。
③ （宋）李焘：《续资治通鉴长编》卷420，元祐三年闰十二月末，中华书局，2004，第10174页。
④ （宋）李焘：《续资治通鉴长编》卷435，元祐四年十一月庚寅，中华书局，2004，第10489页。
⑤ （宋）李焘：《续资治通鉴长编》卷431，元祐四年八月辛亥，中华书局，2004，第10419页。
⑥ （宋）窦仪：《宋刑统》卷27《失火》，薛梅卿点校，法律出版社，1999，第496页。

致不堪用者，依本杀法，三十日内可用者，减三等"①。在债权方保护方面，"欠负公私财物，乃违约乖期不偿者，一匹以上违二十日，笞二十，二十日加一等，罪止杖六十。三十匹加二等，谓负三十匹物，违二十日笞四十，百日不偿，合杖八十。百匹又加三等，谓负百匹之物，违契满二十日，杖七十，百日不偿，合徒一年。各令备偿。若更延日，及经恩不偿者，皆依判断及恩后之日，科罪如初"②，但同时又指出"诸债负，不告官司，而强牵财物过本契者，坐赃论"③。明确了所欠公私资金必须如约偿还，存在纠纷的由官方裁决，禁止私自强拿财物、畜产等。在田土诉讼中，《名公书判清明集》卷四《使州送宜黄县张椿与赵永互争田产》条载"赵宏植产于宜黄，卜居于安庆，相去隔远，不可照应"，因此委托其弟掌管，此事按理"甚合人情"，但是其弟"赵焕以兄之田，视为己物，初以献于县学，继复献于郡庠"，而且此事"俱不出田主本意"，后"赵宏之男赵永持安庆公文……执出干照，具述前事，欲还元业"，对此，范西堂认为"既是祖业分明，官司难以拘执，使府照行，给付管业"。④由此可见，国家以干照为凭，保护土地所有者的财产私有权。

国家对民众的财产权所采取的各项保护措施，势必强化小农

---

① （宋）谢深甫：《庆元条法事类》卷79《杀畜产》，戴建国点校，黑龙江人民出版社，2002，第889~890页。
② （宋）窦仪：《宋刑统》卷26《受寄财物辄费用》，薛梅卿点校，法律出版社，1999，第468页。
③ （宋）窦仪：《宋刑统》卷26《受寄财物辄费用》，薛梅卿点校，法律出版社，1999，第468页。
④ （明）张四维辑《名公书判清明集》卷4《户婚门·使州送宜黄县张椿与赵永互争田产》，中国社会科学院历史研究所宋辽金元史研究室点校，中华书局，1987，第101页。

对于自身私有产权的认识。仁宗朝时，宋祁在开封郊外遇一老农，问道：“丈人甚苦暴露，勤且至矣！虽然，有秋之时，少则百囷，大则万箱，或者其天幸然？其帝力然？”老农反问说：“何言之鄙也！子未知农事矣！夫春膏之蒸，夏阳之暴，我且踦跂竭作，扬芟捽草，以趋天泽；秋气含收，冬物盖藏，我又州处不迁，亟屋除田，以复地力。今日之获，自我得之，胡幸而天也！且我俯有拾，仰有取，合锄以时，衰征以期，阜乎财求，明乎实利，吏不能夺吾时，官不能暴吾余，今日乐之，自我享之，胡力而帝也！吾春秋高，阅天下事多矣，未始见不昏作而邀天幸，不强勉以希帝力也！”①

显然，这位老农认为“今日之获，自我得之”，“今日乐之，自我享之”，明确将丰收的成果归因于自己的辛勤劳动，和上天与皇帝区隔开来。由此也可窥见小农的自我意识在民间私有财产观念中逐步得到了强化。

二 农村市场中的契约事实

契约精神在农村市场的各种交易类型中都起到了重要作用。无论是商品生产领域的预买预卖，商品交易过程中的即时买卖、赊买赊卖，还是田宅典卖中的跨血缘交易，契约精神都是维系其正常运转的媒介和纽带。

（一）商品生产领域中的预买预卖契约

两宋时期，契约精神在小农生产、生活中涉及的范围日益扩

---

① （宋）宋祁：《景文集》卷98《录田父语》，景印文渊阁《四库全书》（第1088册），台湾商务印书馆，1986，第542页。

大，逐渐发展成为乡村社会中最为普遍和重要的社会关系之一。随着农村市场的发展，一些田主富商开始将资本投入生产领域。荆湖北路复州，"地卑水汇，间三四岁仅一熟，富商岁首以醝茗贷民，秋取民米，大艑捆载而去"①。淮南西路蕲州，"岁收才能自给，而巨商率先以他货来售，禾始登场，厚取其赢"②。这些富商先期将一些生产生活用品提供给当地小农，双方约定秋收后以米偿还。宋人吕陶在论及四川茶园户时，指出一些"茶园人户多者岁出三五万斤，少者只及一二百斤。自来隔年留下客放定钱，或指当茶苗，举取债负，准备粮米，雇召夫工，自上春以后，接续采取，乘时高下，相度货卖"③。贩茶商人在头一年留下次年收买茶货的定金，以供茶园户购买粮米，雇募人力，从而更好地经营茶园。福建壑源之茶备受商人青睐，"春雷一惊，筇笼才起，售者已担簦挈囊于其门，或先期而散留金钱，或茶才入筐而争酬所直。故壑源之茶常不足客所求"④。同样是商人通过订立契约预卖茶货的典型案例。

宋人蔡襄说，福建地区的荔枝"初著花时，商人计林断之以立券。若后丰寡，商人知之，不计美恶。悉为红盐者，水浮陆转，以入京师，外至北戎、西夏。其东南舟行新罗、日本、流球、大

① （宋）楼钥：《攻媿集》卷104《知复州张公墓志铭》，载中华书局编《丛书集成初编》，中华书局，1985，第1476页。
② （宋）楼钥：《攻媿集》卷100《朝请大夫致仕王君墓志铭》，载中华书局编《丛书集成初编》，中华书局，1985，第1399页。
③ （宋）吕陶：《净德集》卷1《奏县置场买茶旋行出卖远方不便事状》，载中华书局编《丛书集成初编》，中华书局，1985，第4～5页。
④ （宋）黄儒：《品茶要录·辨壑源沙溪》，景印文渊阁《四库全书》（第844册），台湾商务印书馆，1986，第633页。

食之属，莫不爱好，重利以酬之。故商人贩益广，而乡人种益多。一岁之出，不知几千万亿。而乡人得饫食者盖鲜，以其断林鬻之也"①。可见福建的荔枝"初著花时"，一些商人便和乡村果农订立契券买断，立约之后，商人须自行承担当年荔枝收成多寡的风险，因为荔枝已被商贩立契买断，就算是果农也难以品尝到自己所种荔枝的鲜美，可见契约双方对于条约的自觉遵守已达较高程度。就乡村手工业而言，"抚州民陈泰，以贩布起家。每岁辄出捐本钱，贷崇仁、乐安、金溪诸织户，达于吉之属邑，各有驵主其事。至六月，自往敛索，率暮秋乃归，如是久矣……乐安县驵曾小六初用渠钱五百千，为作屋停货，今积布至数千匹"②。这里，富商陈泰采取先期贷放布货，然后延期包买织户布匹的经营方式，这表明陈泰和崇仁、乐安、金溪的织户间已经形成了遵守契约的惯例。

通过上述众多事例不难看出，民间各经济主体间订立预买预卖契约的行为较为普遍，这是宋代乡村社会发展的一个新特点。经由预买预卖契约的达成，小农获得了生产生活资本，能够更好地经营农副产品，而商贾富农也因此打通了稳定的供货渠道，有利于农村市场关系开始由波动向稳定转变。为此，世人对于商贾富农与乡民小农间的预买预卖契约进行了评说。宋人苏辙言："夫商贾之事，曲折难行，其买也先期而予钱。"③ 黄榦指出："世间

① （宋）蔡襄：《荔枝谱·第三》，载中华书局编《丛书集成初编》，中华书局，1985，第2页。
② （宋）洪迈：《夷坚支癸》卷5《陈泰冤梦》，何卓点校，中华书局，1981，第1254页。
③ 《宋史》卷186《食货下八·商税》，中华书局，1977，第4557页。

交易，未有不前期借钱以为定者。"① 这从侧面反映出了契约关系在宋代乡村社会的作用和影响。

（二）商品交易过程中的即时买卖和赊买赊卖契约

随着乡村社会生产力水平的提高和专业分工的逐步细化，参与到市场交易流通领域中的商品日益增多。对此，宋代法律大多要求订立买卖契约。如李元弼说："买卖牛马之类，所在乡仪过却，定钱便付买主，牛畜口约试水草三两日，方立契券。"② 在牛马等牲畜的交易过程中，如双方在三日之内没有异议，便需要订立买卖契约。绍兴十年（1140）六月二十七日，高宗在诏令中亦规定："其人户典卖舟船驴马，合纳牙契税钱，各有立定所收钱数立契，并限三十日印契。"③ 也就是说，人户出卖舟船驴马等商品，需在三十日内订立买卖契约，而且要经官印押并交纳契税钱之后始为合法。

赊买赊卖现象在宋代乡村也较为普遍，赊买赊卖的盛行，虽然加速了商品的流转，但也带来了赊卖方如何规避信用风险的问题，因此，通过订立契约来规范赊买赊卖的正常进行便是解决方式之一。乾兴元年（1022）六月，真宗诏："如有大段行货须至赊卖与人者，即买主量行货多少，召有家活物力人户三五人以上

---

① （宋）黄榦：《勉斋集》卷39《窑户杨三十四等论谢知府宅强买砖瓦》，载四川大学古籍所编《宋集珍本丛刊》（第68册），线装书局，2004，第200页。

② （宋）李元弼：《宋代官箴书五种·作邑自箴》卷3《处事》，闫建飞等点校，中华书局，2019，第20页。

③ （清）徐松辑《宋会要辑稿·食货三五·钞旁印帖》，刘琳等校点，上海古籍出版社，2014，第6760页。

递相委保，写立期限文字交还。"① 宣和三年（1121）二月，徽宗诏"访闻诸路州县奸猾之人赊买客人茶盐，并不依约归还，致客人经官理索，旋置草簿，虚写人户姓名，欠钱数目"，因此"令逐路提举官严切觉察，今后有犯，并具案申尚书省，当议重行编配"。② 淳熙十一年（1184）七月十一日，孝宗诏："今后应赊买客人茶，其人见有父母兄长，并要同共书押文契，即仰监勒牙保均摊偿还，其余买盐货之人，亦一体施行。"③ 可见在宋代赊买赊卖商品交易中，不仅要订立契约，还必须有三五个有家业物力之人作保，或父母兄长共同签押担保，如不能按约偿还，则由担保之人，包括牙保在内，共同均摊所欠债务。

总的来说，契约精神在宋代农村市场的各种交易类型中发挥着日益重要的作用。因此，我们似乎可以说宋代乡村社会在一定程度上正处在一个由血缘、地缘性社会向契约型社会过渡的阶段。正是契约精神在农业、手工业以及商业中的普遍推广运用，才使得宋代农村市场在前代已有的基础上，又获得了进一步的发展。

（三）田宅典卖中的跨血缘契约

两宋时期，透过小农田宅典卖这一经济行为的深刻变化，可以窥见血缘、地缘关系的削弱和契约精神的发展。在宋初的田宅交易中，买卖先问亲邻之俗普遍存在，并对乡里社会秩序起到了明

---

① （清）徐松辑《宋会要辑稿·食货三七·市易》，刘琳等校点，上海古籍出版社，2014，第6809~6810页。
② （清）徐松辑《宋会要辑稿·食货三二·茶盐杂录》，刘琳等校点，上海古籍出版社，2014，第6702页。
③ （清）徐松辑《宋会要辑稿·食货三一·茶法杂录下》，刘琳等校点，上海古籍出版社，2014，第6692页。

显的规约作用。"亲邻权"是指在田宅交易中，基于血缘关系的"亲"和基于地缘关系的"邻"在同等条件下具有优先收买出卖的田宅的权利。然而，历经整个两宋，亲邻权却发生了较为明显的转变。宋初立法规定："典卖、倚当物业，先问房亲；房亲不要，次问四邻；四邻不要，他人并得交易。房亲着价不尽，亦任就得价高处交易。如业主、牙人等欺罔邻、亲，契贴内虚抬价钱，及邻、亲妄有遮吝者，并据所欺钱数，与情状轻重，酌量科断。"① 太祖开宝二年（969），又对会问亲邻的先后顺序进行了界定，"称凡典卖物业，先问房亲，不买，次问四邻。其邻以东南为上，西北次之；上邻不买，递问次邻，四邻俱不售，乃外召钱主。或一邻至著两家已上，东、西二邻，则以南为上；南、北二邻，则以东为上。诸道州、府，应有人户争竞典卖物业，并勒依此施行"② 。这条令文对亲与邻，以及邻与邻之间典卖田宅的优先次序进行了说明，但是对于亲与邻内部的范围以及二者间的关系还未明确限定。绍圣元年（1094），臣僚言："元祐敕：典卖田宅遍问四邻，乃于贫而急售者有害。乞用熙宁、元丰法，不问邻以便之。应问邻者，止问本宗有服亲，及墓田相去百户内与所断田宅接者，仍限日以节其迟。"③ 可见，"亲"开始被限定为"本宗有服亲"者，"邻"开始被界定为"墓田相去百户内与所断田宅接者"，而且对亲邻优先的时限也进行了规定，以降低交易的时间成本。

---

① （宋）窦仪：《宋刑统》卷 13《典卖指当论竞物业》，薛梅卿点校，法律出版社，1999，第 132 页。

② （清）徐松辑《宋会要辑稿·食货三七·市易》，刘琳等校点，上海古籍出版社，2014，第 6805 页。

③ （元）马端临：《文献通考》卷 5《田赋考五》，中华书局，2011，第 113 页。

南宋时期，田宅典卖中的"亲"与"邻"被进一步限定在明确的范围之内。《名公书判清明集》卷九《亲邻之法》载："照得所在百姓多不晓亲邻之法，往往以为亲自亲、邻自邻。执亲之说者，则凡是同关典卖之业，不问有邻无邻，皆欲收赎，执邻之说者，则凡是南北东西之邻，不问有亲无亲，亦欲取赎。殊不知在法所谓应问所亲邻者，止是问本宗有服纪亲之有邻至者，如有亲而无邻与有邻而无亲，皆不在问限。见于庆元重修田令与嘉定十三年刑部颁降条册，昭然可考也。"① 庆元重修田令中则明确规定："诸典卖田宅，四邻所至有本宗缌麻以上亲者，以帐取问，有别户田隔间者，并其间隔古来沟河及众户往来道路之类者，不为邻。又令诸典卖田宅满三年，而诉以应问邻而不问者，不得受理。……如是有亲而无邻，及有亲有邻而在三年之外，皆不可以执赎。"② 显然，此时的"亲邻权"中，血缘关系和地缘关系在土地交易中的障碍被大大削弱了，原业主自由缔结契约、充分行使土地物权的能力得到了进一步提高，这就使得那些"贫而急售"者能够更加依据市场交易的理性法则从事土地田宅典卖。

三 契约精神对农村市场的影响

契约精神在充当农村市场各种交易活动媒介和纽带的同时，也对农村市场的发展产生了重要影响，主要表现在契约精神有力

---

① （明）张四维辑《名公书判清明集》卷9《亲邻之法》，中国社会科学院历史研究所宋辽金元史研究室点校，中华书局，1987，第308～309页。
② （明）张四维辑《名公书判清明集》卷9《亲邻之法》，中国社会科学院历史研究所宋辽金元史研究室点校，中华书局，1987，第309页。

地维护了农村市场的交易秩序，促进了农村市场的开放和流动。

（一）维护了农村市场的交易秩序

两宋时期，随着农业生产力的提高和商品经济的发展，农村市场迎来了新的发展期。地主富民、贫乏小农、中小商人，以及参与经商的地方官吏等多种经济主体在各自利益的驱使下，主动抑或是被动参与到市场各项交易活动中。多经济主体的参与在进一步激发农村市场活力、丰富市场商品供给的同时，也带来了诸多问题，如违约、出售假冒伪劣商品等，使得市场的交易费用和成本增大。契约产生于利益主体间交换与合作的需要，在契约精神的维系和规范下，达成协议的双方在一定程度上能够建立起彼此的信任机制。在这一意义上，契约精神能够对违约、出售假冒伪劣商品等扰乱市场秩序的行为进行道德规劝和伦理谴责。

在契约精神的影响下，农村市场中的一些中小商人逐渐将诚信经营的契约理念内化在具体的市场交易中。"禹锡高祖谓之陶四翁，开染肆，尝有紫草来，四翁乃出四百万钱市之。数日，有驵者至，视之曰：'此伪草也。'四翁曰：'何如？'驵者曰：'此蒸坏草，色泽皆尽矣！今色在外，实伪物也，不可用。'四翁试之，信然。驵者曰：'毋忧，某当为翁遍诣小染家分之。'四翁曰：'诺。'明日驵者至，翁尽取四百万钱草对其人一爇而尽，曰：'宁我误，岂可误他人耶！'时陶氏资尚薄，其后富盛累世，子孙登第者亦数人，而禹锡其一也。禹锡名与谐，钱塘人。"① 也就是说，作为市场中

---

① （宋）施德操：《北窗炙輠录》卷上，载上海师范大学古籍整理研究所编《全宋笔记·第三编》（第 8 册），大象出版社，2008，第 170 页。

介的驵侩本可以为陶四翁分销其花费四百万购买的伪草，进而避免这一损失，但陶四翁却称"宁我误，岂可误他人耶"，随即将这些伪草付之一炬。

对于一些没有履行契约手续的违约行为而言，乡村社会朴素的伦理思想中也闪烁着契约精神的光芒。"永嘉徐辉仲，往丹阳，诣大驵贷钱千缗，未及偿而驵死，既无契券，徐不告其家而归。后生一子，极俊敏，八岁而病，父母忧之，召医市药，所费不可胜计。病子忽语其所亲尼温师曰：'我欲归去！'尼怪问之曰：'父母怜汝如此，如复何归？'曰：'我乃丹阳人，昔徐公贷我钱百万，幸我死不偿，故自来取之。今已偿足，我当归矣！'言毕而逝。"① 徐辉仲因知晓没有订立契券，所以试图逃避债负，但是契约精神下交易双方需自觉履行承诺的特点却以另外一种方式促进了契约目标的实现。

正是由于契约精神的发展，一些牟利之徒利用交易秩序由习惯法向国家法转化过程中的空档来欺骗对方。"徐俅之仆程华，典张三公田，为钱二十五千，约不立契，冀可省庸书人数百之直，且谓华曰：'我与尔素厚，断不负汝，虽无文约何害？'经三岁，张自占为己业，一切租入，了无所偿。"② "泸州合江县赵市村民毛烈，以不义起富。他人有善田宅，辄百计谋之，必得乃已。昌州人陈祈，与烈善。祈有弟三人，皆少，虑弟壮而析其产也，则悉举田质于烈，累钱数千缗。其母死，但以见田分为四。于是载

---

① （宋）洪迈：《夷坚志补》卷6《徐辉仲》，何卓点校，中华书局，1981，第1606页。
② （宋）洪迈：《夷坚三志辛》卷7《张三公作牛》，何卓点校，中华书局，1981，第1437页。

钱诣毛氏，赎所质。烈受钱，有干没心，约以他日取券，祈曰：得一纸书为证，足矣。烈曰：'君与我待是耶？'祈信之。后数日往，则烈避不出，祈讼于县。"① 上述事例的共同点是双方都是在习惯法的环境下订立了口头约定，这样做的直接原因是可以降低物权交易的成本，深层次的原因是在小农的心中，习惯法所附带的保障和约束机制会促使当事人双方自觉地履行契约义务。但事实上，获利的一方为了将交易的财产据为己有，将习惯法秩序下的人情原则，转移到了国家法律框架下的契约关系内，使得原本习惯法下建立在人情基础上的合理交易关系，在契约关系的语境下变成了无效的交易约定。而获利的一方之所以敢这样做，原因就在于契约精神已开始逐步取代乡村社会原有的地缘、血缘关系，成为维系农村市场交易秩序的新规范。

在乡村社会的土地交易市场中，地方政府也开始调整规范的手段，利用契约精神来构建良好的市场秩序。以田宅典卖为例，投纳契税是宋代法律规定的必须履行的土地产权过户手续，为此，国家对于契书的制式、印卖、防伪等都进行了具体的规定。徽宗崇宁三年（1104）六月十日，"敕诸县典卖牛畜契书并税租钞旁等印卖田宅契书，并从官司印卖，除纸、笔、墨、工费用外，量收息钱，助赡（赡）学用，其收息不得过一倍"②。由政府统一发行官府过印的契书，以规范契约交易。绍兴四年（1134）二月二十日，户部言："人户典卖田宅，一年之外不即受税，系是违法。

---

① （宋）洪迈：《夷坚甲志》卷19《毛烈阴狱》，何卓点校，中华书局，1981，第168页。
② （清）徐松辑《宋会要辑稿·食货三五·钞旁定帖》，刘琳等校点，上海古籍出版社，2014，第6753页。

缘在法已有立定日限投契，当官注籍，对注开收；及诡名挟佃并产去税存之户，依已修立到条法断罪施行。仍乞行下州县，每季检举，无致稍有违戾。"① 对典卖田宅投契纳税的期限进行了限定，指出限外不即受税，系违法。针对伪造契书，国家同样制定了相应的处置方法，绍兴五年（1135）三月二十日，两浙转运副使吴革言："在法，田宅契书，县以厚纸印造，遇人户有典卖，纳纸墨本钱买契书填。缘印板系是县典自掌，往往多数空印，私自出卖，将纳到税钱上下通同盗用，是致每有论诉。今相度，欲委逐州通判用厚纸立《千字文》为号印造，约度县分大小、用钱多寡，每月给付诸县，置柜封记。遇人户赴县买契，当官给付。仍每季驱磨卖过契白、收到钱数。内纸墨本钱专一发赴通判厅置历拘辖，循环作本，既免走失官钱，亦可杜绝情弊。仍乞余路依此施行。"② 通过以上论述可见，在田宅典卖的过程中，政府已经逐步成为契约精神的重要推动者，契约关系达成与否开始成为衡量田宅典卖是否合法的重要依据。

（二）促进了农村市场的开放和流动

传统时期，血缘和地缘关系构成了乡村社会各群体间相互联结的主要纽带，个体被置于宗族、家族等村落共同体中，使得人格化的因素时常作用于交易行为，增加了交易成本。与此同时，公然背约、伪立私契及强买强卖等市场摩擦和矛盾也加大了市场

---

① （清）徐松辑《宋会要辑稿·食货三五·钞旁定帖》，刘琳等校点，上海古籍出版社，2014，第 6756 页。

② （清）徐松辑《宋会要辑稿·食货三五·钞旁定帖》，刘琳等校点，上海古籍出版社，2014，第 6756 页。

交易的风险，这些问题都限制了农村市场的进一步发展。然而，契约精神的渗入、跨血缘遵守契约意识的萌芽，以及国家对契约制度的强制推行却在一定程度上有效地避免了上述问题，进而促进了农村市场的开放和流动。

北宋前中期，在土地、田产、家宅等大型不动产的交易中，以亲邻权为主要表现形式的人格化交易，抑制了农村市场的活跃程度，主要原因便是交易成本太大。具体而言，"首先，交易之前告知亲邻需花费大量时间，其次，亲邻有优先购买权，增加了购买者的经济成本及合同的违约风险，最后，亲邻权加剧了亲邻利益纠纷，一定程度上助长了亲邻关系矛盾，增大了社会成本和社会耗散"[①]。太宗雍熙三年（986）二月有关田产典卖的诏令中便指出，贸易物业者"据全业所至之邻，皆须一一遍问。候四邻不要，方得与外人交易"[②]，这显然会花费大量的时间成本。亲邻权虽规定"若是亲人不要，及着价不及，方得别处商量"[③]，看似对市价的尊重，但同时指出"不得虚抬价例，蒙昧公私。有发觉，一任亲人论理。勘责不虚，业主、牙保人并行重断，仍改正物业"[④]，问题在于是否"虚抬价例"并无客观的评价标准，"一任亲人论理"就为一些恃其有亲有邻而扼损其价之人大开方便之门，导致亲邻关系日益紧张。

---

① 张锦鹏：《交易费用视角下南宋"亲邻权"的演变及调适》，《厦门大学学报》（哲学社会科学版）2017年第1期。

② （清）徐松辑《宋会要辑稿·食货六一·民产杂录》，刘琳等校点，上海古籍出版社，2014，第7463页。

③ （宋）王溥：《五代会要》卷26《市》，上海古籍出版社，2006，第416页。

④ （宋）王溥：《五代会要》卷26《市》，上海古籍出版社，2006，第416页。

面对亲邻权中人格化交易因素对土地市场的阻碍，国家进行了一些符合契约精神和市场理性的制度调整。如对亲邻优先购买次序进行明确界定，对法律上有优先权的"亲"与"邻"的适用范围不断压缩，对亲邻适用范围和亲邻优先权诉讼时效进行明确界定。由此，依附于血缘和地缘关系的经济个体对自身所有的土地、田宅有了更充分的自主支配权，在决定与谁达成交易契约时，关注点开始向获利多寡转变。这就使得亲邻权所造成的时间成本和诉讼成本进一步降低，"贫富无定势，田宅无定主，有钱则买，无钱则卖"① 开始成为当时社会的一种普遍现象。也就是说，契约精神一定程度上活跃了农村市场中的土地交易，形成了具有众多买者和卖者的土地市场。

乡村社会经济活动中所形成的信任和行动伦理，以及日常经济交往中的习惯法基础虽然为契约精神的产生提供了土壤，但其自身所存在的局限性一定程度上也限制了农村市场的发展。单纯的信任和行动伦理仅仅是一种道德约束和规劝，对交易双方也仅是一种软控制。习惯法基础在遵循乡原体例的同时，也为一些地方胥吏、富民、乡民中的顽赖者破坏市场秩序提供了可乘之机。契约精神是在商品经济高度发展的基础上产生的规范交易行为的官方行动伦理，因此在有效规避乡村社会原有交易伦理和行为中所暴露出的弊端时，体现出了明显的优势。

太平兴国八年（983），国子监丞、知开封府司录参军事赵孚

---

① （宋）袁采：《袁氏世范》卷3《富家置产当存仁心》，天津古籍出版社，2016，第171页。

上言："庄宅多有争诉，皆由衷私妄写文契，说界至则全无丈尺，昧邻里则不使闻知，欺罔肆行，狱讼增益。请下两京及诸道州府商税院，集庄宅行人众定割移典卖文契各一本，立为榜样，违者论如法。"① 显然，欺罔肆行、狱讼增益的原因就是缺乏统一规范的典卖契约。在赊买赊卖商品交易中，规范的契约订立同样发挥着重要作用，乾兴元年（1022）六月，仁宗诏："在京都商税院并南河北市告示客旅……大段行货须至赊卖与人者……召有家活物力人户三五人以上递相委保，写立期限文字交还……客旅不切依禀，只令赊买人写立欠钱文字，别无有家业人委保，官中今后更不行理会。若是内有连保人别无家活，虚作有物力，与店户、牙人等通同蒙昧客旅，诳赚保买物色，不还价钱，并乞严行决配。"② 强调了在大规模商品的赊卖贸易中，须有三五个有家业物力之人相保，共同订立契约，其目的是降低出卖者损失财产的风险。

正是因为有了契约精神对农村市场交易秩序的规范，农村市场中的交易类型和资本种类才更加多样化。本以经营茶肆起家的邢州富人张翁，"有大客乘马从徒，赍布五千匹入市，大驵争迎之，客曰：'张牙人在乎？吾欲令货。'众嗤笑，为呼张来。张辞曰：'家资所有，不满数万钱，此大交易，愿别择豪长者。'客曰：'吾固欲烦翁，但访好铺户赊与之，以契约授我，待我还乡，复来

① （宋）李焘：《续资治通鉴长编》卷24，太平兴国八年三月乙酉，中华书局，2004，第542页。
② （清）徐松辑《宋会要辑稿·食货三七·市易》，刘琳等校点，上海古籍出版社，2014，第6809~6810页。

索钱未晚。'"① 可见在大客心里，契约已成为一个可以信赖的交易凭证，因此敢于将货物赊与家资不满数万的张翁。南宋诗人杨万里在《与虞彬甫右相书》中说："某之里中有富人焉，其田之以顷计者万焉，其货之以舟计者千焉。其所以富者，不以己为主，而以人为之也。他日或说之曰：'子知所以居其富矣，未知所以运其富也。子之田万顷，而田之入者岁五千。子之货千舟，而舟之入者岁五百。则子之利不全于主，而分于客也。'富人者于是尽取其田与舟而自耕，且自商焉。不三年而贫。何昔之分而富，今之全而贫哉？其入者昔广而今隘，其出者昔省而今费也。"② 也就是说，富人单纯依靠自身的力量欲保有和增值财富，是很难做到的，相反，委托给他人经营，彼此分工，约定利益的分配，才能激发各方的积极性，足见宋人已深谙其中之理。

农村市场合伙经营、合本经营的现象亦不罕见。南宋时，"鄱阳石头镇汪三，常以宰牛为务，多与其侣陈二者共本。庆元元年十一月买得水牯甚大，牵归，杀之"③，这里的汪三和陈二就属于合本经营者。除了普通民众相互之间的合伙经营外，平民与官吏之间同样存在联合经营。绍兴元年（1131）五月，临安府节度推官史棋孙言："州县人户买扑坊场……旧例多是百姓出名产，豪户

---

① （宋）洪迈：《夷坚乙志》卷 7《布张家》，何卓点校，中华书局，1981，第 242 ~ 243 页。

② （宋）杨万里：《诚斋集》卷 63《与虞彬甫右相书》，载四川大学古籍所编《宋集珍本丛刊》（第 54 册），线装书局，2004，第 678 ~ 679 页。

③ （宋）洪迈：《夷坚三志壬》卷 10《汪三宰牛》，何卓点校，中华书局，1981，第 1546 页。

出财本相合。"① 宋代官员因身份地位特殊，一般不亲自经营买扑坊场，而是与民户采用合资的方式共同经营。总的来说，无论是出资还是出力，各经济主体联结起来的纽带之一便是契约精神，在契约精神的作用下，市场的参与主体开始突破血缘、地缘和身份的限制，这显然是农村市场开放和流动的表现。

---

① （清）徐松辑《宋会要辑稿·食货二一·买扑场务》，刘琳等校点，上海古籍出版社，2014，第6454页。

第五章　农村市场视域下两宋乡村社会的新发展

农村市场作为乡村社会的有机组成部分，在其发展壮大的过程中，对乡村社会原有的经济、政治和文化生活都产生了相应的影响。农村市场推动了乡村社会经济的市场化进程，构成了国家与乡村社会关系调适的媒介，同时扩大了乡村社会的开放和流动范围，并促进了乡村社会融入社会主流价值体系。

第一节　两宋农村市场推动乡村社会经济的市场化进程

农村市场是商品经济在乡村社会发展的主要体现之一。商品经济通过市场竞争配置资源，生产要素和消费资料的全部或大部分都要通过市场交换来获得的特征，也经由农村市场实际作用于乡村社会各经济主体。因此，农村市场的发展培育了乡村小农的市场能力，农村市场的供销需求促进了农业的市场化，进而在总体上推动了乡村社会经济的市场化进程。

一　农村市场的发展培育了乡村小农的市场参与能力

中国以农立国，历代帝王无不声称"农为邦（国）本"，农业的发展环境、小农的生存状态对整个传统社会都产生了深远的影响。从事农业生产的小农家庭由此构成了中国传统社会最基本，也是最重要的生产生活单位。农业是国民经济的基础，农业人口构成了全国人口的大多数，正是在这个意义上，我们将传统社会看成农业经济占据主导地位的社会。个体小农家庭当从原始共同体中分化出来以后，为了生产生活的继续，就不得不担负起原始共同体下农业生产以外的耕种、纺织、放牧等职能，因此，小农经济天然地具有自然经济的性质。

然而，小农家庭由于规模狭小，生产能力有限，自给的产品不能完全满足自身的需要，便只得通过与外界进行商品交换求得解决，所以个体小农的农副产品以及手工业品必须有用以交换的，在这一层面上，小农经济与商品经济又存在着必然的联系。商品经济是一种面向市场的商品生产和交换经济，因此通过与外部交换来满足消费在这里被认为是商品经济的重要特征。

市场属于商品经济的范畴，处于商品经济高峰期的两宋时期的市场正经历着一场深刻的社会变革，就乡村社会而言，商品经济的快速发展及向乡村社会的渗透，打破了之前高度自给的小农经济，草市、墟市等农村市场广泛出现，适应了小农经济的发展需要。这首先是由小农家庭的居住特点决定的，在农业生产技术并无重大突破的宋代，自然环境在限制农业生产力的同时，也左右着小农群体的总体分布，加之城市人口增长所造成的人地矛盾，使得小农家庭在总体上分散居住，而且绝大多数都远离城市市场等中心商业区。因此，基于成本和距离的考量，以及小农经济和商品经济间天然的联系，农村市场的产生便成为必然。宋神宗熙宁十年（1077）四月诏："戎、泸州沿边地分蕃汉人户，所居去州县远，或无可取买食用盐、茶、农具。人户愿于本地分兴置草市，招集人户住坐作业者，并先于本州县投状保明，申转运司差官相度经久可行以闻。"① 也就是说，戎州、泸州一带的蕃汉人户居处距州县较远，购买盐、茶、农具等日常所需成本较大，因此请求于本地兴置草市，用于集散上述物品，从而各取所需。斯波义信同样认为和唐代县－村两级制的定居模式不同，宋代定居模式大致为县－市（镇）－村（自然村）三级制，这在本质上是按经济的、社会的大小等级序列形态出现，在宋代社会下层，处于萌芽状态的市引人注目地到处涌现，南宋长江下游流域平均一县有 2～4 个市镇。② 显然，农村市场的产生提升了小农的市场参与能力。

宋代的乡村小农，因农业生产工具的改良、新兴作物品种的引入、各项水利灌溉设施的兴建等一系列利农政策的推行，生产能力有了较大提高。就亩产量来看，虽然全国农业生产地区不平衡仍十分显著，但总的来说，两宋三百年间农业生产是逐步发展的，"就单位面积产量而言，宋代显然超过了隋唐，更远远超过了

---

① （宋）李焘：《续资治通鉴长编》卷 281，熙宁十年四月乙巳，中华书局，2004，第 6896 页。

② 〔日〕斯波义信：《宋代江南经济史研究》，方健、何忠礼译，江苏人民出版社，2012，第 65～66 页。

秦汉"[1]。粮食总产量的稳步提升，使得粮食作为大宗商品在农村市场中占据越来越大的比重。此外，由于劳动人口的增加以及人地矛盾的日益尖锐，小农经济在提高集约化经营水平的同时也不得不面临边际效应递减的规律，因此，粮食种植中的剩余劳动力开始向商品性农业和经济作物种植等方面分化。各种蔬菜、园艺花卉种植专业户也都是在市场需求的引导下发展起来的。

二　农村市场的供销需求促进了农业的市场化

两宋时期，随着乡村社会购买力的提升，农村市场对农业的生产力和商品供给力提出了更高的要求，也就是说，在农业生产技术并无重大突破的宋代，事实上是对土地、资本和劳动力要素提出了更高的要求。"人口增长，土地兼并盛行和商业逐渐发达是两宋经济的三个基本趋势，这三个趋势对农村社会的影响更加显著。人口增加造成农村耕地的不足，土地兼并盛行助长农村财富的集中。"[2] 在这一过程中，调和小农占地不足和富民土地兼并盛行二者间矛盾的机制就是契约租佃制。

两宋农村契约租佃制盛行与土地所有权集中是一个事物的两个方面。一方面，缺乏土地的众多农民占宋代农村人口的大多数，他们需要向拥有大量土地的富民租种土地以维持生活；另一方面，占有大量土地的富民，其初衷也是想要通过出租土地获得更多的地租收入。因此，契约租佃制有利于将富民的土地、资本和小农

---

①　漆侠：《宋代经济史》，中华书局，2009，第138~139页。
②　梁庚尧：《南宋的农村经济》，新星出版社，2006，第1页。

的劳动力优势进行有机结合从而在总体上增加土地产出。但是，富民如何将数额巨大的单一地租变现，或者说变现的效率如何，将直接决定着他们在契约租佃制下资本投入的多少，因为"民庶之家，置庄田，招佃客，本望租课，非行仁义"①，针对这一问题，农村市场的购买力需求为富民将其地租收入变成可以增值的财物创造了条件，提供了平台。正因如此，才会有王炎所指的"大家温户藏粟既多，必待凶歉而后粜，其所求者，亦利也"②。

农村市场的供销需求除了推动主佃间的优势结合和资源配置，进而扩大农产品的市场供给以外，也加速了农业的商品化生产和经济作物的种植。例如，川蜀地区一些茶户的种茶之地"皆民两税地，不殖五谷，惟宜种茶"③。太湖洞庭山一带的橘户，"地方共几百里，多种柑橘桑麻，糊口之物尽仰商贩"④。类似的还有前文提到的蔬菜专业户、乡村酒户、糖霜户、磨户等，这些专业户大多是兼业小农，有的甚至已脱离粮食垦种，专门从事经济作物经营。显然，农村市场发展以后，市场购买力和商品需求的增长是促使上述乡村小农调整家庭经济结构的主要动因之一。

农村市场的发展也为密切乡村社会与城市市场间联系提供了更加便利的途径，进而深刻地影响了乡村农业的发展，这主要体

---

① （宋）苏轼：《苏轼文集》卷31《奏浙西灾伤第一状》，孔凡礼点校，中华书局，1986，第883页。

② （宋）王炎：《双溪文集》卷11《上赵丞相》，载四川大学古籍所编《宋集珍本丛刊》（第63册），线装书局，2004，第161页。

③ （元）马端临：《文献通考》卷18《征榷考五》，中华书局，2011，第509页。

④ （宋）庄绰：《鸡肋编》，载上海师范大学古籍整理研究所编《全宋笔记·第四编》（第7册），大象出版社，2008，第63页。

现在两个方面。首先，农村市场的发展对乡村农业经济的稳定性产生了很大的影响。例如，前文所述农村市场粮食贸易的发展就为富民等兼并之家贱买贵卖，利用季节差价获取厚利提供了便利的途径和条件，所以才有王柏的"谷贵谷贱，俱为民病也"[①]。其次，农村市场的发展加速了农业经济的商品化，而这里的商品化又可以细分为两个层次。一方面，农村市场的发展使得土地、劳动力等农业生产要素的商品化进程进一步加快，如土地就是两宋农村市场中商品交易的大宗，这才有了"古田千年八百主，如今一年换一家"[②] 等诗句的出现，在此基础上还衍生出了买卖、出典、租佃等地权交易体系。[③] 与此同时，农村土地市场的活跃也极大地影响了农业经济的稳定性。另一方面，农村市场的发展加速了一些具体农产品的商品化，例如除了粮食以外，各种蔬菜、水果等农产品，都在农村市场发展的推动下进一步实现了商品化生产。

第二节　两宋农村市场为国家与乡村社会关系的调适提供媒介

历代王朝对乡村社会的治理，主要采取以设官治理为主的政治管理手段和以征收商税为主的经济管理手段。两宋社会也不例

---

① （宋）王柏：《鲁斋集》卷 7《社仓利害书》，载中华书局编《丛书集成初编》，中华书局，1985，第 126 页。

② （宋）罗椅：《涧谷遗集》卷 2《田蛙歌》，载四川大学古籍所编《宋集珍本丛刊》（第 85 册），线装书局，2004，第 740 页。

③ 龙登高：《中国传统地权制度论纲》，《中国农史》2020 年第 2 期。

外，但与此前各历史时期存在较大差异的是，宋代农村市场的兴起对国家运用政治经济管理手段推进乡村社会治理产生了较大影响。

一 国家通过置场收税的方式推进乡村社会治理

宋代是农村市场迅速发展的重要历史时期，无论是在种类形态上，还是在国家商税中所占的份额上，都可以得到有力证明。在这些种类众多的市场类型中，由国家官方设置的各种坊场河渡构成了农村市场的重要组成部分。宋元之际的马端临便说："坊场即墟市也。商税、酒税皆出焉。"① 就坊场数量而言，毕仲衍在《中书备对》中记载熙宁九年（1076）开封府界和全国二十三路大致的坊场数为 27607 处，由此可知坊场之类的草市已大致遍布全国。开禧元年（1205）六月二日，广东提举陈杲言："广州、肇庆府、惠州共管墟税八十三场，皆系乡村墟市。"② 也就是说，在农村市场普遍发展的基础上，国家也顺应市场发展的潮流，采用主动置市的方式来推进乡村社会治理。

商税的多寡是直接影响国家采用何种方式治理乡村社会的因素之一。根据《宋会要辑稿》记载，熙宁十年（1077），县以下以镇、寨、场、务、堡、铺、渡、口、岸、墟、库、巷、林、冶、市、桥、河锁、步、店、岭、山、寺、村、关、曲、团、庄、驿等命名的地方，仅进行收税的便有 1013 处，而收税额在 1000 贯

---

① （元）马端临：《文献通考》卷 19《征榷考六》，中华书局，2011，第 545 页。
② （清）徐松辑《宋会要辑稿·食货一八·商税杂录》，刘琳等校点，上海古籍出版社，2014，第 6385 页。

以下的乡村集市占总数的 2/3 以上。① 也就是说,大多数农村市场
的税额都在 1000 贯以下。早在天圣四年（1026）,仁宗便指出:
"州军管界镇务道店商税场务课利年额不及千贯至五百贯已下处,
许人认定年额买扑,更不差官监管。"② 天圣六年（1028）冬十月
癸酉,河北转运使言:"天下场务岁课三千缗以上者,请差使臣监
临。"③ 由此可见,国家对各种场务道店是采取直接设官监临,或
是由人户买扑年额的管理方式,虽然具体方式是不断变动的,但
国家据此从农村市场获取商税的初衷却是不变的。

国家从坊场等农村市场中所获的商税是其推进乡村社会治理
的主要利源之一,正如两浙转运使王琮等言:"本路利源,唯酒务
与买扑坊场课利钱所收最多。"④ 元祐元年（1086）正月,侍御史
刘挚言:"臣窃见徭役,昔者有至破产而民惮为之者,惟衙前一役
尔。今天下坊场,官司收入自行出卖,岁得缗钱无虑数百万,以
为衙前雇募支酬之直。计一岁之入,为一岁之出,盖优有余裕,
则衙前一重役,无所事于农民矣。"⑤ 也就是说,坊场所获的利源
被用来支付雇募衙前的雇值。宋初,衙前等力役主要是按户等应
役,大多为乡村上三等户,其中,"役之重者,自里正、乡户为衙

---

① 周宝珠:《试论草市在宋代城市经济发展中的作用》,《史学月刊》1998 年第 2 期。
② （清）徐松辑《宋会要辑稿·食货五四·诸州仓库》,刘琳等校点,上海古籍出版社,
2014,第 7236 页。
③ （宋）李焘:《续资治通鉴长编》卷 106,天圣六年冬十月癸酉,中华书局,2004,第
2483 页。
④ （清）徐松辑《宋会要辑稿·食货二一·酒曲杂录下》,刘琳等校点,上海古籍出版
社,2014,第 6454 页。
⑤ （宋）李焘:《续资治通鉴长编》卷 364,元祐元年正月戊戌,中华书局,2004,第
8700 页。

前，主典府库或辇运官物，往往破产"①。正因如此，谏官司马光言："置乡户衙前以来，民益困乏，不敢营生，富者反不如贫，贫者不敢求富。臣尝行于村落，见农民生具之微而问其故，皆言不敢为也，今欲多种一桑，多置一牛，蓄二年之粮，藏十匹之帛，邻里已目为富室，指抉以为衙前矣，况敢益田畴，葺间舍乎?"②衙前一役由于负担沉重，严重阻碍了乡村社会经济的正常发展。利用出卖坊场所获之利支酬重难衙前，可以使乡村小农摆脱亲身应役之苦，进而安心从事经济生产。因此，苏辙说："今来略计天下坊场钱，一岁所得，共四百二十余万贯。若立定酌中价例，不许添价划买，亦不过三分减一，尚有二百八十余万贯。而衙前支费，及召募非泛纲运，一岁共不过一百五十余万贯。虽诸路多少不齐，或足或否，而折长补短，移用可足。由此言之，将坊场钱了衙前一役，灼然有余，何用更差乡户?"③

二 国家通过市场化手段与富民竞争乡村社会的主导权

富民是在商品经济大发展的背景下成长于两宋乡村社会的新兴动力层，也是宋代国家与社会关系巨大变革的产物。"宋代以后，富人不再是与国家相互争利的对立面，家富和国富在制度上达到了共同协调发展。两税法确立了以资产定税的原则，以物力定户等，按资纳税和应役。商税制度和间接专卖制度的确立则实

---

① （元）马端临：《文献通考》卷12《职役考一》，中华书局，2011，第343页。
② （元）马端临：《文献通考》卷12《职役考一》，中华书局，2011，第345页。
③ （宋）李焘：《续资治通鉴长编》卷369，元祐元年闰二月癸卯，中华书局，2004，第8896页。

现了工商业领域国家与民分利共利的基本关系。不论是农业，还是工商业，民间财富的增长都不再意味着国家财富的流失，相反是为国聚财。"① 也就是说，宋代以后，国家和民间在财富分配方面的矛盾有了制度层面的解决方案，这为富民阶层的成长壮大和国家利用市场手段来展开与乡村社会内生动力层的博弈提供了运行机制和法律保障。

具体而言，国家通过市场化的手段与富民竞争乡村社会的主导权体现在乡村社会的各项事务中，如在农村市场粮食贸易中，国家面对乡村富民利用季节差价囤积居奇、贱买贵卖的情形，便利用常平仓"遇贵量减市价粜，遇贱量增市价籴"的机制来稳定粮价。与此同时，国家还通过减免税收等措施鼓励不同区域间的粮食贸易，从而打消富民垄断乡村社会粮价的企图。一些熟谙市场规律的官员径直利用富民粮商逐利心切的心理，放任米价上涨，主动利用市场供求关系来解决一些地区的乏粮问题。在应对灾荒救济时，国家也会利用农村粮食市场供求的变化，提前储备粮食以打击灾荒时节富民坐邀厚利的行为。元祐五年（1090）十一月壬子，苏轼言："见今浙西诸郡米价虽贵，然不过七十文足，窃度来年青黄不交之际，米价必无一百以下。访闻诸郡富民，皆知来年必是米贵，各欲广行收籴，以规厚利。若官估稍优，则农民米货尽归于官，此等无由乘时射利，吞并贫弱。"② 此外，在乡村借

---

① 黄纯艳：《"富民"阶层：解构唐宋以来中国社会发展与变迁的一把钥匙——〈中国古代"富民"阶层研究〉读后》，《中国经济史研究》2009 年第 1 期。

② （宋）李焘：《续资治通鉴长编》卷 451，元祐五年十月壬子，中华书局，2004，第 10836 ~ 10837 页。

贷上，国家也利用市场手段与富民争夺乡村社会的借贷主体地位，哲宗元祐元年（1086）五月，监察御史上官均言："自熙宁以来，始行青苗之法，散敛之息不过二分。而民间之私贷，其利常至于五六，或至倍蓰。"① 国家采用低于民间借贷市场的利率来吸引小农转而向国家借贷。总的来说，无论是在农村市场的粮食贸易中，抑或是在灾荒救济和民间借贷中，国家运用市场手段来巩固自身对于乡村社会的主导权，势必会和成长于乡村社会的富民群体产生或多或少的矛盾。

在与乡村富民利用农村市场来竞争乡村社会主导权的博弈中，国家由于自身的局限性，也逐步认识到需在一定程度上与富民分享乡村社会的主导权，这样才能更好地发挥自身维护乡村社会稳定，以及从乡村社会获取利源的职能。就粮食贸易而言，地方官府往往因籴本不足或官员行政不力等因素的制约，不能根据市场状况及时收籴，错失良机。就应对乡村社会的灾荒救济而言，国家或因粮食储备有限，遇到重大灾荒时往往不能有效解决问题；或因赈灾申报程序的烦琐而削弱其救济的时效性；或因官府出售粮食的地点辐射范围有限，部分乡村偏远之处难以享受到官府的低价赈粜。

与此同时，从乡村借贷市场来看，国家限制富民高利借贷的行为也并未使自身获得预期的声誉，原因就在于"民间私贷其利虽厚，然贷于春者冬未必偿，就使偿之，未必充数，又缓急多

---

① （宋）李焘：《续资治通鉴长编》卷378，元祐元年五月乙酉，中华书局，2004，第9192页。

少，得以自便。其贷于县邑也，则不然，其出有日，其纳有期，有追呼督催之烦，有道途往来之费。方其散也，往往利于目前之得，或轻用而妄费；及其敛也，迫于期会，必至于贱卖谷帛而苟免刑责。县邑收息，虽止于二分，及计民之费用，贱售谷帛，耗失常至于五六，其甚者破荡资产，终身不复自振"①，国家的借贷行为因对乡村社会小农的实态状况考虑不足，未取得应有的效果。

国家为了增加商税收入，在乡村社会设置了坊场墟市，其中一些实际承担催税职能的就是乡村富民。淳熙二年（1175）九月二十二日，臣僚言："乡落有号为虚市者，止是三数日一次市合。初无收税之法。州郡急于财赋，创为税场，令人户买扑纳钱，俾自收税。凡买扑者，往往一乡之豪猾，即称趁纳官课，则声势尤甚于官务。官司即取其课利，虽欲为小民理直，有所不能。"② 也就是说，国家为了通过乡村富民来获得买扑场务的商税课利，不得不与其分享乡村社会的主导权。

第三节　两宋农村市场促进乡村社会的改变

商品经济是一种以市场为导向，以求利为旨归的经济形式。宋代农村市场的发展使得求利之风在乡村社会盛行开来。在言利

---

① （宋）李焘：《续资治通鉴长编》卷378，元祐元年五月乙酉，中华书局，2004，第9192~9193页。

② （清）徐松辑《宋会要辑稿·食货一八·商税杂录》，刘琳等校点，上海古籍出版社，2014，第6377页。

思想的指引下，乡村社会的开放和流动进一步增强，原有乡里社会的价值伦理开始逐步融入与改变社会主流价值体系。

一 农村市场的发展促进了乡村社会的开放和流动

商品经济的发展，很大程度上打破了自然经济的封闭和静止状态，使得追求利益成为社会发展的一股强大力量。言利思想不仅深刻左右着农村市场各经济主体参与市场的行为动机，也从总体上对乡村社会的发展产生了重要影响。

在言利思想的作用下，乡村社会的开放性进一步增强，城乡市场间的社会流动更加频繁。商人小农的部分生产开始面向市场，在丰富了农村市场商品供给的同时，也在一定程度上削弱了乡村社会原有的封闭和稳定。黄榦曾言："富商巨室，乐于兴贩，利于高价。多方禁遏，人免艰食。忽闻其将有远行，乡落米价为之顿增。"① 也就是说，在农村粮食市场中，富商巨室在利益的驱使下，会选择价高之地出售商品粮，而农村市场的米价便会骤增，这虽然说明农村粮食市场的供给有限，但也是乡村社会开放程度提高的表现。叶适也曾说："臣采湖南士民之论，以为二十年来，岁虽熟而小歉辄不耐，地之所产米最盛，而中家无储粮。臣尝细察其故矣。江湖连接，无地不通，一舟出门，万里惟意，靡有碍隔。民计每岁种食之外，余米尽以贸易。大商则聚小家之所有，小舟亦附大舰而同营，辗转贩粜，以规厚利。父子相袭，老于风波，以

---

① （宋）黄榦：《勉斋集》卷28《申江西提刑辞兼差节干》，载四川大学古籍所编《宋集珍本丛刊》（第68册），线装书局，2004，第29页。

为常俗。"① 此处湖南乡村小农的日常生活已经深受粮食市场波动的影响，这与"有财不行商，有丁不入军。家家守村业，头白不出门"② 的封闭稳定状态相比，显然是乡村社会开放和流动增强的表现。

两宋时期，随着商品经济的活跃，城市表现出了复杂的功能和多样化的形态，经由市场的消费逐渐成为当时城市消费的主流。与此同时，随着农业生产力的发展以及手工业、商业的发展，城市以外的乡村社会商品供给能力有所提升，涌现出了数量众多的商业集市。所有这些变化，都使得此前城市控制和剥削乡村的传统城乡关系开始向城乡交相生养的新型城乡关系转型。正如宋人孙升所言："城郭乡村之民交相生养，城郭财有余则百货有所售，乡村力有余则百货无所乏……城郭之民，日夜经营不息，流通财货，以售百货，以养乡村。"③ 概括地说，城乡交相生养即脱离农业生产的城市坊郭户通过经营商业、手工业等积累了大量财富，消费农村生产的各种商品，而农村通过向城市供给各种商品获取财富，购买各种生活所需品，以此，双方求得各自的生存和发展。具体而言，农村市场对于构建新型城乡关系的促进作用体现在，农村市场作为乡村社会的贸易集市，能够将小农所产的零散商品集中起来，然后输送到城市市场。因此，以农村市场为媒介的城

---

① （宋）叶适：《叶适集》卷1《上宁宗皇帝札子二》，刘公纯等点校，中华书局，1961，第2~3页。
② （唐）白居易：《白氏长庆集》卷10《朱陈村》，景印文渊阁《四库全书》（第1180册），台湾商务印书馆，1986，第99页。
③ （宋）李焘：《续资治通鉴长编》卷394，元祐二年正月辛巳，中华书局，2004，第9612页。

市消费需求的扩大和城乡市场关系的改善促进了乡村社会的开放和流动。

二 农村市场的发展促进了乡村社会原有价值伦理的社会融入

传统社会时期，以家庭为单位的村落大多聚族而居，这一现象在中唐以前，尤其是汉晋时期尤为显著，两汉的庄园经济便带有浓厚的宗族色彩，一个庄园实际上就是一个以士人为领袖，以宗族为纽带，包容贫富贵贱、士农工商等各个阶层、各种行业的小社会，因此可以将这一时期庄园经济的特点归纳为"宗族的聚栖之地"①。魏晋南北朝时期，由于国家政权衰微，社会秩序混乱，民众为求自保，纷纷建立坞堡，"考察坞堡内的主要阶级构成，有宗族、同乡和其他依附者，可以说是一个以宗族乡党为主的非纯粹血缘关系的战时集团。在坞堡形成、生存、发展的过程中，宗族乡党都是核心力量"②。也就是说，在中唐以前的乡村社会，宗族血缘关系成为维系乡村经济社会关系的主要纽带。

上述乡村社会经济关系模式在唐宋之际开始转变，标志之一便是"以贫富为差"的建中两税法的推行，它表明国家已开始正视编户齐民间的贫富悬殊，并对其加以利用。宋初以后，推行"不抑兼并"的土地政策，更加肯定了财富的流动和人群的分化。乡村社会原有的以耕织为主的单一生产结构逐渐被打破，开始立

---

① 马良怀：《汉晋之际庄园经济的发展与士大夫生存状态之关系》，《中国社会经济史研究》1997 年第 4 期。

② 王大建：《魏晋南北朝时期的民间秩序结构》，《文史哲》2004 年第 4 期。

体化发展。横向来看，各种商品性农业、副业相继出现，粮食生产相对压缩；纵向来看，精耕细作的经营模式逐渐铺开，粮食亩产量总体上涨。在此基础上，农村市场获得了快速发展，农村市场运行中秉持的一些价值理念也开始逐渐影响和改变乡村社会原有的伦理价值体系。

具体而言，农村市场的发展对乡村民众产权意识的强化起到了促进作用，这突出体现在农村市场的土地交易中。例如，建隆三年（962）十二月，臣僚上言："欲请今后应典当田宅与人，虽则过限年深，官印元契见在，契头虽已亡殁，其有亲的子孙及有分骨肉，证验显然，并许收赎。"① 这是在土地所有权与使用权已分离典田情形下，对出典土地者土地所有权的保护。在其他有关典卖田宅的法令中，宋王朝也明确规定"在法：盗典卖田业者，杖一百"②。这些有关农村土地交易的法令在强调保护小农土地财产私有权的同时势必强化小农自身的产权意识。同时，在农村市场的土地交易行为中也可窥见血缘、地缘关系的削弱和契约精神的发展。以乡村社会的田宅交易为例，买卖先问亲邻之俗普遍存在，"亲邻权"是指在田宅交易中，基于血缘关系的"亲"和基于地缘关系的"邻"在同等条件下具有优先收买出卖田宅的权利。然而，历经整个两宋，亲邻权却发生了较为明显的转变。最终，"亲"与"邻"被进一步限制在既有血缘关系又与所交易田地四

① （清）徐松辑《宋会要辑稿·食货六一·民田杂录》，刘琳等校点，上海古籍出版社，2014，第5901页。

② （明）张四维辑《名公书判清明集》卷5《从兄盗卖已死弟田业》，中国社会科学院历史研究所宋辽金元史研究室点校，中华书局，1987，第145页。

至有交界关系者，进而大大缩小了"亲邻权"的适用范围，减小了血缘和地缘关系在土地交易中的障碍，使得田宅土地的典卖逐渐向市场交易的法则靠拢。

宋代是商品经济繁荣发展的历史时期，商品经济对于产权意识的强调和契约精神的遵守，必然会实际作用于农村市场各经济主体，并对其原有的价值观念产生影响。因此，乡村小农在农村土地交易市场中逐步强化起来的产权意识和契约精神，是他们开始突破乡村社会原有血缘、地缘关系的束缚，试图融入社会主流价值体系的尝试。

结　语

　　宋代是农村市场繁荣发展的重要历史时期，农村市场的商品类型更加丰富、市场主体更加多元。行商坐贾、驵侩牙人、参与经商的地方官吏，以及富民田主和贫农佃户等经济主体，在市场内的产品供需、季节波动以及市场外部各种制度性因素的共同作用下，运用手中的资本以及其他生产要素各显身手，在促进彼此间流动和相互影响的同时，也推动了农村市场的开放和发展。在此基础上，农村市场促进了乡村社会契约租佃关系的发展，影响了国家对乡村社会控制体系的调适，也潜移默化地推动了乡村社会原有价值观念的转变，三者之间相互作用，共同凸显了农村市场的发展给乡村社会带来的影响和变化。

　　两宋时期，随着国家土地制度的调整，土地开始作为商品成为农村市场交易的大宗，契约租佃关系逐步发展成为乡村社会占主导地位的生产关系。在契约租佃关系的影响下，崛起于乡村社会的富民利用手中的财富，占据了大量的土地，而人口众多的乡村下户却占田常狭。言利思想驱使下的乡村富民，"置庄田，招佃客，本望租课，非行仁义"，这在客观上迫使广大佃农间形成了一个竞争性的土地租佃市场。田主和佃户间的联结机理，也开始从道义互助向市场理性转化，田主为了增加土地收入，一方面加大了农业生产的投入，提高了单位面积的产量，丰富了农村市场的商品供给，另一方面，在人多地少的区域，利于租课的田主在面对出价较高的划佃者时，也会选择逐去旧客，使得在竞争性租佃市场中失败的乡村下户不得不将自身作为劳动力投入市场，或利用农村市场选择其他谋生手段，进而丰富了农村市场的劳动力供给和从业结构。广大佃农也会在市场理性的驱使下，选择在有限的土地中投入更多的人力和资金，但他们也承担了更大的市场风险和成本支出。

宋代乡村社会商品经济的发展，使得农村市场成为富民与地方官府博弈的重要场域之一。以农村市场的粮食贸易为例，乡村富民已成长为除官府外的又一重要力量。富民何以能够从土地中获得大量的粮食收入，所凭借的就是契约租佃关系下，主佃双方各自优势的结合，以及竞争性租佃市场下，市场理性对主佃双方的作用。坐拥大量单一粮食收入和地租的富民，在言利思想的影响下，利用季节差价和丰歉差价，深刻左右着农村市场的粮食供求和粮价。地方官府军粮和籴与仓储籴粜的粮食供求同样依赖于乡村小农，为此，官府采取了市场和行政双重手段对农村市场的粮食贸易进行干预。例如，在粮食的收籴过程中，官府与富民进行价格竞争，甚至借助政治特权明令"公籴未充，则禁争籴以规利者"；在粮食出粜市场中，又采取官职奖励、道德劝分及强制出粜等方式促使富民出卖手中的余粮。多措并举的干预方式，足以表明宋代富民阶层的实力已经大大提升，官府在粮食市场无论作为买者还是卖者，都必须和富民打交道，必须考虑富民的利益诉求。

除了粮食贸易以外，国家对农村市场的干预举措事实上还涉及农村市场秩序、市场物价及日用品流通等方面，这些干预措施体现了国家既鼓励农村市场贸易，又不断强化市场控制的二重性，但实际效果大都不尽如人意，重要原因之一就是忽视了对乡村社会的关注，缺乏对农村市场与乡村社会间紧密联系的考量。国家的各项市场调控措施直接影响着乡村社会各经济主体的日常生活，但是在乡村社会各经济主体与乡邻交易的过程中，求利之心、乡原体例在随着商品经济渗入农村市场的同时，也一并根植于乡里社会之中，因而乡村富民、商人、小农等市场经济主体以保证和维持日常生活秩序为出发点的回应行为，很大程度上决定了国家市场规范举措的成效。

农村市场是商品流通和交换的平台，利益追求是市场各经济主体做出交易行为时必须考量的因素，而契约关系的达成对于降低商品交换的成本，维持市场交易的有序进行必不可少。因此，言利思想和契约精神是内生于农村市场的两大特征。在此基础上，言利思想和契约精神的发展对乡村社会原有价值观念的转变起到了相应的促进作用。以乡村社会的土地市场为例，随着契约租佃关系逐步发展成为占主导地位的生产关系，富民与广大佃农的联结机理开始由道义互助逐步向市场理性转变，背后的作用机理显然是土地市场的发展淡化了血缘、地缘关系，言利思想得到凸显的结果。除了富民以外，"厚利所在"也激发了小农面向市场的商品生产，商人小贩为了赚取"不义之财"，甚至不惜出售伪劣产品，这些市场行为的发生，势必增加农村市场运行的成本，加大国家市场管理的难度。

为此，国家采取了市场和行政双重手段对农村市场秩序进行规范，但是是否有成效一定程度上取决于规范措施对乡村社会实态的把握准确与否。其中，农村市场交易中契约精神的强化就是国家规范市场举措的一个很好的切入点，因为乡村社会经济活动中原有的信任和行动伦理、习惯法及民众产权意识的强化都为契约精神的发展奠定了坚实的社会基础，以乡村社会的土地交易为例，地方官府利用契约精神来构建良好的市场秩序。契约精神对于农村市场秩序的规范，使得市场参与主体开始突破原有身份和地缘意识的束缚，这显然也是农村市场开放流动的表现。

总的来说，农村市场是乡村社会的有机组成部分。农村市场的发展，一定程度上改变了乡村社会的生产关系，促进了国家乡村社会控制体系的调适，也推动了乡村社会原有价值观念的转变。商品经济视域下农村市场的繁荣发展赋予了宋代乡村社会新的特征，如何在新的历史条件下有效推进宋代乡村社会史的研究，是宋代经济史研究的重要议题，本书仅是立足于农村市场与乡村社会的紧密联系来探析宋代乡村社会史的一个尝试。

社会现实可以帮助历史研究者认识复杂的过去，但更重要的是历史研究必须关注和回应现实中的新问题。必须指出，当前和今后一段时期内，就国家大力推行的乡村振兴战略而言，历史研究无疑具有特殊的优势。从唐宋特别是宋代开始，随着商品经济的发展，乡村社会的自治能力得到了很大提高，内生动力层逐渐成长壮大，农村市场也随之发展，由此所带来的乡村社会的变迁对于今天乡村振兴战略的实施势必具有一定的借鉴意义。

参考文献

一 古籍

（宋）艾性夫：《田家词》，《全宋诗》，北京大学出版社，1998。

（汉）班固：《汉书》，中华书局，1962。

（宋）毕仲衍撰，马玉臣辑校《〈中书备对〉辑佚校注》，河南大学
　　出版社，2007。

（宋）毕仲游：《西台集》，《丛书集成初编》，中华书局，1985。

（宋）蔡襄：《荔枝谱》，《丛书集成初编》，中华书局，1985。

（明）曹学佺：《蜀中广记》，景印文渊阁《四库全书》本。

（宋）常棠：《海盐澉水志》，李勇先校点，四川大学出版社，2009。

（明）陈邦瞻：《宋史纪事本末》，中华书局，2015。

（宋）陈淳：《北溪先生大全集》，《宋集珍本丛刊》，线装书局，
　　2004。

（宋）陈旉著，刘铭校释《陈旉农书校释》，中国农业出版社，
　　2015。

（宋）陈傅良：《历代兵制》，景印文渊阁《四库全书》本。

（宋）陈公亮：《淳熙严州图经》，《宋元方志丛刊》，中华书局，

1990。

（宋）陈亮：《龙川文集》，《宋集珍本丛刊》，线装书局，2004。

（清）陈元龙：《格致镜原》，景印文渊阁《四库全书》本。

（明）陈让编《邵武府志》，杨启德、傅唤民、叶笑凡校注，福建
　　省地方志编纂委员会整理，方志出版社，2004。

（宋）陈舜俞：《都官集》，《宋集珍本丛刊》，线装书局，2004。

（明）陈耀文：《天中记》，景印文渊阁《四库全书》本。

（宋）程珌：《洺水集》，景印文渊阁《四库全书》本。

（宋）戴栩：《浣川集》，景印文渊阁《四库全书》本。

（元）单庆修：《至元嘉禾志》，《宋元方志丛刊》，中华书局，1990。

（宋）道潜：《参寥子诗集》，上海古籍出版社，2017。

（宋）董嗣杲：《庐山集》，景印文渊阁《四库全书》本。

（宋）董煟：《救荒活民书》，《丛书集成初编》，中华书局，1985。

（宋）窦仪等：《宋刑统》，薛梅卿点校，法律出版社，1999。

（宋）范成大：《骖鸾录》，方健整理，《全宋笔记·第五编》，大
　　象出版社，2012。

（宋）范成大：《范石湖集》，上海古籍出版社，1981。

（宋）范成大：《吴船录》，方健整理，《全宋笔记·第五编》，大
　　象出版社，2012。

（宋）范成大：《吴郡志》，《宋元方志丛刊》，中华书局，1990。

（宋）范浚：《范香溪先生文集》，《宋集珍本丛刊》，线装书局，
　　2004。

（宋）范镇：《东斋记事》，汝沛永成整理，《全宋笔记·第一编》，
　　大象出版社，2003。

（宋）范致明：《岳阳风土记》，《全宋笔记·第二编》，大象出版社，2006。

（宋）范仲淹：《范仲淹全集》，四川大学出版社，2002。

（宋）方大琮：《铁庵集》，景印文渊阁《四库全书》本。

（宋）方逢辰：《蛟峰文集》，景印文渊阁《四库全书》本。

（元）方回：《桐江续集》，景印文渊阁《四库全书》本。

（宋）方勺：《泊宅编》，许沛藻等整理，《全宋笔记·第二编》，大象出版社，2006。

（宋）方岳：《秋崖集》，景印文渊阁《四库全书》本。

（宋）高斯得：《耻堂存稿》，《丛书集成初编》，中华书局，1985。

（宋）郭彖：《睽车志》，张剑光整理，《全宋笔记·第九编》，大象出版社，2018。

（宋）韩元吉：《南涧甲乙稿》，《丛书集成初编》，中华书局，1985。

（宋）何坦：《西畴老人常言》，张剑光整理，《全宋笔记·第六编》，大象出版社，2013。

（宋）洪迈：《容斋随笔》，孔凡礼点校，中华书局，2005。

（宋）洪迈：《夷坚志》，何卓点校，中华书局，1981。

（宋）洪咨夔：《平斋文集》，《宋集珍本丛刊》，线装书局，2004。

（宋）黄榦：《勉斋集》，《宋集珍本丛刊》，线装书局，2004。

（明）黄淮、杨士奇编《历代名臣奏议》，上海古籍出版社，1989。

（宋）黄儒：《品茶要录》，景印文渊阁《四库全书》本。

（宋）黄士毅编，徐时仪、杨艳汇校《朱子语类汇校》，上海古籍出版社，2014。

（宋）黄休复：《茅亭客话》，李梦生校点，上海古籍出版社，2012。

（宋）黄震：《黄氏日抄》，《黄震全集》，浙江大学出版社，2013。

《旧唐书》，中华书局，1975。

（宋）孔文仲等：《清江三孔集》，孙永选校点，齐鲁书社，2002。

（清）劳潼：《救荒备览》，《丛书集成初编》，中华书局，1985。

（宋）乐史：《太平寰宇记》，中华书局，2007。

（宋）李元弼：《宋代官箴书五种·作邑自箴》，闫建飞等点校，中华书局，2019。

（宋）李焘：《续资治通鉴长编》，中华书局，2004。

（清）李调元：《南越笔记》，中华书局，1985。

（宋）李昉等编《太平御览》，上海古籍出版社，2008。

（宋）李觏：《李觏集》，中华书局，1981。

（宋）李流谦：《澹斋集》，景印文渊阁《四库全书》本。

（宋）李弥逊：《筠溪集》，景印文渊阁《四库全书》本。

（宋）李心传：《建炎以来朝野杂记》，徐规点校，中华书局，2000。

（宋）李心传：《建炎以来系年要录》，上海古籍出版社，2018。

（宋）李新：《跨鳌集》，景印文渊阁《四库全书》本。

（宋）李曾伯：《可斋续稿》，《宋集珍本丛刊》，线装书局，2004。

（宋）梁克家：《淳熙三山志》，《宋元方志丛刊》，中华书局，1990。

（宋）廖刚：《高峰文集》，景印文渊阁《四库全书》本。

（宋）刘克庄：《后村全集》，《宋集珍本丛刊》，线装书局，2004。

（宋）刘爚：《云庄集》，景印文渊阁《四库全书》本。

（宋）刘宰：《漫塘文集》，《宋集珍本丛刊》，线装书局，2004。

（宋）刘子翚：《屏山集》，景印文渊阁《四库全书》本。

（宋）楼钥：《攻媿集》，《丛书集成初编》，中华书局，1985。

（宋）楼钥：《楼钥集》，浙江古籍出版社，2010。

（宋）卢宪：《嘉定镇江志》，《宋元方志丛刊》，中华书局，1990。

（宋）鲁应龙：《闲窗括异志》，储玲玲整理，《全宋笔记·第八编》，大象出版社，2017。

（宋）陆九渊：《陆九渊集》，钟哲点校，中华书局，1980。

（宋）陆游：《老学庵笔记》，《全宋笔记·第五编》，大象出版社，2012。

（宋）陆游：《陆游集》，中华书局，1976。

（宋）陆游：《入蜀记》，李昌宪整理，《全宋笔记·第五编》，大象出版社，2012。

（宋）陆游著，马亚中、涂小马校注《渭南文集校注》，浙江古籍出版社，2015。

（宋）吕大临等撰，陈俊民辑校《蓝田吕氏遗著辑校》，中华书局，1993。

（宋）吕南公：《灌园集》，景印文渊阁《四库全书》本。

（明）吕柟：《张子抄释》，景印文渊阁《四库全书》本。

（宋）吕陶：《净德集》，《丛书集成初编》，中华书局，1985。

（宋）吕祖谦：《吕祖谦全集》，浙江古籍出版社，2008。

（宋）罗濬：《宝庆四明志》，《宋元方志丛刊》，中华书局，1990。

（宋）罗椅：《涧谷遗集》，《宋集珍本丛刊》，线装书局，2004。

（宋）罗愿：《新安志》，《宋元方志丛刊》，中华书局，1990。

（元）马端临：《文献通考》，中华书局，2011。

（宋）梅应发、刘锡纂修《开庆四明续志》，《宋元方志丛刊》，中华书局，1990。

（宋）欧阳守道：《巽斋文集》，景印文渊阁《四库全书》本。

（宋）欧阳修：《欧阳修全集》，中华书局，2001。

（宋）彭乘：《墨客挥犀》，孔凡礼整理，《全宋笔记·第三编》，大象出版社，2008。

（宋）宋祁：《景文集》，景印文渊阁《四库全书》本。

（宋）钱易：《南部新书》，尚成校点，上海古籍出版社，2012。

（宋）潜说友：《咸淳临安志》，《宋元方志丛刊》，中华书局，1990。

（宋）秦观撰，徐培均笺注《淮海集笺注》，上海古籍出版社，2000。

（明）邱浚：《大学衍义补》，京华出版社，1999。

（清）阮元：《两浙金石志》，浙江古籍出版社，2012。

（宋）施德操：《北窗炙輠录》，虞云国等整理，《全宋笔记·第三编》，大象出版社，2008。

（宋）石介：《徂徕集》，景印文渊阁《四库全书》本。

（汉）司马迁：《史记》，中华书局，1959。

（宋）司马光：《涑水记闻》，邓广铭、张希清点校，中华书局，2017。

《宋史》，中华书局，1977。

（宋）苏轼：《苏轼文集》，孔凡礼点校，中华书局，1986。

（宋）苏轼著，李之亮笺注《苏轼文集编年笺注》，巴蜀书社，2011。

（宋）苏洵著，曾枣庄、金成礼笺注《嘉祐集笺注》，上海古籍出版社，1993。

（宋）苏辙：《栾城集》，曾枣庄、马德富校点，上海古籍出版社，

2009。

（宋）孙觌：《鸿庆居士集》，景印文渊阁《四库全书》本。

（宋）孙梦观：《雪窗集》，景印文渊阁《四库全书》本。

（宋）孙应时：《琴川志》，《宋元方志丛刊》，中华书局，1990。

（唐）白居易：《白氏长庆集》，景印文渊阁《四库全书》本。

（唐）长孙无忌：《唐律疏议》，岳纯之点校，上海古籍出版社，
　　2013。

（唐）杜牧：《樊川文集》，上海古籍出版社，1978。

（唐）陆贽：《翰苑集》，景印文渊阁《四库全书》本。

（唐）姚合：《姚少监诗集》，景印文渊阁《四库全书》本。

（清）汪灏：《御定佩文斋广群芳谱》，景印文渊阁《四库全书》本。

（宋）王安石：《临川先生文集》，《宋集珍本丛刊》，线装书局，
　　2004。

（宋）王柏：《鲁斋集》，《丛书集成初编》，中华书局，1985。

（宋）王存：《元丰九域志》，中华书局，1984。

（宋）王明清：《挥麈录余话》，燕永成整理，《全宋笔记·第六
　　编》，大象出版社，2013。

（宋）王溥：《唐会要》，上海古籍出版社，2006。

（宋）王溥：《五代会要》，上海古籍出版社，2006。

（宋）王象之：《舆地纪胜》，中华书局，1992。

（宋）王炎：《双溪文集》，《宋集珍本丛刊》，线装书局，2004。

（宋）王林：《燕翼诒谋录》，钟翀整理，《全宋笔记·第七编》，
　　大象出版社，2015。

（宋）王曾：《王文正公笔录》，张剑光、孙励整理，《全宋笔记·

第一编》，大象出版社，2003。

（宋）王之道：《相山集》，《宋集珍本丛刊》，线装书局，2004。

（宋）王之望：《汉滨集》，景印文渊阁《四库全书》本。

（宋）王灼：《糖霜谱》，《丛书集成初编》，中华书局，1985。

（宋）卫泾：《后乐集》，景印文渊阁《四库全书》本。

（宋）魏了翁：《古今考》，景印文渊阁《四库全书》本。

（宋）魏了翁：《鹤山全集》，《宋集珍本丛刊》，线装书局，2004。

（宋）文同：《丹渊集》，景印文渊阁《四库全书》本。

（宋）吴处厚：《青箱杂记》，夏广兴整理，《全宋笔记·第一编》，
　　大象出版社，2003。

（宋）吴泳：《鹤林集》，《宋集珍本丛刊》，线装书局，2004。

（宋）吴曾：《能改斋漫录》，《丛书集成初编》，中华书局，1985。

（宋）吴自牧：《梦粱录》，黄纯艳整理，《全宋笔记·第八编》，
　　大象出版社，2017。

（宋）西湖老人：《繁盛录》，黄纯艳整理，《全宋笔记·第八编》，
　　大象出版社，2017。

（宋）谢过：《谢幼盘文集》，《丛书集成初编》，中华书局，1985。

（宋）谢深甫：《庆元条法事类》，戴建国点校，黑龙江人民出版社，
　　2002。

（宋）谢逸：《溪堂集》，景印文渊阁《四库全书》本。

（宋）辛弃疾著，邓广铭笺注《稼轩词编年笺注》，上海古籍出版
　　社，1978。

（清）徐松辑《宋会要辑稿》，上海古籍出版社，2014。

（宋）徐铉：《稽神录》，张剑光整理，《全宋笔记·第八编》，大

象出版社，2017。

（宋）薛季宣：《艮斋先生薛常州浪语集》，《宋集珍本丛刊》，线
　　装书局，2004。

（北齐）颜之推：《颜氏家训》，颜敏翔校点，上海古籍出版社，
　　2017。

（宋）杨时：《龟山集》，林海权校理，中华书局，2018。

（宋）杨万里：《诚斋集》，《宋集珍本丛刊》，线装书局，2004。

（宋）杨万里著，周汝昌选注《杨万里选集》，上海古籍出版社，
　　1962。

（宋）叶梦得：《避暑录话》，徐时仪整理，《全宋笔记·第二编》，
　　大象出版社，2006。

（宋）叶梦得：《石林燕语》，徐时仪整理，《全宋笔记·第二编》，
　　大象出版社，2006。

（宋）叶绍翁：《四朝闻见录》，张剑光等整理，《全宋笔记·第六
　　编》，大象出版社，2013。

（宋）叶适：《叶适集》，刘公纯等点校，中华书局，1961。

（宋）袁采：《袁氏世范》，天津古籍出版社，2016。

（宋）袁枢：《通鉴纪事本末》，上海古籍出版社，1994。

（宋）袁说友等编《成都文类》，中华书局，2011。

（宋）袁燮：《絜斋集》，《丛书集成初编》，中华书局，1985。

（宋）张方平：《乐全先生文集》，《宋集珍本丛刊》，线装书局，
　　2004。

（宋）张淏：《云谷杂记》，李国强整理，《全宋笔记·第七编》，大
　　象出版社，2015。

（宋）张耒：《柯山集》，景印文渊阁《四库全书》本。

（宋）张守：《毗陵集》，刘云军点校，上海古籍出版社，2018。

（明）张四维辑《名公书判清明集》，中国社会科学院历史研究所
　　宋辽金元史研究室点校，中华书局，1987。

（宋）章如愚：《群书考索后集》，景印文渊阁《四库全书》本。

（宋）赵蕃：《淳熙稿》，《丛书集成初编》，中华书局，1985。

（宋）赵汝愚：《宋朝诸臣奏议》，上海古籍出版社，1999。

（宋）真德秀：《西山先生真文忠公文集》，《宋集珍本丛刊》，线装
　　书局，2004。

（宋）郑刚中：《西征道里记》，张剑光整理，《全宋笔记·第三
　　编》，大象出版社，2008。

（宋）郑樵：《通志二十略》，王树民点校，中华书局，1995。

（宋）郑侠：《西塘集》，景印文渊阁《四库全书》本。

（宋）郑瑶：《景定严州续志》，《宋元方志丛刊》，中华书局，1990。

（宋）郑至道：《琴堂谕俗编》，景印文渊阁《四库全书》本。

（宋）周必大：《文忠集》，景印文渊阁《四库全书》本。

（宋）周密：《癸辛杂识》，范荧整理，《全宋笔记·第八编》，大
　　象出版社，2017。

（宋）周去非：《岭外代答》，《全宋笔记·第六编》，大象出版社，
　　2013。

（宋）周应合：《景定建康志》，《宋元方志丛刊》，中华书局，1990。

（宋）朱熹：《朱熹集》，郭齐、尹波点校，四川教育出版社，1996。

（宋）祝穆：《方舆胜览》，中华书局，2003。

（宋）庄绰：《鸡肋编》，夏广兴整理，《全宋笔记·第四编》，大象

出版社，2008。

二　国内研究著作

包伟民：《传统国家与社会（960—1279 年）》，商务印书馆，2009。

陈国灿、奚建华：《浙江古代城镇史研究》，安徽大学出版社，2002。

陈国灿：《浙江城镇发展史》，杭州出版社，2008。

陈振：《中国通史·中古时代·五代辽宋夏金时期》，上海人民出版
社，1999。

陈志英：《宋代物权关系研究》，中国社会科学出版社，2006。

邓广铭等主编《中日宋史研讨会中方论文选编》，河北大学出版社，
1991。

傅宗文：《宋代草市镇研究》，福建人民出版社，1989。

葛金芳：《南宋全史》，上海古籍出版社，2016。

葛金芳：《中华土地赋役志》，上海人民出版社，1998。

郭正忠：《两宋城乡商品货币经济考略》，经济管理出版社，1997。

国立中央研究院：《历史语言研究所集刊》（第九本），商务印书馆，
1947。

贾大泉：《宋代四川经济述论》，四川省社会科学院出版社，1985。

姜锡东：《宋代商人和商业资本》，中华书局，2002。

李景寿：《宋代商税问题研究》，云南大学出版社，2005。

李晓：《宋代工商业经济与政府干预研究》，中国青年出版社，
2000。

郦家驹：《宋代土地制度史》，中国社会科学出版社，2015。

梁庚尧：《南宋的农村经济》，新星出版社，2006。

梁太济：《两宋阶级关系的若干问题》，河北大学出版社，1998。

《列宁选集》（第一卷），人民出版社，1960。

林文勋：《宋代四川商品经济史研究》，云南大学出版社，1994。

林文勋、谷更有：《唐宋乡村社会力量与基层控制》，云南大学出版社，2005。

林文勋、黄纯艳主编《中国经济史研究的理论与方法》，中国社会科学出版社，2017。

林文勋：《唐宋社会变革论纲》，人民出版社，2011。

龙登高：《宋代东南市场研究》，云南大学出版社，1994。

龙登高：《中国传统市场发展史》，人民出版社，1997。

缪荃孙著，张廷银、朱玉麒主编《缪荃孙全集·金石3·江苏金石记》，凤凰出版社，2014。

漆侠：《宋代经济史》，中华书局，2009。

漆侠：《求实集》，天津人民出版社，1982。

钱穆：《理学与艺术》，《宋史研究集》，台湾书局，1974。

钱穆：《中国文化史导论》（修订本），商务印书馆，1994。

全汉昇：《中国经济史论丛》，中华书局，2012。

田余庆主编《庆祝邓广铭教授九十华诞论文集》，河北教育出版社，1997。

王家范：《中国历史通论》，生活·读书·新知三联书店，2012。

魏华仙：《宋代四类物品的生产和消费研究》，四川科学技术出版社，2006。

吴慧：《中国商业通史》（第2卷），中国财政经济出版社，2007。

郑学檬：《简明中国经济通史》，黑龙江人民出版社，1984。

三　国外研究著作

〔美〕道格拉斯·C. 诺思：《经济史上的结构和变革》，厉以平译，
　　商务印书馆，1992。

〔美〕黄宗智：《长江三角洲小农家庭与乡村发展》，中华书局，
　　1992。

〔美〕黄宗智：《华北的小农经济与社会变迁》，中华书局，2000。

〔日〕加藤繁：《中国经济史考证》（第 1、2、3 卷），吴杰译，商
　　务印书馆，1959、1963、1973。

刘俊文主编《日本学者研究中国史论著选译》，索介然译，中华书
　　局，1993。

〔美〕施坚雅：《中国农村的市场和社会结构》，史建云、徐秀丽译，
　　中国社会科学出版社，1998。

〔日〕斯波义信：《宋代江南经济史研究》，方健、何忠礼译，江苏
　　人民出版社，2012。

〔日〕斯波义信：《宋代商业史研究》，庄景辉译，稻禾出版社，
　　1997。

〔英〕约翰·希克斯：《经济史理论》，厉以平译，商务印书馆，
　　1987。

四　研究论文

包伟民：《宋代的粮食贸易》，《中国社会科学》1991 年第 2 期。

包伟民、黄海燕：《"专业市镇"与江南市镇研究范式的再认识——
　　以浙江乌镇个案研究为基础》，《中国经济史研究》2004 年第

3 期。

包伟民:《论宋代的折钱租与钱租的性质》,《历史研究》1988 年第
　　1 期。

曹端波:《唐代富民阶层的崛起与乡村控制的变迁》,《广西社会
　　科学》2005 年第 8 期。

曹福铉:《宋代米价变动的原因》,《中国社会经济史研究》2008
　　年第 3 期。

常大群:《宋代商人的构成和来源》,《贵州师范大学学报》(社会科
　　学版)2001 年第 2 期。

常大群:《宋代商人的社会地位》,《社会科学辑刊》2001 年第
　　3 期。

陈明光、毛蕾:《唐宋以来的牙人与田宅典当买卖》,《中国史研
　　究》2000 年第 4 期。

陈国灿:《宋代江南城镇的物资供应与消费》,《中国社会经济史
　　研究》2003 年第 1 期。

陈国灿:《宋代两浙路的市镇与农村市场》,《浙江师大学报》(社
　　会科学版)2001 年第 2 期。

陈国灿:《宋代太湖流域农村城市化现象探析》,《史学月刊》2001
　　年第 3 期。

陈国灿:《略论南宋时期江南市镇的社会形态》,《学术月刊》2001
　　年第 2 期。

陈国灿:《论宋代两浙路的城镇发展形态及其等级体系》,《浙江学
　　刊》2001 年第 1 期。

陈国灿:《南宋两浙地区城镇居民结构分析》,《浙江社会科学》

2002 年第 6 期。

陈国灿：《南宋太湖流域市镇的人口规模与居民结构》，《许昌学院学报》2004 年第 4 期。

陈国灿、吴锡标：《南宋时期江南农村市场与商品经济》，《学术月刊》2007 年第 9 期。

刁培俊：《宋代的富民与乡村治理》，《河北学刊》2005 年第 2 期。

方宝璋：《略论宋代政府经济管理从统治到治理的转变——基于市场性政策工具的视角》，《中国经济史研究》2014 年第 3 期。

方行：《略论中国地主制经济》，《中国史研究》1998 年第 3 期。

冯芸、桂立：《宋代城市商业的繁盛与坐贾势力的发展壮大》，《北方论丛》2015 年第 2 期。

冯芸、桂立：《宋代行商与坐贾在商品市场活动中由层级关系向平行关系的演进》，《广西社会科学》2015 年第 5 期。

高聪明、何玉兴：《论宋代的货币地租——与包伟民商榷》，《历史研究》1992 年第 5 期。

高楠、宋燕鹏：《宋代富民融入士人社会的途径》，《史学月刊》2008 年第 1 期。

葛金芳：《宋代官田包佃成因简析》，《中州学刊》1988 年第 3 期。

葛金芳：《宋代官田包佃特征辩证》，《史学月刊》1988 年第 5 期。

葛金芳：《宋代官田包佃性质探微》，《学术月刊》1988 年第 9 期。

葛金芳：《对宋代超经济强制变动趋势的经济考察》，《江汉论坛》1983 年第 1 期。

葛金芳、顾蓉：《宋代江南地区的粮食亩产量及其估算方法辨析》，《湖北大学学报》（哲学社会科学版）2000 年第 3 期。

葛金芳：《关于北宋官田私田化政策的若干问题》，《历史研究》1982 年第 3 期。

葛金芳：《试论"不抑兼并"——北宋土地政策研究之二》，《武汉师范学院学报》（哲学社会科学版）1984 年第 2 期。

葛金芳：《中国封建租佃经济主导地位的确立前提——兼论唐宋之际地权关系和阶级构成的变化》，《中国社会经济史研究》1986 年第 3 期。

郭正忠：《宋代城镇的经济结构》，《江淮论坛》1986 年第 4 期。

郭正忠：《宋代的盐商与商盐》，《盐业史研究》1996 年第 1 期。

何和义、邵德琴：《南宋时期两浙路市镇经济的发展》，《湖州师范学院学报》2007 年第 5 期。

洪沼：《明初的迁徙富户与粮长制》，《中国社会经济史研究》1984 年第 1 期。

侯阳：《从生活性消费看唐宋时期四川盆地农村家庭消费结构变动》，《乐山师范学院学报》2012 年第 4 期。

胡建华：《宋代城市副食品供应初探》，《河南大学学报》（社会科学版）1993 年第 4 期。

胡骄键：《乡约的契约伦理色彩及其产生、变异分析》，《西南大学学报》（社会科学版）2020 年第 2 期。

华觉明、张宏礼：《宋代铸钱工艺研究》，《自然科学史研究》1988 年第 1 期。

华山：《关于宋代的客户问题》，《历史研究》1960 年第 Z1 期。

黄纯艳：《"富民"阶层：解构唐宋以来中国社会发展与变迁的一把钥匙——〈中国古代"富民"阶层研究〉读后》，《中国经济史研究》2009 年第 1 期。

贾大泉：《宋代赋税结构初探》，《社会科学研究》1981 年第 3 期。

姜密：《宋代官田契约租佃制及地租选择的经济学意义》，《河北学刊》2010 年第 2 期。

姜密：《宋代"系官田产"产权的无偿转化和佃权转移》，《河北学刊》2015 年第 6 期。

姜密：《唐宋时期国有土地经营方式的变化及其原因》，《河北师范大学学报》（哲学社会科学版）2010 年第 2 期。

姜锡东：《宋代粮商的成分、内部分工与经营状况》，《中国经济史研究》2000 年第 3 期。

姜锡东：《宋代粮商的粮食投机》，《史学月刊》2000 年第 2 期。

柯昌基：《宋代雇佣关系初步探索》，《历史研究》1957 年第 2 期。

蓝勇：《唐宋时期西南地区城镇分布演变研究》，《中国历史地理论丛》1993 年第 4 期。

雷家宏：《宋代的粮食调剂述论》，《求索》1993 年第 2 期。

黎志刚：《宋代牙人与乡村经济的市场化》，《云南社会科学》2006 年第 1 期。

李春棠：《宋代小市场的勃兴及其主要历史价值》，《湖南师院学报》（哲学社会科学版）1983 年第 1 期。

李达三：《宋代的牙人变异》，《中国经济史研究》1991 年第 4 期。

李根蟠：《关于地主制经济发展机制和历史作用的思考》，《中国史研究》1998 年第 3 期。

李华瑞：《论宋代酒业产销的管理体制》，《河北大学学报》（哲学社会科学版）1993 年第 3 期。

李元圆：《宋代封建租佃制的几种形式》，载邓广铭等主编《宋史论文集》，上海古籍出版社，1982。

李晓：《宋代的茶叶市场》，《中国经济史研究》1995 年第 1 期。

李振宏：《国际视野：中国古代史研究的路径选择》，《古代文明》2018 年第 1 期。

郦家驹：《两宋时期土地所有权的转移》，《中国史研究》1988 年第 4 期。

梁太济：《两宋的租佃形式》，载《中日宋史研讨会中方论文选编》，河北大学出版社，1991。

梁中效：《宋代蜀道城市与区域经济述论》，《西南师范大学学报》（人文社会科学版）2004 年第 5 期。

林立平：《唐宋时期商人社会地位的演变》，《历史研究》1989 年第 1 期。

林文勋：《宋元明清"富民社会"说论要》，《求是学刊》2015 年第 2 期。

林文勋、何伟福、张锦鹏：《中国传统社会变革的主要特征》，《思想战线》2005 年第 4 期。

林文勋、黎志刚：《从静止式、平面式研究到动态式、立体式研究——著名学者林文勋教授访谈录》，《历史教学》2006 年第 10 期。

林文勋、黎志刚：《宋代民间借贷与乡村贫富关系的发展——以"富民"阶层为视角的考察》，《古代文明》2015 年第 3 期。

林文勋、黎志刚：《南宋富民与乡村文化教育的发展》，《国际社会科学杂志》（中文版）2011 年第 4 期。

林文勋：《历史哲学意义上的商品经济史研究》，《云南大学学报》（哲学社会科学版）2006 年第 1 期。

林文勋、薛政超：《富民与宋元社会的新发展》，《思想战线》2017 年第 6 期。

林文勋、杨瑞璟：《宋元明清的"富民"阶层与社会结构》，《思想战线》2014 年第 6 期。

林文勋：《中国古代"富民社会"研究的由来与旨归》，《湖北大学学报》（哲学社会科学版）2020 年第 1 期。

林文勋：《中国古代史的主线与体系》，《史学理论研究》2006 年第 2 期。

龙登高：《宋代的小农家庭与农村市场》，《思想战线》1991 年第 6 期。

龙登高：《宋代粮价分析》，《中国经济史研究》1993 年第 1 期。

龙登高：《宋代批发交易试探》，《中国社会经济史研究》1997 年第 3 期。

龙登高：《宋代商人资本析论》，《社会科学战线》1992 年第 4 期。

龙登高：《论宋代的捐客》，《思想战线》1990 年第 5 期。

龙登高：《论个体小农与传统市场——以宋代为中心》，《中国经济史研究》1996 年第 2 期。

龙登高：《中国传统地权制度论纲》，《中国农史》2020 年第 2 期。

陆敏珍：《宋代草市镇研究中的定性与定量》，《浙江大学学报》（人文社会科学版）2017 年第 2 期。

马良怀：《汉晋之际庄园经济的发展与士大夫生存状态之关系》，《中国社会经济史研究》1997 年第 4 期。

马玉臣：《宋代镇市、草市户口及其有关问题》，《河北大学学报》（哲学社会科学版）2008年第3期。

蒙文通：《从宋代的商税和城市看中国封建社会的自然经济》，《历史研究》1961年第4期。

穆朝庆：《论宋代租佃关系中的佃户成份》，《河南大学学报》（哲学社会科学版）1987年第1期。

漆侠：《宋代封建租佃制及其发展》，《陕西师范大学学报》（哲学社会科学版）1982年第4期。

漆侠：《宋代货币地租及其发展》，《河北大学学报》（哲学社会科学版）1979年第1期。

漆侠：《宋代学田制中封建租佃关系的发展》，《社会科学战线》1979年第3期。

乔幼梅：《论宋代物价与货币的关系》，《中国经济史研究》1992年第1期。

秦晖：《古典租佃制初探》，《中国经济史研究》1992年第4期。

任仲书、于海生：《宋代"牙人"的经济活动及影响》，《史学集刊》2003年第3期。

〔日〕斯波义信、庄景辉：《宋代福建商人的活动及其社会经济背景》，《中国社会经济史研究》1983年第1期。

田泽滨：《宋代的租佃关系》，载《中国古代经济史论丛》，黑龙江人民出版社，1983。

汪圣铎：《宋代货币地租分析》，载《北京史苑》，北京出版社，1983。

王大建：《魏晋南北朝时期的民间秩序结构》，《文史哲》2004年第 4 期。

王涛：《唐宋之际南方城市市场网络的形成与繁盛》，《中国经济史研究》2008 年第 1 期。

魏天安：《宋代粮食流通政策探析》，《中国农史》1985 年第 4 期。

魏天安：《宋代行会的特点论析》，《中国经济史研究》1993 年第 1 期。

魏天安：《行商坐贾与宋代行会的形成》，《中州学刊》1997 年第 1 期。

吴擎华：《试论宋代四川市场》，《中华文化论丛》2005 年第 4 期。

吴锡标：《南宋浙西地区市镇类型及人口规模探析》，《社会科学》2005 年第 4 期。

吴晓亮：《略论宋代城市消费》，《思想战线（云南大学人文社会科学学报）》1995 年第 5 期。

吴晓亮：《唐宋国家市场管理模式变化研究——以唐代"市"和宋代"税务"为对象的历史考察》，《中国经济史研究》2007 年第 4 期。

吴业国：《南宋两浙路的市镇发展》，《史林》2010 年第 1 期。

武建国、张锦鹏：《宋代江南地区农村劳动力的利用与流动法分析》，《中国经济史研究》2011 年第 2 期。

肖建乐：《浅论宋代农村市场与城市市场》，《西南师范大学学报》（人文社会科学版）2002 年第 5 期。

邢铁：《宋代乡村"上户"的阶层属性》，《河北师范大学学报》（哲学社会科学版）2011 年第 5 期。

熊燕军：《从定额租制看宋代江南地区的集约经营》，《湖北大学成人教育学院学报》2003 年第 2 期。

徐东升：《宋朝买扑制度下利益主体之间的关系——以酒务坊场买
　　扑为中心的考察》，《中国经济史研究》2012 年第 1 期。

徐红：《小城镇在宋代商品经济中的作用》，《云南师大学报》（哲
　　学社会科学版）2002 年第 2 期。

薛政超：《唐宋"富民"与乡村社会经济关系的发展》，《中国农
　　史》2011 年第 1 期。

薛政超：《唐宋"劝富济贫"救荒政策研究》，《江西社会科学》
　　2016 年第 2 期。

薛政超：《唐宋以来："富民"阶层之规模探考》，《中国经济史研
　　究》2011 年第 1 期。

薛政超：《也谈宋代富民研究中的几个问题——对学术界相关批评
　　与质疑的回应》，《思想战线》2018 年第 6 期。

薛政超：《再论唐宋契约制租佃关系的确立——以"富民"阶层
　　崛起为视角的考察》，《思想战线》2016 年第 4 期。

闫贵荣：《浅议宋代陇右商业贸易》，《延安大学学报》（社会科学
　　版）2007 年第 6 期。

杨果：《宋代的鄂州南草市——江汉平原市镇的个案分析》，《江汉
　　论坛》1999 年第 12 期。

杨卉青：《宋代契约中介"牙人"法律制度》，《河北大学学报》
　　（哲学社会科学版）2010 年第 1 期。

杨际平：《宋代民田出租的地租形态研究》，《中国社会经济史研究》
　　1992 年第 1 期。

杨际平：《试论宋代官田的地租形态》，《中国经济史研究》1990 年

第 3 期。

杨康荪：《宋代官田包佃述论》，《历史研究》1985 年第 5 期。

姚培峰等：《南宋绍兴地区的市镇与农村经济》，《浙江师范大学学报》（社会科学版）2011 年第 4 期。

尹向阳：《宋代政府市场管制制度演进分析》，《中国经济史研究》2008 年第 2 期。

于志娥、任仲书：《宋代劳务市场发展状况研究》，《哈尔滨学院学报》2013 年第 4 期。

余也非：《宋元私田地租制度》，《四川大学学报》（哲学社会科学版）1981 年第 3 期。

袁一堂：《北宋的市籴与民间货币流通》，《历史研究》1994 年第 5 期。

曾琼碧：《宋代租佃官田的"二地主"》，《中国史研究》1987 年第 2 期。

张邦炜：《宋代富民问题断想》，《四川师范大学学报》（社会科学版）2012 年第 4 期。

张邦炜：《北宋租佃关系的发展及其影响》，《西北师大学报》（社会科学版）1980 年第 3、4 期。

张金花：《宋朝政府对夜市的干预与管理》，《首都师范大学学报》（社会科学版）2016 年第 2 期。

张锦鹏：《财富改变关系：宋代富民阶层成长机理研究》，《云南社会科学》2016 年第 6 期。

张锦鹏：《宋朝租佃经济效率研究》，《中国经济史研究》2006 年第 1 期。

张锦鹏、杜雪飞：《商人群体：唐宋富民阶层的重要财富力量——
　　兼论商人群体的时代局限性》，《古代文明》2015 年第 3 期。

张锦鹏：《交易费用视角下南宋"亲邻权"的演变及调适》，《厦门
　　大学学报》（哲学社会科学版）2017 年第 1 期。

张维华：《宋代的地租形态》，《史学月刊》1964 年第 7 期。

张文：《荒政与劝分：民间利益博弈中的政府角色——以宋朝为中
　　心的考察》，《中国社会经济史研究》2003 年第 4 期。

张熙惟：《宋代商品经营资本的发展及其历史地位》，《文史哲》
　　1996 年第 6 期。

周宝珠：《试论草市在宋代城市经济发展中的作用》，《史学月刊》
　　1998 年第 2 期。

周荔：《宋代的茶叶生产》，《历史研究》1985 年第 6 期。

〔日〕周藤吉之：《宋代市与埠的分布及其发展》，《中国历史地理
　　论丛》1997 年第 4 期。

〔日〕周藤吉之、向旭：《宋代乡村店的分布与发展》，《中国历史
　　地理论丛》1997 年第 1 期。

周杨波：《宋代乡约的推行状况》，《浙江大学学报》（人文社会科
　　学版）2005 年第 5 期。

朱奎泽：《富民阶层与两宋时期乡役主体》，《求索》2009 年第
　　11 期。

朱瑞熙：《宋代商人的社会地位及其历史作用》，《历史研究》
　　1986 年第 2 期。

朱瑞熙：《试论唐代中期以后佃客的社会地位问题》，《史学月刊》
　　1965 年第 6 期。

后　记

本书是在我博士学位论文原有章节的基础上略加补充修润而成的。在云南大学求学的七年，从民族史转向唐宋经济史，于我而言绝非易事，因而每每拿起书稿，惶恐至极，这主要是因为自身天资愚钝，但是作为读博期间学习和思考的一个总结，它既凝结着我的劳动，也倾注着导师的心血，这对于我来说，同样意义非凡。

在云南大学，我遇到了生命中最珍贵的良师益友，他们给我指明了前进的方向，让我看到了梦想实现的希望。林文勋教授是我博士阶段的指导教师，在二十余载的求学生涯中，能成为林老师的学生，是我毕生的荣幸。林老师学术功底深厚，治学态度严谨，还记得入学伊始，导师就告诉我要从史学的基本功入手，要能坐得住冷板凳，要自己主动去学习，去发现、思考问题。惭愧的是，至今我距离导师所说的目标仍然甚远。从本书选题确定、研究框架、写作思路到后来的修改完善，林老师都付出了大量的心血。因此，我要深深地感谢导师对我的指导和教诲，只盼今后能继续努力，不负培养。由于硕博都在云南大学求学，我的硕士生导师谷跃娟老师在我开展博士学位论文研究期间依然时时关心我的学业：在我迷茫时，开导我；在我懈怠时，警醒我。师恩如山，感谢我的两位恩师。

同时也要特别感谢云南大学经济史研究所的吴晓亮教授和张锦鹏教授，两位老师学识渊博，不厌其烦地给我指导论文的开题报告和预答辩稿，让我受益良多，还要感谢葛金芳教授、黄纯艳教授、赵小平教授、薛政超教授、田晓忠老师、黎志刚老师、李园老师、董雁伟老师等。正是老师们的不吝赐教，才使得我能顺利地完成论文的写作，并为今天这一书稿的成形提供了坚实的基础。同时，还要感谢各位同门师兄弟姐妹，谢谢你们的鼓励、支持与帮助，让我能在枯燥的学习研究中，收获友谊与快乐。

最后，需要特别感谢的是我的家人。感谢我的父母，在我二十余载的求学生涯中，一直默默地支持着我；感谢我的妻子任海艳，在我异地求学的七年间，没有因我的远离而抱怨，没有因我的拮据而悔恨，而是义无反顾、自始至终地支持我、鼓励我，为我打气，为我加油。

学无止境，任重道远。由于自身水平有限，本书还存在一些不足之处，在今后的日子里，我会牢记老师们的谆谆教导，继续奋勇前行。

余　猛
2023 年夏

图书在版编目（CIP）数据

两宋农村市场与社会关系研究／余猛著 . --北京：
社会科学文献出版社，2024.9. --ISBN 978-7-5228
-3816-8

Ⅰ. F329.044

中国国家版本馆 CIP 数据核字第 2024Q0K068 号

两宋农村市场与社会关系研究

著　　者／余　猛

出 版 人／冀祥德
责任编辑／李明伟
文稿编辑／许文文
责任印制／王京美

出　　版／社会科学文献出版社·区域国别学分社（010）59367078
　　　　　　地址：北京市北三环中路甲 29 号院华龙大厦　邮编：100029
　　　　　　网址：www. ssap. com. cn
发　　行／社会科学文献出版社（010）59367028
印　　装／三河市龙林印务有限公司

规　　格／开本：787mm×1092mm　1/16
　　　　　　印张：18　字数：200 千字
版　　次／2024 年 9 月第 1 版　2024 年 9 月第 1 次印刷
书　　号／ISBN 978-7-5228-3816-8
定　　价／98.00 元

读者服务电话：4008918866